KB165614

행복한 혁신학교 만들기

비고츠키 교육철학으로 본 혁신학교 지침서

행복한 혁신학교 만들기

초판 1쇄 발행 2011년 7월 29일
초판 6쇄 발행 2016년 4월 13일

지은이 초등교육과정연구모임
펴낸이 김승희
펴낸곳 도서출판 살림터

기획 정광일
편집 조현주
인쇄·제본 (주)현문
종이 월드페이퍼(주)

주소 서울시 영등포구 양평로21가길 19 선유도 우림라이온스밸리 1차 B동 512호
전화 02-3141-6553
팩스 02-3141-6555
출판등록 2008년 3월 18일 제313-1990-12호
이메일 gwang80@hanmail.net
블로그 http://blog.naver.com/dkffk1020

ISBN 978-89-94445-12-0 (03370)

*가격은 뒤표지에 있습니다.
*잘못된 책은 바꾸어 드립니다.

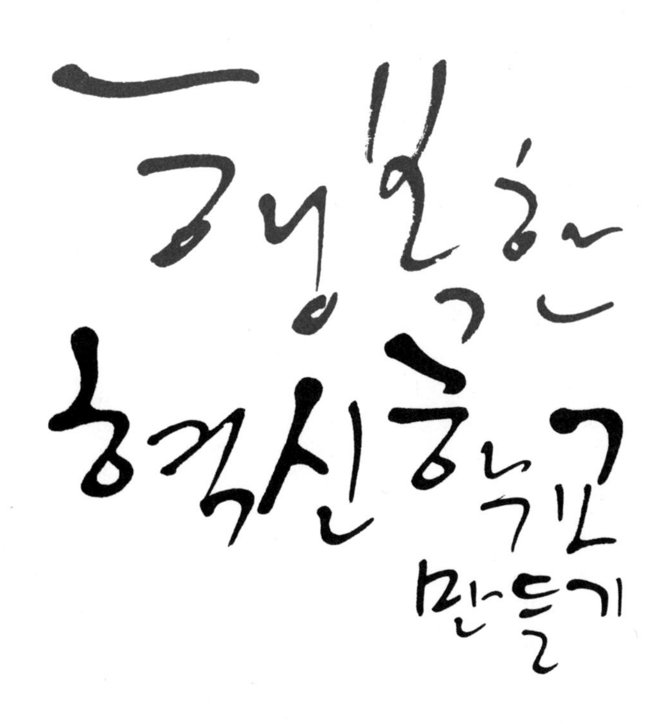

비고츠키 교육철학으로 본 **혁신학교 지침서**

초등교육과정연구모임 씀

살림터

| 추천의 글

성열관
| 경희대학교 교수

학교혁신과 혁신학교는 모두 '변화'에 대한 노력이다. 학교의 문제가 무엇이고 왜 변해야 하는가에 대해서는 그동안 많은 주장과 이에 대한 공감이 있어왔다. 그렇지만 변화의 상과 전략을 제시하는 일은 충분하지 않았다.

이 책은 이러한 노력의 일환으로 저술되었다. 나는 서울시교육청의 의뢰를 받아 혁신학교 5대 과제를 개발하는 과정에서 이 책의 저자들과 연구하며, 많은 대화를 나누었다. 그 과정에서 나는 아이들에 대한 교사의 애정이 얼마나 큰지, 더 좋은 교육에 대한 교사의 열망이 얼마나 높은지 체감할 수 있었다. 이 책의 저자들은 최근 『교과서를 믿지 마라』(바다출판사)를 출간하여 베스트셀러로 만들 만큼 많은 학부모와 시민 독자들로부터 공감을 얻고 교육과정 정책이 나아가야 할 방향을 제시했던 분들이기도 하다. 이 책은 이렇게 교육에 대한 전문성이 높고 아이들에 대해 애정이 많은 초등교육과정연구모임에 의해 집필되었다.

혁신학교는 교사의 동료성과 전문성에 기초해 학교 운영, 수업, 교육과정 평가, 생활교육, 지역사회 연계 등의 분야에서 변화를 추구하는 학교이다. 그 변화의 내용은 공교육을 정상화하여 아이들이 행복하고, 학습에 적극적으로 참여하며, 인권과 민주주의의 일상 공간에서 학교 삶을 영위할 수 있도록 하는 교육활동이다. 이 책은 이러한 변화를 추구하기 위한 과제와 전략을 초등학교 수준에 집중하여 구체적으로 제시하고 있다는 면에서 유용성이 있다. 한편 이 책의 특징은 실행 전략뿐만 아니라 학교의 변화 추구 노력이 어떤 철학과 이론에 기초해야 하는지까지 심층적으로 밝히고 있다는 점이다.

혁신학교나 학교혁신, 모두 아직은 구성적 개념이다. 그 개념을 구성하고자 하는 다양한 노력에 이 책은 일조하고 있다. 이러한 노력이 여러 개의 동심원을 가진 파문들 중 하나로 발전하면 종국에는 더 좋은 교육으로 가는 문을 열어줄 것이라 본다. 학교 하나를 변화시킨다는 것은 쉬운 일이 아니다. 그러나 이러한 노력은 종국에는 그 결실을 맺을 것이고, 그 열매는 신나고, 행복하고, 깊이 배우고, 탐구하고, 실천하는 아이들의 얼굴 표정 위에 열릴 것이다.

| 여는 글

공교육체제가 구축된 일제 식민지 시대 후 최초이자 전면적이며 체계적으로 진행되고 있는 혁신학교는 첫째, 밑으로부터 교사들의 자율적 관심과 위로부터 교육감들의 공약 과제 추진이 결합한 운동이다. 둘째, 주민 직선으로 선출된 진보교육감들의 공동 정책이다. 셋째, 지역주민, 교직원, 학생의 협력으로 추진될 운동이라는 측면에서 혁신학교 성공이 향후 한국 교육에 미칠 미증유의 파장을 상상하는 것만으로도 행복하다. 그러나 일제고사 성적 학교별 정보 공시로 상징되는 신자유주의 경쟁교육의 강화와 조직적인 관료들의 해태는 그 전망을 낙관하기 어렵게 하고 있다.

하나, 초등교육과정 연구모임은 혁신학교의 성공을 위해 미력한 힘이나마 보태려고 한다. 짧게는 지난 6개월간 혁신학교의 방향을 잡고 연구한 성과를, 길게는 지난 20년의 참교육운동 성과를 심도 있게 검토하였다. 그리하여 혁신학교를 준비하고 있거나 운영하고 있는 교사들에게 의미 있는 참고 자료를 만들기로 하였다. 이 작업은 우리 독자적인 성과가 아니라 혁신학교 운동을 앞서 실천해나간 선생님들, 교육운동 진영의 활동가들, 진보적 교육 연구자들, 교대와 사대 소속 교수님들의 전면적 도움이 있었기에 가능했다고 생각한다.

둘, 이 책의 행간에는 우리가 고민했던 철학이 놓여 있다. 여기서 철학을 현학적인 의미가 아닌 실천적인 의미, 즉 방향 찾기를 위한 기조의 의미로 좁게 해석했다. 그러므로 당장 필요한 부분부터 목차를 참고하여 읽어도 무관하도록 책을 구성하였다. 간단하게 정리하면, 이 책은 크게 이론적인 부분과 실천적인 부분으로 나뉜다. 1부에서는 이론적인 측면으로 혁신학교의 철학과 발달교육과정, 어린이의 전면적 발달을 위한 교수학습과 관련하여 다루었다. 2부에서는 실천적인 측면으로 교사가 학생들과 함께하면서 직면하는 교육과정, 교수학습과 평가와 관련한 부분이 있다. 또한 협력적 교사 문화를 가꾸기 위한 제안이 담겨 있다. 마지막으로 교육 공공성을 지향하는, 민주적인 학교 운영을 실행하는 데 참고할 내용을 좀 더 구체적으로 제시하였다.

끝으로 이 책의 제목이 나오기까지의 과정에 대해 언급하겠다.

우리는 2011년 대한민국의 교육 현실을 직시하고, 학교를 전면적으로 혁신하는 것은 불가능하다는 판단을 내렸다. 우리나라 교육학의 수준, 혁신을 주도할 교사의 양과 질, 학교혁신을 체계적으로 이끌어 갈 청사진 등을 다각적으로 고민하여 내린 판단이다.

그래서 먼저 거점 학교로서 혁신학교를 규정하고, 집중적으로 학교혁신의 청사진을 창출해나가는 작업을 실행하고자 한다. 혁신학교의 유의미한 운영 결과는 전면적 학교혁신을 위한 토대가 될 것이다. 이런 의미에서 처음에는 '혁신학교와 학교혁신'이라는 제목을 붙였다.

하지만 마지막 단계에서 몇 차례 거듭된 논의 끝에 '행복한 혁신학교 만들기'라는 제목으로 바꾸었다. 자발적으로 참여하고 소통하는 과정에서 힘들지만 행복해하는 혁신학교 구성원들의 모습을 제대로 살리고, 교육혁신을 위한 첫걸음이 행복한 성공이기를 바라는 우리의 간절한 염원을 담아내고자 했기 때문이다. 또한 세계 교육계의 흐름인 협력의 교육학을 철저히 준비해야 한다는 인식하에 '비고츠키 교육철학으로 본 혁신학교 지침서'라는 부제를 달았다.

| 차례

제1부

혁신학교의 철학

혁신학교 철학

발달교육과정

어린이의 전면적 발달을 위한 교수학습론

제1장

혁신학교 철학

들어가며

혁신학교는 진보교육감에 의해 자율학교로 지정되어 운영되는 학교이다. 명칭은 무지개 학교, 강원행복+학교, 빛고을 학교, 혁신학교로 다양하지만 본질적으로 '혁신학교'로 묶어낼 수 있다. 언론은 공문과 잡무로부터 해방된, 학급당 학생 수(20~25명)가 적은, 학습자 중심 교육활동을 펼치는 학교라고 혁신학교의 특징을 크게 세 가지로 정리하였다.

이제 우리는 이러한 혁신학교의 바탕이 되는 철학에 대해 짚어보려 한다. 그러나 여기서 언급할 철학은 존재론이나 인식론이 아니다. 또한 일반적인 방법론도 아니다. 우리는 구체적인 혁신학교 교육활동의 길잡이가 되는 기준으로서 철학을 사용하고자 한다. 학교교육과정을 운영하면서 마주하게 되는 문제들을 해결하는 데 도움이 될 일반 원칙 정도로 마음에 두었다.

우리가 제시한 일반 원칙은 협력을 통한 어린이의 전면적 발달, 민주주의 구현, 교육 공공성 확립 이렇게 세 가지로 요약된다.

첫째, 교육은 무엇보다도 한 인간의 발달을 다루는 일이다. 그러므로 인간의 전면적 발달을 꾀하는 것이 가장 근본적인 철학이 되어야 한다. 이것은 그동안 수없이 강조되어 온 '전인교육'과 유사해 보이지만 완성된 결과로서의 '전인'이 아닌, 거기에 도달하고자 노력하는, 끊임없이 발달해가는 과정을 강조한다는 데 차이가 있다. 인지·정의·신체적 측면에서 학습자에게 고르게 접근해야 하며, 다양한 교육활동을 통해 균형 있는 경험을 제공해야 한다. 특히나 평생교육, 생애교육 차원에서 한 인간의 전체 발달과정을 염두에 두고 교육활동을 전개해야 한다.

둘째, 혁신학교 철학으로 강조되어야 하는 것은 바로 민주주의다. 민주주의란 자유와 평등의 두 바퀴를 축으로 소통과 협력을 이끌어내는 실천의 원리이며, 구성원의 다양성이 존중되고 소외됨이 없이 참여하는 조화로운 공동체를 추구하는 철학이다. 혁신학교는 이러한 민주주의의 원리를 생생하게 체험하는 민주시민교육의 장이어야 한다. 따라서 혁신학교에서 민주적 학교 운영을 제도적으로 견인해내고 다양한 학생 자치활동을 교육적으로 보장하는 것은 매우 중요하다.

셋째, 교육 공공성이다. 한 개인의 전면적 발달이 '개인의 입신양명'이라는 사적인 가치에 갇히지 않고 '널리 세상을 이롭게 하는' 공공의 가치를 지향해야 한다. 이것은 홍익인간이라는 헌법적 이념에도 부합되는 것이다. 학교교육은 민주적 공동체 사회 실현의 토대가 되어야 하며, 모두가 함께 행복하게 사는 사회를 지향해야 한다. 자유, 평등 외에도 노동, 인권, 생태, 평화 등은 이러한 사회를 실현하는 데 필요한 본질적 가치들이다. 이러한 가치들은 학교교육을 통해 형성되어야 하며, 이를 위해서 교육과정이 가치 지향적으로 구성되어야 한다.

왜 협력 교육인가?

협력으로 어린이의 전면적 발달을 돕자는 주장은 교육공동체 구성원이 자발적으로 협력하여 어린이의 전면적 발달을 돕자는 것이다. 이는 교육기본법에 명시된 '전인교육'을 풀어낸 표현이다. 처음에 '전인교육'을 혁신학교 철학으로 제시했을 때, 너무 추상적이다, 식상하다, 방향 제시가 구체적이지 못하다는 문제 제기가 있었다. 그래서 인터넷에서 제공하는 가장 큰 포털사이트의 백과사전을 참고했는데, 전인교육을 '전면적 발달을 지향하는 교육'이라고 풀이하고 있었다. 우리는 전면적으로 발달해야 할 주체가 어린이임을 명확히 했다. 또한 그러한 과정을 촉진하는 구체적 활동 형태를 협력으로 규정하였다. 협력이라는 개념은 비고츠키의 문화역사적 이론에서 추출한 것으로 『생각과 말』 6장에서 그 근거를 찾을 수 있다.

협력으로 어린이의 전면적 발달을 추구하자는 내용에는 구체적으로 세 가지 주장이 담겨 있다.

먼저, 전면적이지 못한 교육 현실을 냉철하게 딛고 일어서자는 것이다. 각종 조사를 통해 드러난 학생들의 사회성(협력) 부족과 학습자의 자발성 결여, 낮은 흥미도는 우리 공동체의 미래를 위해서 반드시 극복해야 하는 학교교육의 현실이다. 지식 암기에 치우친 입시교육에 대한 상투적 문제 제기를 넘어서야 한다. 대학에 들어갈 때면, 학업에 대한 흥미도가 바닥이라는 것을 넘어서고자 한다. 어린이의 가장 큰 특징인 또래와의 어울림마저 세계에서 꼴찌로 전락했다는 절박한 현실을 직시해야 한다. 이러한 인식은 교사들 간의 협력지수도 바닥이라는 조사 결과와 연계되어 냉정하게 이루어져야 한다. 동료와 협력하지 못하는 위축된 교사 문화를 넘어서는 것이 협력하는 학생들의 태도를 키우는 출발점이 될 것이다.

다음으로, 어린이 발달에 대한 관점을 재정립하자는 것이다. 행동주의나 구성주의에 근거한 어린이관을 넘어서서 비고츠키의 문화역사적 이론에 근거한 어린이관을 정립하자는 것이다. 발달은 자극과 반응이 연결되는 양을 누적시키는 그런 것이 아니다. 미로를 헤매는 쥐 실험을 통해 알아낸 것을 인간에게 적용하는 행동주의 관점은 나치 시대에나 통하는 이론이다. 교사가 알고 있어야 할 아이들의 특성은 동물과 다른 인간의 고유한 특성인 것이다. 마찬가지로 발달은 태어날 때부터 가지고 있던 인지구조가 성숙하여 영글어진 그런 것이 아니다. 아이들은 고독한 탐구자가 아니다. 연령별로 보편적인 인지 변화를 경험하는, 협동을 통해 강제해야 하는 사회화의 대상이 아니다. 우리는 어린이의 능동적인, 정의적인, 사회적인, 역동적인, 역사적인 특성을 인지하는 교사가 되어야 한다.

문화역사적 이론에서 발달이란 사회 속의 문화적 도구들, 다양한 고등정신기능들, 꿈과 희망과 정신이 학습자 개개의 심리과정에 녹아드는 것을 말한다. 활동을 하고 나서야 의미를 알던 아이들이 나중에는 의미를 좇아 새로운 활동을 할 수 있는 아이들로 변화해가는 과정에 주목해야 한다. 교사는 이질 집단에서 참여, 협력, 반성을 통해 삶과 앎을 하나로 통일시킬 수 있는 즐거운 학습 경험을 제공할 수 있어야 한다.

마지막으로, 교육은 처음부터 끝까지 협력활동이어야 한다는 것이다. "경쟁은 스포츠에나 있는 것이고, 교육은 협력"이라는 핀란드 교육자의 말을 새겨들어야 한다.

아이들이 잘 협력하려면 먼저 교사와 학생들의 협력활동이 잘 이루어져야 한다. 특히 교사는 교수학습 과정에서 학생들과 최대한 협력활동을 하려 노력해야 한다. 먼저, 학생은 교사가 과제 해결을 계획하는 작업에 참여한다. 그 후에 의견을 조정하고 수렴하는 과정, 중간에 점검하는 과정, 동료들과 협력하는 과정, 개별로 과제에 집중하는 과정, 돌아보며 반성하고 평가하는 과정 등에 학생이 적극적으로 참여해야 한다.

협력을 통한 교수학습에서 학생의 자율적 활동을 점점 확대해야 한다. 초등학교 1학년에서는 양자택일의 형식으로라도 학생들이 스스로 선택하고 반성하는 기회를 가져야 먼 훗날 자기주도적 학습자로 발달할 수 있다. 학교에서 협력하는 것이 즐거운 경험이 될 때 사회성, 문제 해결 의지, 인지적 능력 및 정의적 태도도 지속적으로 발달한다.

비고츠키가 언급한 협력은 공간적으로, 떨어져 있어도 가능한 것이다. 수업시간에 선생님과 친구들과 같이했던 것을 기억하면서 스스로

나는 이렇게 생각해!

과제를 해결한다면 그것도 심리적 측면에서 협력에 포함된다. 교실에서 수업시간에 있었던 가르침이 먼 훗날 특정한 상황에서 제자의 정신 속에 요동쳐 문제를 해결하는 데 지침이 될 수도 있다. 비고츠키는 이렇듯 근접발달영역의 실현이 개개인의 인생 역정에 따라 다르다고 한다. 제대로 교육을 했다면, 교사는 학생이 단위 수업시간에 성취를 못했다고 하더라도 초조해하지 말아야 한다. 이후 어떤 상황에서 그가 해낼 것이라는 확신을 가져야 한다.

협력을 통해 학습자의 전면적 발달을 지향하는 교육을 실천하기 위해서 우리는 발달, 교육과정, 교수학습, 학습의 연관관계에 주목해야 한다. 발달을 위한 청사진이 교육과정이고, 교육과정을 구체화시킨 참고 자료가 교과서이고, 교육과정의 낱낱 흐름들이 교수학습이고, 교수학습의 한 측면이 학습이라는 것을 총체적으로 인식해야 한다.

교수학습이 제대로 된 것인지는 학생이 학습을 주도적으로 하게 되는가에 더해서 학생의 발달에 어떤 영향을 미치는가로 판단해야 한다. 그러기 위해서는 교수학습은 교육과정의 흐름에 거스르지 말아야 할 뿐만 아니라 학생 개인의 발달 과제와 밀접하게 연결되어야 한다. 개개인의 인생 역정은 다양할 수밖에 없다. 학생마다 자신이 처한 사회적 상황에 따라 교수학습에 임하는 자세도 다르고, 긴급한 발달 과제도 다를 수밖에 없다. 그래서 교사는 과학자의 날카로운 눈으로 학생을 지속적으로 분석하고 매 순간 예술가의 영감으로 학생을 만날 수밖에 없다.

지난 한 세대 동안 전 세계적으로 비고츠키는 교육학에서, 적어도 세계 최고 수준의 학자들 사이에서 패러다임의 위치를 확고하게 지켜왔다. 2003년 유로교육위원회는 교육 현실에 비고츠키의 이론을 처음 도입했다. 그게 바로 '핵심역량 중심의 교육과정'이다. 이후, 핵심역량이 국가교육과정으로 처음 등장하게 된 경우가 2004년 핀란드의 국가핵심교육과정이다. 그러한 핀란드 국가교육과정을 각국에서 연구했다는 것은 잘 알려진 사실이고, 서울특별시교육청은 2007년에 한국어로 번역하기도 했다. 2009년 정부는 '핵심역량 중심의 미래형 교육과정'을 추진했었다.

여기까지만 연결되어 있다면 미래를 대비하는 혁신학교 철학으로 비고츠키를 소개하는 데 주저했을 것이다. 올해 유로교육위원회는 2015년에 선보일 유로 교육과정의 골격에 합의를 보았다. 2년에 걸친 논의의 결과다. 그들은 어설프게 비고츠키 교육학의 내용을 담았던 '핵심역량 중심의 교육과정'을 넘어 (제대로 비고츠키 교육학의 내용을 담을)

'협력 중심의 교육과정'을 제정하기로 했다. 핵심역량 중심 교육과정도 제대로 소화하지 못하고 있는 대한민국 교육계가 감당하기 어려운 혹독한 과제는 이렇게 조용히 다가오고 있다. 우리의 준비 여하와 관계없이 협력은 이제 교육의 핵심 개념으로, 회피할 수 없는 미래로, 수평선 너머에 모습을 드러냈다. 혁신학교는 과거의 구습을 타파하는 일뿐만 아니라 다가올 미래의 흐름을 대비하는 일도 선도적으로 해내야 한다는 점에서 협력 교육을 선택한 것이다.

협력으로 어린이의 전면적 발달을 꾀하는 교육이란?

1) 전면적 발달 : 전인으로 나아가는 과정

여기서 사용하는 전면적 발달은 교육자라면 다 알고 있는 의미, 바로 그것이다. 전면적이라는 것은 특정한 한 측면, 예를 들면, 피아제처럼 인지적 측면만을 강조하는 것이 아니라, 다양한 측면을 모두 포함한다는 뜻이다. 교사라면 적어도 인지적 측면, 정서적 측면, 신체적 측면을 고려해야 한다는 것은 다 알고 있다. 학생들이 발달하는 데, 훌륭한 인간으로 변화해가는 데 여러 측면이 복잡하게 작용한다는 것을 고려해야 한다. 이렇듯 전면적 발달에는 총체적으로 학습자를 바라보자는 의미가 담겨 있다.

공교육에서 전면적 발달이 본질적 목적이 된 것은 교육학의 아버지, 헤르바르트(그는 특히나 도덕적 측면을 강조했다)로 거슬러 올라간다. 독재 국가나 전제 국가도 실제로는 그렇지 않았다 할지라도, 형식적으로는 전면적 발달을 교육 목적으로 내세우고 있다. 현재까지 지구상의 모든 국가의 공교육 목적, 적어도 공식 문건에 표명된 목적은 전면적 발달이다. 혁신학교 철학으로 전면적 발달을 내세운 까닭은 시류에 휩쓸리지 말고 학교는 교육 본연의 목적을 추구해야 한다는 우리의 의지를 확고하게 전달하고자 했기 때문이다.

교육의 구체적인 목표를 살펴보면, 문화나 시대에 따라 약간의 차이가 있어 서양은 민주시민을 강조하고, 동양은 전인을 선호한다. 19세기에는 교양인을 강조하고, 20세기에는 비판적 문화인을 내세운다. 한국에서는 최근 장관 고시를 통해 인성과 창의성을 강조하고 있기는 하지만 교육기본법에 여전히 인격도야, 자주적 생활 능력, 민주시민의 자질, 인간다운 삶 영위, 공동체 발전 따위가 명시되어 있다.[1]

인류 역사상 대한민국처럼 교육의 목적을 높게 잡은 공동체는 없었다. 우리는 인간의 전면적 발달을 넘어 '홍익인간'이라는 신의 영역에 가까운 목적을 설정하고 있다. 법적 강제성에도 불구하고, 홍익인간은 공교육을 받는 동안 그 변화 정도를 파악하기가 어렵고, 너무 추상적이고, 학교 교육활동만으로는 도달하기 어렵다는 연유로 혁신학교 철학으로 제시할 수 없었다. 반면에, 전면적 발달은 그 변화를 파악할 수 있고, 구체적으로 제시할 수 있으며, 학교 교육활동을 통해 도달할 수 있는 목표가 될 수 있다.

전면적 발달이 새로운 실천 개념이라는 것을 납득하기 어려운 이유

1) 교육기본법, 제2조(교육이념) 교육은 홍익인간(弘益人間)의 이념 아래 모든 국민으로 하여금 인격을 도야(陶冶)하고 자주적 생활 능력과 민주시민으로서 필요한 자질을 갖추게 함으로써 인간다운 삶을 영위하게 하고 민주국가의 발전과 인류 공영의 이상을 실현하는 데에 이바지하게 함을 목적으로 한다.

는 발달이라는 개념 때문일 것이다. 키가 큰다는 것은 신체적인 측면, 의젓해진다는 것은 사회적 혹은 도덕적 측면, 똑똑해지는 것은 인지적 측면의 변화를 나타낸다. 일반적으로 발달이란 인지, 정서, 신체적 측면에서 총체적으로 변화하는 것을 지칭한다. 학자들은 발달에 심리(감정과 이성)적, 사회적, 도덕적 측면에서의 변화를 포함시킨다.

바람직한 사람으로 변화하는 것은 지성, 감성, 인성을 다 갖춘 전인이 되는 과정이다. 죽을 때까지 노력하여 전인에 도달할 수 있는 사람이 얼마나 될까? 이런 측면에서 보면, 전면적 발달이 제대로 된 성인은 그렇게 많지 않다. 전면적 발달이 어려운 까닭은 이것이 죽는 순간까지 계속되는 지속적인 과정에서 특정한 방향으로만 나아가려는 욕망에 저항해야 하기 때문이다. 또한 세파에 의해 끊임없이 좌우로 흔들리는 인생 역정에서 장대하게 펼쳐지기 때문이다. 쉽게 말하면 개인적 집착을 벗어나기 어렵기 때문이라는 것이다.

2) 아동관 : 다양한 발달 노선을 걷는 어린이

학교교육에서 전면적 발달을 위한 교육활동을 하려면, 학교에 오는 어린이를 어떻게 보느냐 하는 아동관을 제대로 정립해야 한다. 교육의 출발점과 같은 아동관이 잘못되어 있다면, 교육활동의 결과가 의도한 바와 정반대로 나아갈 수도 있기 때문이다. 교육사에서 아동관은 크게 다음과 같이 변화했다.

1차: 작은 어른

2차: 영원한 어린이성 (루소)

3차: 어린이 인지 발달의 네 단계 (피아제)

4차: 어린이의 다양한 발달 노선 (비고츠키)

루소는 『에밀』에서 영원한 어린이성을, 어린이가 어른과 질적으로 다름을 드러냈다. 루소의 위대함은 이렇듯 교육에서 어린이를 어른과 다르게 교육해야 할 근거를 낭만적으로 제시했다는 데 있다. 아동중심 교육의 흐름은 이렇게 시작되었다. 하지만 루소의 '어린이가 다 똑같다'는 주장은 초등학교 선생님이라면 누구나 부정할 것이다. 초등학교 1학년과 6학년 어린이가 얼마나 다른지 초등교사는 매일 눈으로 확인하고 있기 때문이다.

피아제의 천재성은 영원한 어린이성을 인지적 측면에서 부정해낸 것이다. 그는 인지 발달 특성이 네 단계로 나뉜다고 했다. 감각-운동기, 전조작기, 구체적 조작기, 형식적 조작기가 그것이다. 이런 단계가 보편적이며, 태생적 요인에 의해 좌우되고, 강제를 위한 협동의 양식인 사회적 상호작용을 통해 펼쳐진다고 한다.

비고츠키는 이러한 보편적 인지 발달 특성을 부정했다. 먼저, 인지적 측면만 보는 것, 즉 총체적으로 어린이를 보지 않는 것은 잘못되었다고 지적한다. 다음으로, 연령에 따라 보편적으로 어린이의 질적 차이가 4단계로 나타났다는 것을 실험을 통해 부정한다. 비고츠키에 따르면,

개별 어린이가 처한 발달의 사회적 상황에 따라 어린이가 변화하는 내용, 개개인의 발달 경로가 다르다.

각국의 학자들은 1960~80년대에 비교문화 연구를 통해 피아제와 비고츠키의 주장을 검증했다. 피아제의 보편적인 인지 발달 특성은 철저하게 부정되었다. 사회공동체의 문화에 따라 인지 발달 특성도 다른 방식으로 다른 연령대에 나타난다는 것이 과학적으로 입증되었다. 이러한 교육심리학의 연구 결과를 반영하듯, 미국 보수 교육계의 대부라고 할 수 있는 브루너 교수는 아주 멋진 문구로 이러한 변화를 정리했다. "피아제가 지는 별이라면, 비고츠키는 떠오르는 별"이다.

비고츠키 교육학을 적용하는 데 있어서 한국은 유리한 위치에 있다. 우리는 이미 비고츠키와 마찬가지로 유일하게 교수학습이라는 용어를 가지고 있다. 교학상장(教學相長)에서 알 수 있듯이 우리는 '교학'이라고 하여 수업이 가르치는 것과 배우는 것이 하나로 통일된 현상임을 이미 통찰하고 있었다. 또, 서당식 교육에서 확인할 수 있듯이 비고츠키가 논증한 개별적인 학습자의 발달 상황에 따른 개별화 교육을 우린 이미 역사적으로 실천했었다.

다인수 학급, 엄청난 잡무, 3중의 평가, 일제고사, 입시교육, 교육 양극화, 이런 어려운 교육 현실 속에서 혁신학교는 '다양한 발달 경로'에 맞춰 개별화 교육을 해야 한다고 하는 것은 공허하게 들릴 수도 있다. 학급당 15~20명의 학생을 데리고 2명의 교사가 수업을 전개하고 있는 어떤 국가의 현실과 비교해보면 답답함도 있다. 혁신학교는 난제를 모두 해결한 상태에서 진행되는 학교가 아닌, 작은 변혁의 떨림으로 시작된다. 가능한 한 다양한 학습자의 발달 과제에 근거하여 개별화된 교육활동을 전개해나간다는 것은 가르치는 것과 배우는 것이 하나임을 통찰하는 것으로부터 시작된다.

3) 교육활동 : 소크라테스와 맹모처럼

개별 학생을 대상으로 전면적 발달을 지향하는 교육을 실천하기 위해서는 교육활동의 본질을 파악하는 것이 큰 힘이 된다. 소크라테스, 맹모와 관련된 핵심적인 것 두 가지만 언급하겠다.

소크라테스가 노예에게 직각삼각형의 세 변 사이의 관계를 인식하게 했다는 일화가 있다. 소크라테스의 대화법, 산파술을 모르는 교사는 없을 것이다. 여기에서 교육활동의 핵심을 찾아보면, 그것은 바로 대화다. 하지만 대화는 현상이다. 눈에 보이고 귀에 들리는 현상일 뿐이다. 그 본질은 펼쳐지고 있는 과정, 즉 대화라는 낱말에서 유래한 철학적 용어인 변증법이다. 모르던 아이가 알게 되는 것, 바람직한 방향으로 변화하는 것, 그게 교육활동이 추구하는 바이고 대화는 그것을 매개하는 한 활동에 불과한 것이다. 실제 벌어지고 있는, 학생이 변화하는 양상을 파악할 수 있는 혜안이 있어야 한다.

소크라테스가 한 것처럼 학생의 논리적·정서적·가치적 모순을 찾아내고 이를 반대 방향으로 전화시키는 일이 교사가 할 일이다. 이것이 대립물의 전화이다. 이 예는 논리적 모순을 극복하는 과정이다. 초등학교 교사는 아이들이 정서적·관계적 모순을 극복할 수 있도록 돕는 활동을 많이 하고 있으며, 중고등학교 교사는 가치적·사회적 모순을 극복하게 하는 활동을 많이 하고 있다. 교육 현장에서 변증법이 펼쳐지는 방식인 대화는 그 본질이 현상적인 설명이나 격려에 있는 것이 아니라 학생 스스로가 모순을 극복하도록, 무지를 깨닫도록 이끌어 가는 것이다.

이번에는 맹자 어머니 이야기를 하겠다. 맹모삼천지교로 넘어가기 전에, 혼란스러운 개념을 먼저 간단하게 정리하겠다. 다음에 제시된 심성보 교수님의 정리를 참고할 수 있다.

나는 안다, 고로 나는 존재한다. : 피아제의 개인적 구성주의

우리는 안다, 고로 우리는 존재한다. : (비고츠키의) 사회적 구성주의

우리는 존재한다, 고로 우리는 안다. : 비고츠키의 문화역사적 이론

여기서 구성주의는 피아제나 비고츠키의 학문 성과를 참고하여 특정한 교육학자들이 펼쳐낸 교육 담론이라는 것에 주목해야 한다. 구성주의와 문화역사적 이론은 존재와 앎의 인과관계를 거꾸로 설명한다. 둘은 질적으로 다른 인식론이다. 이것을 부각시킨 까닭은 학교에서 교사들이 처한 상황을 어떤 이론이 더 잘 설명하고 있는지 알아보고자 하기 때문이다. 교사는 실제 수업 상황을 떠올려보면서 어느 것이 더 효과적인 설명 방식인지 확실하게 판단해야 한다. 이것이 교육활동의 본질을 다르게 이해하게 되는 결정적인 분기점이기 때문이다.

이제 다시 맹모삼천지교로 돌아가서 핵심을 짚어보자. 맹자의 어머니는 사회적 구성주의 방식으로 문제를 해결하지 않았다. 친구를 더 많이 만들어주는 방식을 택하지 않고 주변 환경과의 관계를 변화시켰

다. 즉 발달의 사회적 상황을 변화시켰다. 천지신령께 기도를 하지 않고 이사를 가버렸다. 존재하는 곳을 바꿔버린 것이다. 결국 서당 옆으로 이사를 가니 맹자가 공부를 하더라, 이것이다. 존재(사회적 상황)가 바뀌면, 인식이 바뀐다. 이런 순서로 실재를 인식하는 방식을 유물론이라고 한다.

여기서 더 주목해야 할 것은 두 번에 걸친 이사이다. 노동 현장에서 공동묘지로, 공동묘지에서 시장으로 이사를 간 사실이다. 맹자는 각 장소에서의 놀이활동을 통해 삶과 죽음 그리고 인간관계를 관념화할 수 있었다. 그 후에 선현의 말씀을 익혀 추상과 구체를 통일시킬 수 있었다. 인(仁, 추상)이 사람의 마음(구체)이고, 의(義, 추상)는 사람의 길(구체)이라는 사상을 만들어낼 수 있었다. 또한 배움의 길을 시작하기 전에 구체적인 삶의 터전에서 체험활동을 통해, 놀이를 통해 인생의 가장 큰 배움을 경험했다는 것에 주목해야 한다.

학교교육에서 존재의 핵심은 인간관계이다. 협력적인 인간관계가 형성되어야 협력적인 교육활동을 통해 협력적인 태도를 내재화하는 학생이 나타나게 되는 것이다. 모두가 알다시피 교실 환경, 학교 환경도 존재에 영향을 미친다. 어려운 시절 천막에서 공부하더라도 배우겠다는 의지에 불타는 학생이 생겨난 것을 보면 이런 환경은 존재에서 부차적이다. 그렇다고 중요하지 않다는 것은 아니다. 최우선적인 것이 인간관계, 즉 교사들 간의 관계, 교사와 학생의 관계, 학생과 학생의 관계라는 것을 강조하고자 한다.

하면 된다는 관념이 실현되려면, 신뢰하는 교사와 학생 간의 관계라는 물적 토대가 전제되어야 한다는 것을 명심해야 한다. "하면 된다"를 외치는 교사는 관념론자이고, 학생과 신뢰하는 사랑의 관계가 먼저 구축되어야 교육이 제대로 이루어질 수 있다고 경험적으로 알고 있는 교사는 유물론자라 할 수 있다.

이렇듯 학생들이 바람직한 방향으로 변화하려면 교사가 교육활동을 변증법적 유물론의 눈으로 보는 데 익숙해야 한다. 왜 그것도 못하냐고 일방적으로 학생을 나무라기 전에 그것을 할 수 있으려면 어떤 객관적 조건이 형성되어야 하는지를 고민하는 교사가 되어야 한다.

4) 교육과정 : 전면적 발달의 청사진

교과서가 아닌 교육과정을 운영하는 이가 교육 전문가인 교사이다. 전면적 발달을 고려한 교육과정을 운영하는 데 참고가 될 내용을 살펴보겠다. 아래 비교표는 피아제와 비고츠키의 동료였던 레온티예프가 제시한 내용이다. 전자의 내용은 미국, 일본, 한국의 교육과정에, 후자의 내용은 핀란드의 교육과정에 반영되어 있다.

교육 단계	피아제의 발달 특성	비고츠키의 발달의 중심 노선
유아원	감각-운동기	정서적 반응/대상 중심적 활동
유치원	전조작기	사회 역할극/ 놀이
초등학교	구체적 조작기	학교에서의 학습
중 · 고등학교	형식적 조작기	동료와의 협력
대학과 직장	변증법적 조작기	직장에서의 노동

피아제는 중·고등학교에서 학습을 강조하고 있고, 비고츠키는 초등학교에서 학습을 강조하고 있다. 우리는 보통 직장에서나 동료와의 협력을 강조하고 있는데, 비고츠키는 그것을 중·고등학교에서 강조하고 있다. 이런 발달에 대한 인식 차이가 교육과정에 큰 차이를 가져온다.

학생의 발달 특성에 맞는 과제를, 즉 교육활동을 피아제는 혼자서 할 수 있는 것(발견학습)으로, 예습하는 것(선행 사교육비 증가)으로, 정교하게 다듬는 것(능력차 부각)으로 제시하고 있다. 그에 반하여 비고츠키는 협력으로 할 수 있는 것(협력학습)으로, 복습하는 것(개별적 복습활동 강조)으로, 정교하게 다듬는 것을 배우는 것(의지적 숙달을 강조)으로 제시한다. 피아제는 학교 수업을 발달의 열매를 따 먹는 것으로, 비고츠키는 발달을 선도하는 것으로 파악하고 있다.

마지막으로 비고츠키는 전면적 발달 대상으로서, 교사를 포함한 학교에 근무하는 모든 사람을 언급하고 있다. 가장 긴 시간 지속되는 일터에서 노동을 하며 우리는 많은 것(특히 교과 내용, 학습자의 발달, 교수학습 방법)을 배우게 된다.

전면적 발달을 지향하는 교육과정 재구성에 참고할 내용을 소개하겠다.

전면적 발달은 (1)도덕적인 면의 발달을 포함하는 조화로운 교육을 통해 가능하다. (2)학생들이 인류의 지식과 문화를 인식하고 체험하게 해야 한다. (3)물질적 욕구와 정신적 요구를 조화롭게 발달시키고, 특히 생활 중에 한 가지 적극적인 활동을 하도록 한다. (4)한 가지 창조적인 노동 분야에서 자신의 독특한 개성을 형성하도록 해야 한다. (5)학교생활이 주위 세계에 대한 인식, 다시 말하면 노동에 대한 인식에서 출발하도록 해야 한다. (6)깊이 있고 철저하며 확실한 지식을 가르치고, 평생 '나는 더 많은 것을 알아야겠다'는 확고한 바람이 길러져야 한다. (7)가정과 지역사회와 협력하여 교육해야 한다. (8)도덕적으로 성숙하게 해야 한다.[2)]

이 외에도 참고할 자료로 『교육 선진국 핀란드를 가다』[3)]와 남한산 초등학교의 교육과정이 있다.

5) 교육과정과 전면적 발달의 계기

교육과정 운영과 관련하여 교사가 의식적으로 주의해야 할 것을 두 가지만 언급하겠다. 하나는 '발달의 다양한 노선'과 관련된 것이고, 다른 하나는 발달의 질적 비약을 위한 '위기'와 관련된 것이다.

'발달의 다양한 노선'이란 말 그대로 발달에서 개개인이 서로 다른 경로를 취한다는 것이다. 예를 들면 초등학교에서 학생의 건강이라는 측면을 적절하게 발달시키기 위해 쉬는 시간에 운동장으로 내보내는 것이 언제나 바람직하지는 않다는 것이다. 특히나 초등학교 5, 6학년이면, 게다가 여학생의 경우 신체적 변화의 결과로 운동장에서 달리기 하는 걸 싫어한다. 벌써 자신의 취향에 따라 특정한 활동에 열중하고자 하는 아이들이 있을 수 있다. 이런 경우에 학생들이 선택할 수 있는 좀 더 다양한 것을 제시해야 한다. 또한 학생의 건강을 위한 배려도 아

2) 수호믈린스키(2010), 『선생님들에게 드리는 100가지 제안』, pp. 461~488 요약.

3) 서울특별시교육청(2007), 핀란드 국가교육과정 번역 자료.

이들이 즐겁게 참여할 수 있도록 시기에 따라 다르게 제시해야 한다. 가능하면, 학년별로 기계적으로 제시하지 말고, 개개인이 선택할 수 있도록 제시하는 게 좋다. 교사는 가능하면 아이들이 어떤 식으로 놀이 활동을 하는지, 학생의 발달이 어느 정도인지 파악할 수 있어야 한다. 이것이 교수학습과도 밀접하게 연관되어 개별화 지도를 할 수 있는 판단 근거가 된다. 처음에는 어렵지만, 동료 교사들과 소통하면서 객관적인 판단으로 나아가게 된다. 연륜이 쌓이면 고민하며 생각하지 않아도 판단할 수 있게 된다. 그렇게 교육 전문가가 되어가는 것이다.

때에 따라 학생들은 관계 속에서, 존재 속에서 '위기'에 처하게 되는 경우를 피할 수 없다. 왕따라는 것도 그런 위기의 한 예가 될 수 있다. 상담심리학을 전공하신 오자와 마키코 교수는 학생들이 겪는 위기를 서구적인 심리치료의 일종인 상담으로 처방하는 것에 아주 부정적인 말씀을 하신다.

> "상담은 과학적·전문적 기법으로 그것은 중립적이며 인간적인 관계라는 생각은 환상이다."

그렇다면 위기에 처한 학생을 어떻게 해야 하는가라는 의아해하는 질문에, 마키코 교수는 이렇게 대답했다.

> "위기는 실재고, 현실이며, 아이의 발달을 위한 중대한 계기다. 실제 관계에서 생긴 위기는 실제 관계를 해결하는 것으로 풀어야만 한다. 아무리 고통스럽더라도 아이와의 협력을 통해 풀어내야만 한다."

햄릿처럼 "죽느냐 사느냐 그것이 문제로다." 이런 처절한 갈등을 겪은 후에야 성숙이, 고등정신기능의 질적 비약이 이루어진다. 헤르만 헤세의 『데미안』에 나오는 "새는 알을 깨고 나온다. 알은 곧 세계다. 태어나려는 자는 한 세계를 파괴하지 않으면 안 된다"는 표현도 발달에서 질적 도약을 위해 필요한 위기를 언급하고 있다. 관리라는 이름으로 한 인간의 질적 비약을, 새로운 세상을 맞이하려는 기회를 원천적으로 차단해서는 안 된다. 위기를 경험하며 아픈 만큼 성숙한다는, 아이들은 싸우면서 큰다는 인류의 지혜를 무시해서는 안 된다. 교사는 아이들의 위기를 보면, 아드레날린을 쏟아내며, 전문가의 번쩍이는 눈빛으로(속으로) 즐거워해야 한다. 어쩌다 오는 이런 결정적인 위기(기회)에 강해야 한다. 이런 위기를 겪는 과정에 대해 교단일기나 다른 방식으로 기록해두면 좋겠다. 학생과 함께 그런 위기를 겪는 과정에서 선생님도 고통스럽지만 지나고 나면 그런 일이 있었기에 당당한 교사가 될 수 있었다는 것을 알게 될 것이다.

6) 교육과정과 고등정신기능(핵심역량)

문화역사적 이론에는 과학적 이론에 꼭 있어야 할 '일반법칙'이 있다.

> 우리는 문화 발달에서 발생의 일반법칙을 다음과 같이 공식화할 수 있다. 아동의 문화 발달에서 모든 (고등정신)기능은 무대에 두 번, 즉 두 수준에서 나타난다. 먼저 사회적 수준에서 연후에 심리적 수준에서, 즉 먼저 하나의 정신 간 범주로서 사람들 사이에서 연후에

> 정신 내 범주로서 아동 내에서 나타난다. 이것은 자발적 주의, 논리적 기억, 개념 형성 그리고 의지의 발달에 똑같이 작용한다. 우리가 제시한 명제를 법칙으로 보는 것이 타당하다. 그러기 위해서 우리는 (고등정신기능의) 외부로부터 내부로의 이행이 그 과정 자체를 변형시키고, 그 구조와 기능들을 변화시킨다는 것을 이해해야 한다. 발생적 측면에서 보면, 사회적 관계가, 즉 실제적인 인간관계가 모든 고등 기능과 그 기능들의 관계에 배경을 이룬다. 이렇게 본다면, 우리의 의지에 관한 기본적인 원리 중의 하나는 기능들을 사람들에게 분배하는, 이제는 하나로 융합된 기능을 둘로 분배하는, 사람들 사이에서 발생하는 인생 역정으로 고등정신과정을 실험적으로 펼친다는 것이다(비고츠키, 2011:409)[4].

2009년에 정부는 '미래형 교육과정'을 제시했다. 그때부터 본격적으로 한국 교육의 화두로 등장한 핵심역량은 고등정신기능 중에 정부가 중요하다고, 핵심이라고 선정한 몇 개를 말하는 것이다. 창의성과 인성은 그중에서도 추려낸 것이다. 창의적 현장 체험학습은 핵심역량을 키우는 데 도움이 되는 방향으로 진행하라는 이야기다. 이러한 핵심역량을 교육과정에 반영하려면, 그 위계성과 발생 관계를 언급해야 한다. 정부는 이것을 명시적으로 해내지 못했다. 그래서 미래형 교육과정이라는 명칭을 갑자기 2009개정교육과정으로 바꾸게 된 게 아닐까 생각해본다.

위에 길게 인용한 일반법칙에는 핵심적인 고등정신기능 발생 순서

4) 비고츠키(2011), 배희철·김용호 옮김, 『생각과 말』, 살림터.

가 언급되어 있다. 이는 비고츠키가 이러한 시간 배열을 가장 중요하다고 생각했기 때문이다. 그 순서는 초등에서 자발적 주의와 논리적 기억, 중등에서 개념 형성, 고등에서 의지이다. 중학교 교사들이 학생지도, 교과지도를 어려워하는 결정적 까닭이 자발적 주의 능력이 부족하다는 것이다. 학생 스스로가 의도적으로 어떤 것에 집중할 수 있는 능력이 초등학교 6년 동안 형성되지 않았으니, 중학교 교사들이 초등의 과제마저 담당해야 하는 꼴이다.

초등교사는 학생의 주의력을 향상시키는 교육과정 운영, 교육활동을 해야 한다. 그러나 현실은 정반대이다. 주간 학습 예고안을 통해 학생은 내일 수업에 대해 스스로 주의를 기울이지 않도록 6년간 지속적으로 강요받고 있다. 수업시간에 집중하지 못하도록 점점 강도가 세지는 교사의 주의집중 방법들을 구경하는 수동적 존재로 길들여지고 있다. 교사는 교육행정, 실적 위주, 현상 유지 활동이 아니라 학생의 발달을 도모하는 교육활동을 해야 한다. 오늘이 마치 세상의 끝인 듯, 발달의 종착지인 듯, 학생을 통제하면 안 된다. 오늘의 실패를 담담히 경험하고 미지의 세계에 당당히 맞서는 어린이를 위해 "바람에 흔들리지 않고 피는 꽃이 없다"는 도종환 시인의 진언을 새겨본다. 초등교사의 지혜가 절실히 필요한 시기이다.

미래형 교육과정 홍보 자료에서 곽병선 미래기획위원장은 기억력에 관련해서 이렇게 서술했다.

> 첫째, 정보 공학의 지속적인 기술혁신으로 언제, 어디서나, 기존의 지식과 정보를 실시간 무한대로 검색할 수 있는 환경에 처하게 됨

으로써, 입증된 지식이나 기존 정보에 관한 한 인간의 암기력에 의존할 필요가 없게 되었다는 점입니다. 다음, 네이버, 구글(Google), 야후(Yahoo) 등 정보 검색 엔진에서 우리는 언제라도 원하는 정보에 접근할 수 있습니다. 우리의 기억 세포 속에 많은 지식과 정보를 집적해 두어야 할 필요가 없게 된 것입니다. 대신 필요한 정보를 검색할 수 있는 방법, 원하는 정보를 새롭게 생성할 수 있는 방법을 아는 것이 더욱 중요하게 되었습니다.

이러한 진술은 고등정신기능에 대한, 핵심역량에 대한 이해가 얼마나 부족한지를 드러낸다. 초등학교 교육과정에서 기억력이, 암기력이 핵심 중의 핵심인 고등정신기능인지 우리는 모르고 있다. 학교 현장에서 비고츠키의 이론을 적용했었던, 수호믈린스키(2010)는 다음과 같이 말했다.

첫째로 지식은 기본적인 진리(사실, 규칙, 수치, 여러 가지 설명, 의존성, 상호 관계, 정의)를 일상적으로 기억한다는 것이 포함돼 있다. 왜냐하면 이런 것들은 생활에서 언제, 어디서나 쓰이기 때문이다. 만약 이런 것들을 이용할 수 없고 필요할 때 자기의 기억 속에서 찾아내지 못하면 앞으로 학습이나 지적 발달, 지적 노동을 할 수 없다. 둘째로 지식이란 것이 반드시 기억해야 하는 것이 아니고, 인류가 쌓아서 책에 보존해 온 무궁무진하고 넓은 지식의 보고를 잘 이용할 줄 아는 것이다. 이것은 서로 연관되면서 구별되는 지식의 두 측면이다.

곽병선 위원장은 지식이 자신의 기억력과 타인의 자료(예를 들면, 책)를 잘 활용하는 능력의 통일이라는 것을, 기억력이 없으면 지식정보화 사회에 적합한 인재가 될 수 없다는 것을 간과하고 있다. 어떻게 "입증된 지식이나 기존 정보에 관한 한 인간의 암기력에 의존할 필요가 없게 되었다"는 언급을 교육과정을 만드는 토론회에서 할 수 있는가? 교육과정 개정과정의 이런 허술함을 감안하여 교사는 수업을 재구성하거나 수업시간에 적용할 때 이런 실수를 하지 않도록 해야 한다. 주의력과 기억력이 결합하여 의도적 기억력, 논리적 기억력, 문화적 기억력이 발생한다는 것을 알고 있어야 한다. 이것이 학문, 배움의 근본적인 토대이다. 그래서 초등교사는 "그것을 잊어버렸나요?" "그건 꼭 기억해야 하는 거잖아요." "칠판에 선생님이 정리한 것을 참고하라고 했죠?"를 매일 노래하고 있는 것이다. 주의가 산만한 것은 다양한 호기심의 발현이라고 하지만, 자기 자신을 규제하는 능력이 결여된 호기심은 결국 시간이 지나면 시들어버리고 만다는 것을 교사는 명심해야 한다.

단순히 듣고 보고 기억하던 것을 기억하기 좋게 메모하고 기록하고 정리해두는 문화적 기억은, 사회생활 전반에 걸쳐 아주 중요하다. 특히 내용들을 체계적으로 이해해서 기억하는 논리적 기억은 개념 발달에 기초가 된다. 이것이 초등학교 교육과정의 핵심이 되어야 한다. 어떤 학급의 급훈은 "잘 보고 잘 듣자"라고 하는데 이는 관찰력, 주의력, 의사소통 능력을 강조한 것이다. 우리는 초등학생에게 추상적인 성실과 근면을 급훈으로 하는 것이 적절한지 고민해봐야 한다.

7) 협력 수업 : 전면적 발달을 위한 교수학습

수업에서 협력할 사람은 교사와 학생, 학생과 학생이다. 협력할 것은 교수학습은 말할 것도 없이 학급 운영과 교육활동 전반이어야 한다. 앞에서도 언급했듯이 비고츠키에 따르면, 교육에서 협력은 심리적 측면을 포함한다. 그러므로 집에서 학생이 혼자 숙제를 하는 동안 수업시간에 교사와 혹은 친구와 같이 했던 것을 기억하면서 숙제를 했다면 그것도 협력이다.

연령에 따라, 시기에 따라 협력의 내용은 변해야 한다. 초등학교 저학년 수업에서는 교사가 주도하는 협력활동이 이루어지고, 고학년에서는 동등하게 혹은 때때로 학생이 주도가 되는 협력활동이 이루어지고, 고등학생이 되면 학생이 절대적으로 주도적인 협력활동이 이루어져야 한다. 초등학교 저학년에서는 '이거 할까요? 말까요?'로 하나의 과업을 결정하고, 다음에는 양자택일을, 그 다음에는 서너 가지 중에서, 결국에는 열린 선택지를 제공하는 식으로 해나가야 한다. 어느 학년에서든 한 해 동안 교사는 학생과 협력 수업을 하면서 조금씩 아이들이 주도권을 잡아가도록 배려하면서 협력활동을 해야 한다. 가능하면 점진적으로 학생이 스스로 알아서 하는 협력 학습을 강화해야 한다.

협력 수업의 효과는 근접발달영역이라는 개념으로 너무도 잘 알려져 있다. 학생들이 협력 수업에서 배우기 시작한 것이 자신의 것(스스로 주체적으로 다양한 경우에 활용할 수 있는 것)으로 내재화되는 데는 오랜 시간이 걸린다는 사실을 명심해야 한다. 비고츠키는 좋은 교수학습은 발달을 선도한다고 했다. 하지만 이처럼 발달이 개개인에서 진행되는 양상은 인생 역정 그 자체다. 어떤 것은 결국 죽을 때까지 발달을 이끌어내지 못하는 경우도 있다. 정직과 관련해서 살펴보면, 거짓말만 하는 원로 정치인이 그런 예가 될 수 있다. 어떤 것은 2~3년이 지나서 내재화가 될 것이고, 어떤 것은 그 순간에 내재화가 될 수도 있다. 암산, 내적 말, 10진법 체계와 같은 것이 이런 예가 될 수 있을 것이다. 발달의 사회적 상황에 따라 학생의 발달 노선은 다양하게 펼쳐진다. 학생들의 다양성이 다양한 영역(계획 능력, 의사소통 능력, 대인조정 능력, 반성 능력, 협력 능력, 공감 능력 등)에서 근접발달영역을 창출시킨다. 그래서 선진국이 이질 집단에서의 협력 수업을 강제하고 있다.

나오면서

이렇듯 고등정신기능은 결과물이고 원인은 협력활동이다. 학생뿐만 아니라 교사도 훌륭한 교사로 발달하려면 다양한 영역에서 협력활동을 해야 한다. 교사 연구 동아리도 협력에 근거하여 전개돼야 한다.

앞에서 이야기했듯 유로교육위원회는 2015년 완성되는 유로 교육과정을 '협력중심 교육과정'으로 만들기로 결정했다. 이러한 진전에 대해 물고기(핵심역량들)가 아니라 물고기 잡는 법(협력 학습하는 법)을 가르쳐야 한다고 비유할 수 있다. 한국에서는 물고기(숙달해야 할 개별 지식)가 아니라 물고기 잡는 법을 언급해야 할 상황이며 더 나아가 물고기의 맛(배움의 기쁨)을 다뤄야 한다는 것이다.

이제 글을 마무리하면서, 한국에서 협력 수업에 가장 방해 요인이 되고 있는 평가에 대해 간단하게 언급하겠다. 평가도 오롯이 전면적 발달을 위한 계기가 되어야 한다. 스스로 자신의 변화를 느끼고 반성하고 계획하고 실천하는 발달의 한 계기로 기능해야만 한다. 협력 수업의 한 부분으로 자리 잡아야만 한다. 교사가 학생의 말을 듣거나 활동을 보는 것이 진정한 수행평가의 한 모습이다. 그리고 그에 대해 언급하는 것이 즉각적 피드백이며, 학습지도인 것이다. 역동적으로 함께 협력하는 건 바로 매 순간 평가하는 것에 다름 아니다. 또한 어려운 문제를 풀라고 하면 인디언들은 협력을 하기 위해 모인다는 이야기를 교사라면 모두 들어보았을 것이다. 우리 아이들이 그렇게 모였다면 그것 자체가 평가의 대상이 되고, 협력 능력이 향상된 정도와 질에 근거해 교사는 학생을 지도해야 한다. 이렇게 협력 수업과 평가는 밀접하게 연관되어 있다. 정확히 표현하면 평가는 협력 수업의 일부인 것이다.

발달을 점검하는 잣대로 평가를 활용해야지 학생들을 줄 세우는 데 사용해서는 안 된다. 일본에게 혹독한 식민지 지배를 받았던 두 나라만이 학생들의 성적표에 등수를 기재하고 있다는 현실을 직시해야 한다. 학생을 노예화된, 무력화된, 자기비하적인 사람으로 만드는 데 학령기에 실시되는 줄 세우기 식 평가보다 더 유용한 도구를 인류는 아직 만들어내지 못했다.

교육활동과 관련된 현상과 본질에 대해 언급하면서 글을 마치겠다.

우리는 매일 교실에서 교육활동을 전개하고 있다. 교과서의 교과 지식을 가르치고, 생활 지도하고, 시험을 본다. 이는 현상이다. 그 너머에 있는 어린이의 고등정신기능이 변화하고 있다는 것이다. 즉 어린이의 전면적 발달이 펼쳐지고 있다는 것이다. 고등학생 이후 개념적 사고를 위해 학생들은 교과 지식의 체계를 '의식적으로 파악'하고 '의지적으로 숙달'해야 한다. 이런 과정이 전면적 발달에서 중요하다.[5] 자신의 삶을 체계적으로 돌아볼 수 있는 능력이 이런 것에 토대를 두고 있다. 이런 것도 자발적 주의로부터 시작된다는 것을 초등교사는 명심해야 한다.

인생은 생각보다 길다. 현재의 학생들은 평균수명이 백 세가 될 것이다. 아마 40세쯤 돼서 공부에 발을 디뎌도 죽기 전에 그 분야의 세계적 권위자가 될 수 있을 것이다. 국내에서 비고츠키에 대해 가장 해박하다는 초등학교 교사는 40대 중반이 넘어서야 비고츠키 연구를 시작했다고 한다. 공교육에서는 학생의 감정적인 측면을 많이 배려해야 한다. 학생이 포기하지 않고 지속하려는 열정, 의지 이런 것이 인생 역정에서 전면적 발달을 이루는 데 아주 결정적인 영향을 주기 때문이다.

교사는 학생들이 협력하여 그 무엇인가를 해보는 경험을 제공하도록 노력해야 한다. 관광성 체험학습이 아니라 사람들이 모여 준비하고 노력하면 무엇인가를 해낼 수 있다는 것을 체험하게 하는 것은 정말 중요하다. 준비하고 해보는 체험으로서 방과 후에 진행되는 반별 체육대회 같은 것도 혁신학교라면 진지하게 검토해야 한다. 열성적으로 참여한다는 댄스 동아리 활동과는 다른 차원의 활동이 전개될 것

5) 이러한 교육활동을 구조적으로 방해하는 구성주의 교육과정에 대한 전면적 비판을, 우리는 『교과서를 믿지 마라』를 통해 구체적으로 행했다.

이다. 다음 주에 있을 3반과의 발야구 시합을 준비하기 위해 학생들이 어떻게 준비하고 있는지를 교사는 (학생들의 자발적인 협력 학습을) 눈여겨봐야 한다. 이런 경험에서 배운 능력이 먼 훗날 메아리처럼 그 아이의 정신에 스며들고 내재화되어 특정 분야에서 두각을 나타낼 수 있기 때문이다.

창조활동은 천재적 개인만이 할 수 있는 활동이 아니다. 수많은 창조적 활동을 하는 인간들이 있어야만 천재적 창조활동을 하는 한 개인이 나올 수 있다. 창조적 활동을 할 수 있는 문화, 다양성을 수용하는 문화, 실패는 성공을 위한 전제조건이라는 상식이 통용되는 문화가 있어야 창조성이 꽃필 수 있다. 이런 측면에서 협력 교수학습이 창의 인성 교육의 성패도 좌우할 수밖에 없다.

제2장

발달교육과정

들어가며 – 어린이를 숨 쉬게 하자, 오늘을 살게 하자

교육은 오늘을 살아가는 어린이를 위한 것이어야 한다. 하지만 우리나라 어린이들에게 오늘은 없다. 오직 미래를 위해 오늘을 희생하고 놀 친구도, 생각할 시간도 없다. 학교에서 배우는 내용은 어린이의 현재 관심과 성장과정에 필요하고 도움이 되는 내용보다는 교과에서 중요한 것, 국가와 사회에서 중요하다고 생각하는 것 중심으로 구성되어 있다. 그래서 배우면 배울수록 어린이가 살고 있는 주변 환경과 점점 멀어지고, 공부와 세상은 관계없는 것이라고 느끼게 된다. 이런 상황에서 평가를 하고 못 따라오는 아이들을 부진 학생이라고 낙인찍고, 이를 해소한다고 보충수업도 시킨다. 공부 잘하는 아이들도 더 높은 점수를 올리려고 학원 순례를 한다. 그래서 친구와 어울려 놀 시간도 따로 없고 한숨 돌릴 여유도 없다.

현장 교사들은 오랫동안 학교와 사회가 어린이의 성장에 관심을 가져야 하고, 어린이 발달 수준에 맞춰 교육 내용의 양을 줄이고 수준을 적정화해야 한다고 주장해왔다. 더 나아가 교육과정 자체를 어린이의 발달과정에 따라 개발하고, 전면적 발달을 위해 학교조직, 교수학습 방법, 평가관까지 바꿔야 한다고 적극적으로 목소리를 내왔다. 동료들과 고민하고 때로는 외국 사례까지 공부하며 학급 차원이나 동학년 차원에서 꾸준히 교육과정을 재구성하고 수업 사례를 만들어왔다. 교과모임을 만들어 대안교육과정과 대안교과서도 만들어보았다.

이렇게 교육과정 자체를 어린이의 발달과 성장을 중심으로 새롭게 구성하는 것을 발달교육과정이라고 한다. 고정된 이론이 아니라 그간 현장에서 활동한 교사들의 고민과 실천을 '발달교육과정'이란 이름으로 재정립한 것이다. 오늘날의 교육 현실에서 발달교육과정은 두 가지 방향성을 갖는다.

첫째, 발달교육과정으로 어린이가 오늘을 사는 교육을 해야 한다. 이는 성장과정에 있는 어린이에겐 학교에서 공부하고 친구들과 어울리는 활동 자체가 삶이고, 교육은 어린이의 삶을 가꾸는 교육이어야 한다는 뜻이다. 학교는 어린이의 다양한 발달과정과 서로 다른 발달 속도를 이해하고, 모든 어린이들이 전면적으로 발달할 수 있도록 배려를 아끼지 말아야 한다. 초등학교 시기는 감각 발달을 통해 이성이 발달하는 시기이므로 감각 체험을 중심으로 교육과정을 재구성하고, 어린이의 생활 리듬을 살려 시간표와 학기를 조절할 수도 있다. 또 어린이의 자발성을 바탕으로 교수학습을 이끌어 가고, 이를 통해 어린이가 어떻게 발달해가는지 그 과정을 끊임없이 관찰해야 한다.

둘째, 발달교육과정으로 어린이들이 미래를 체험하게 한다. 어린이가 미래의 희망이라면 교육을 통해 학교와 지역사회에서 경험하는 것이 필요하다. 이는 교수학습 과정에서 끊임없이 자연환경, 지역사회와 소통하고, 수업 결과를 실천하는 과정을 통해 어린이가 공동체의 한 주체로 자리매김하게 된다는 뜻이다. 이 과정은 어린이, 교사, 학부모, 지역사회 모두가 협력적인 관계일 때 가능할 것이다(그래서 아이 한 명을 키우려면 마을이 필요하다는 말도 있다). 또 어린이 자치를 통해 자기 삶의 주인이 되고 학교교육과정 전반을 통해 민주시민으로 자라게 한다는 의미이기도 하다.

정리하면, 발달교육과정은 어린이의 전면적인 발달을 위해 어린이가 오늘을 살면서 동시에 미래를 체험하게 하는 교육과정이다. 발달교육과정은 이오덕[6]의 '삶을 가꾸는 교육'과 뿌리가 맞닿아 있다. 이오덕은 아이들의 현재를 행복하게 해주는 것이 삶의 교육이고, 행복하다는 것은 민주적이고 인간답게 사는 것이라고 하였다. 삶의 교육은 학습과 생활지도를 모두 포괄하고, 학습과 생활이 하나인 교육을 말한다. 삶을 통한 학습이라기보다는 삶 자체를 풍부하게 가꾸는 교육인 것이다. 이오덕의 문제인식에 기대어 혁신학교의 발달교육과정을 구성해 보자.

---

6) 이오덕(1985), 『삶·문학·교육』, 종로서적.

혁신학교의 발달교육과정

혁신학교의 발달교육과정은 민주주의의 기본 원리가 지켜지는 장에서 어린이의 전면적 발달을 추구하고, 교육의 공공성이 학교 교육활동의 목적과 과정, 결과까지 일관성 있게 발현되는 것이다. 이런 원칙이 학교생활 전반에 구현되는 것은 바로 학교교육과정을 통해서이다.

학교교육과정은 표면적 교육과정과 생활교육과정[7] 영역으로 구분될 수 있다. 보통 학교에서 표면적 교육과정은 신경을 많이 쓰지만, 어린이에게 더 많은 영향을 줄 수도 있는 생활교육과정은 관심 밖일 때가 많다. 대부분 학교 안의 비교육적 경쟁문화, 교사의 권위적인 학생통제(체벌 등), 학생 자치문화 부재, 학생과 학생 사이의 불평등한 위계질서를 암묵적으로 묵인하고 있다. 학교교육이 제대로 이루어지려면 표면적 교육과정과 생활교육과정이 일관성 있고 통합적으로 운영되어야 한다.

혁신학교의 발달교육과정은 크게 민주시민 교육과정, 발달지향 교육과정, 함께하는 교육과정으로 나뉜다. 발달지향 교육과정을 통해 어린들에게 오늘을 사는 교육, 민주시민 교육과정으로 미래를 체험하는 교육이 이루어질 수 있다. 함께하는 교육과정은 두 가지 방향을 동

---

7) 교육과정을 보통 표면적 교육과정과 잠재적 교육과정으로 분류한다. 표면적 교육과정은 교과교육과정이나 재량·특별 활동으로 대표되고, 잠재적 교육과정은 학교 운영 전반이나 학교 문화 등 비공식적이지만 학생들에게 지속적으로 영향을 미치는 것을 의미한다. 최근에는 학교폭력이 교과수업과정이나 친구관계 등을 통해 계급적 문제가 재생산되기 때문이라는 비판까지 나올 정도로 분석관점이 예리해지고 있다. 혁신학교에서는 잠재적 교육과정에 해당하는 것까지 교육의 영역으로 확장하여 학교개혁의 중심 과제로 삼고 있다. 그래서 이 글에서는 학급 운영, 상담, 청소 등 학생생활과 관련된 영역에 구성원 간의 관계 등 민주적인 학교 문화까지 포함하여 생활교육과정이라고 이름 붙였다. 생활교육과정은 전교조의 참교육과정과 범국민연대의 공교육개편안에 나온 개념을 조금 더 확장시킨 것이다.

시에 담고 있다고 할 수 있다.

1) 민주시민 교육과정

민주시민 교육과정은 어린이가 미래사회의 주인으로서 내일을 체험하게 하는 교육과정이다. 민주시민교육은 사회의 민주시민을 양성하는 책임을 가진 공교육에서 추구하는 교육 목표와 내용으로서 작용할 뿐 아니라 교육활동 과정 전반에 적용되어야 할 운영 원리이기도 하다.

또한 혁신학교에서는 민주시민 교육과정을 학교 안에서뿐만 아니라 가정과 지역사회까지 교육의 장으로 삼고, 민주주의를 실천하기 위한 공동의 계획이 마련되어야 한다. 혁신학교에서 중점적으로 추구해야 할 가치교육은 민주주의와 공공성의 원리 아래 지속 가능한 사회 공동체와 개인의 조화로운 발전을 위한 생태·인권·노동·평화 교육[8]으로 집약된다.

생태교육

생태교육은 자연을 대상화하거나 이용가치가 있는 것으로만 인식하는 관점을 벗어나 자연의 생명 질서인 다양성, 순환성, 공생성, 관계성을 존중하고, 관계망 속에 자아를 인식하여 일상의 삶을 혁신하게 하는 교육이다. 이는 근대화 과정에서 자연을 대상화하거나 이용가치가 있는 것으로만 인식하는 관점을 벗어나 쌀 한 톨에 우주가 담겼다

8) 이 내용은 전교조 참교육실천강령 토론집(2002년)을 토대로 현재 맥락에 맞게 해석한 것임.

딸기밭 생태 체험학습

는 우리 전통 사상이나 지속 가능성을 추구하는 미래사회 교육과도 맞닿아 있다. 이러한 인간과 자연의 관계를 회복하려는 가치 지향적인 교육을 추구하면서 학생 개개인의 특성을 고려하는 방향으로의 전환도 필요하다. 학생은 학교에 오기 이전에 이미 지역사회의 한 일원이고, 가정과 사회에서 오랫동안 생활해왔다. 한 학생을 온전하게 이해한다는 것은 어린이의 성장을 이해하는 것과 동시에 우리 사회와 지역까지 총체적으로 이해하고 인정한다는 것이다.

생태교육은 가치교육 측면만이 아니라 학교 규모와 교육과정의 생태화와도 연관이 있다. 우리나라의 학교는 산업화 시대를 거치면서 외국과 달리 거대학교로 성장해왔다. 학교가 크면 학생들은 관리 대상으로 전락하고, 교사와 학생, 학생과 학생 간의 인간적인 접촉이 부족하게 된다. 또한 과열된 입시경쟁과 교사의 업무 폭주, 지시와 통제 중심의 관료화된 학교문화는 학생들의 개별성과 삶의 다양성을 인정하는 생태적 관점을 유지하기에 어려움이 많다.

학교의 물리적 공간을 생태적으로 변화시키는 것도 필요하다. 우리나라 학교 건물은 단조로운 사각형 구조에 교실이나 복도, 운동장이 시멘트 중심의 인공 환경이고, 놀이 공간조차 부족해 한참 뛰어놀아야 할 성장기 학생들의 특성에도 적합하지 않다. 이런 환경을 생태적 환경으로 재구성하는 것은 인간과 인간, 자연과 인간의 공존관계를 지향하는 삶의 태도를 기르는 실질적 기반이 될 것이다.

인권교육

인권교육은 사회 구성원 모두가 각각의 존엄성으로 인정받고 특히 소수자나 약자들이 존중받아야 한다는 의미이다. 권위적이고 관료적이며, 통제하고 감시하는 학교 문화를 벗어나 존중되는 과정을 통해 인권에 대한 교육Education about human rights, 인권을 위한 교육Education for human rights, 인권을 통한 교육Education through human rights이 되어야 한다. 차이를 인정하고 다양성을 존중하는 인권의식이 자리 잡을 때 학교 폭력이나 학급 안의 집단 따돌림 문제도 줄어들 것이다. 최근에는 인권이 학습권의 관점으로도 확장되고 있다.

인권으로서의 학습권이 보장된다고 할 때, 그 의미는 4개의 A가 충족되는 것을 말합니다. ▷학습자가 이용할 만한 교육기관이 설립되고 개방되어 있어야 하고Availability, ▷교육기회에 물리적·정신적·경제적·문화적으로 차별 없는 접근이 이루어져야 하며Accessibility,

▷학생의 최상의 이익과 변화하는 사회 조건에 따라 교육이 융통성 있게 조율될 수 있어야 하며Adaptability, 그리고 마지막으로는 ▷교육의 양과 질, 학교의 분위기가 학습자가 육체적·정서적·문화적으로 감당할 만한 것이어야 한다Acceptability는 것입니다.[9]

인권교육은 수업과정에서 학생의 자발성을 강조하고, 학생자치를 제도적으로 강조하는 방향으로 나아가야 한다. 또한 어린이가 육체적으로나 정서적·문화적으로 감당할 수 있는 선에서 교육과정을 적정화해야 한다.

노동교육

노동은 인간의 사회적 특성이라는 측면에서 학교에서 교육해야 할 내용이다. 잠시도 쉴 새 없이 움직이는 어린이의 특성을 생각할 때 교육방법론으로서도 꼭 필요하다. 여기에 자연을 인간을 위한 도구로만 인식하는 것을 벗어나 자연과 더불어 함께 생산하고 '생명의 큰 자아'를 실현하는 과정으로서 자리 잡아야 한다.

성인이 일터에서 노동을 하듯이 어린이와 청소년은 학교에서 공부하는 것이 사회적 역할이다. 교육활동에서 무언가를 키우거나 만들거나 협동하여 역할을 수행하는 이 모든 과정이 노동교육이 될 수 있다. 또 학교에서 배우는 내용들이 인류 노동의 역사이고, 자신이 사회에서 하게 될 노동이 가치 있는 것임을 깨달을 수 있다. 체험을 통해 수업시간에 배운 내용의 가치를 재구성하면서 사회적 노동관계를 인식

9) 2010년 전국교직원노동조합 '서로 존중하는 학교' 토론 자료.

할 수 있는 것이다. 2007개정교육과정에서부터 강조되는 진로교육도 결국 미래사회의 다양한 노동형태를 예측하고, 이에 맞는 기초적인 소양과 사회적 관계를 공부하는 것으로 구성되어 있다.

노동교육의 방법은 학교에서 직접 길러 생산하기, 조작을 통한 창작활동 등 노동의 가치와 자아실현, 가정과 학교, 지역사회 속에서 일하는 사람들의 모습을 통해 알게 되는 노동의 가치와 사회적 역할, 사회적 역학관계(계급·계층 관계) 속에서 일어나는 사회적 상황에 대한 관심과 이해(노동조합, 공정무역, 파업 등)로 나뉠 수 있다.

평화교육

평화교육이란 모든 생명이 평화롭게 공존하는 세상을 의미하는 것으로 생태·인권·노동 같은 주제를 모두 포괄하는 큰 개념으로 이해될 수 있다. 사회에서 개인의 생각과 가치관이 다양성으로 존중받아야 하고 사회적으로 획일적 가치관을 강요해서는 안 된다. 가정이나 학교나 사회에서 일어나는 차별과 폭력도 평화교육의 대상이 된다. 우리나라의 분단체제로 생기는 문제도 평화교육의 대상이 된다. 평화교육에서 추구하는 가치는 성 평등, 소수자 존중, 다문화, 사회적 약자에 대한 배려 등으로 계속 확대되어 가고 있다.

혁신학교에서 평화교육은 교육 내용이나 교수학습 과정에서 경쟁적인 요소를 배제하고 협력하는 관계를 지향하게 한다. 또 학교생활 전반에서 일체의 폭력적인 요소를 배제한 비폭력 평화교육, 학생-교사-학부모-지역주민 등 교육공동체 간의 평등하고 평화로운 협력관계를 지향한다.

인권교육과 장애인권교육

오늘날 장애이해교육은 공동체교육이나 미래사회 대비를 위해서도 꼭 필요한 부분이다. 이를 장애인권교육의 관점에서 바라보자. 현재 대부분 시행되는 장애이해교육은 장애인의 날을 중심으로 동영상 상영 또는 장애 관련 도서 읽기, 감상문 쓰기, 모의 장애체험 등으로 이루어진다.

이러한 장애이해교육은 대개 일회성 행사로 이루어져 실제 삶 속에서 장애학생을 제대로 이해하는 데 도움이 되지 못하고 있다. 장애이해교육이 끝나면 잠시 감동하다 실생활로 돌아가서는 여전히 장애학생을 '애자', '애인'으로 놀리거나 가까이하기를 꺼리게 된다.

또한 학교나 사회가 능력을 우선시하는 분위기 속에서 장애를 이해하는 것과 장애인과 함께 살아가는 것은 다른 문제가 된다. 공부를 못하면 부진아반에 가야 하는, 창피를 당하는 아이들에게 장애학생을 이해하고 배려하라는 것은 그야말로 말도 안 되는 말이다. 일반학생의 인권도 존중되지 않는 학교 분위기 속에서 이루어지는 장애이해교육은 아이들에게 있어 뜬구름 잡기 이상일 수 없다. 모든 아이들이 자신의 인권을 존중받을 때 장애학생의 인권도 자연스럽게 존중받을 수 있다.

그리고 현재 이루어지는 장애이해교육은 장애인의 능력과 의료적인 관점으로 접근하는 경향이 크다. 장애는 신체 기능 손상으로 능력에 제약을 받는 상태이므로 장애인은 보호받아야 할, 보호받을 자격이 있는 의존적 존재이며 특별한 치료와 돌봄이 필요하다는 시혜적인 관점을 담고 있다.

그러나 실제적으로 '장애'는 사회적인 조건에 의하여 만들어지는 것이다. 서아프리카의 한 부족은 부족민의 대다수가 발가락이 두 개다. 때문에 발가락이 두 개라고 해서 차별받지 않는다. 미국 뉴잉글랜드 인근 마서스 비니어드 섬에는 근친혼과 농유전자로 인해 농인이 많아 섬사람 모두가 수화를 사용하고 농인은 차별받지 않는다. 나바호 인디언은 선천성 엉덩이 질환으로 다리를 저는 사람이 많았으나 그로 인해 낙인을 받거나 장애인이 된다고 생각하지 않았기 때문에 현대 의학을 거절했다고 한다. 이렇게 장애는 그 사회의 생산양식과 중심 가치 사이의 관계를 통해 문화적으로 생산되고 사회적으로 구조화된다.

때문에 최근 장애운동은 장애 문제의 원인을 '개인의 장애'로 보고, 장애인을 치료하거나 교육하여 최대한 비장애인처럼 만들기 위해 노력하지 않는다. 장애 문제의 원인은 장애인의 신체적 차이에서 오는 것이 아니라 '장애인을 배제한 채 설계된 각종 시설물과 제도 정책에서 비롯된 것'이라고 본다. 따라서 변해야 할 것은 장애인이 아니라 사회이다. 장애인이 생활하는 데 어려움을 겪지 않도록 환경과 제도 및 정책을 바꾸는 작업이 필요하다.

2) 발달지향 교육과정 – 책임, 돌봄의 교육, 삶을 가꾸는 교육

발달지향 교육과정은 미래사회의 주인공인 어린이가 삶의 주체로서 오늘을 행복하게 살아가게 하는 교육이다. 어린이는 현재를 행복하게 살아야 미래에도 행복하게 살아갈 수 있다. 날마다 자라고 있는 어린이는 건강하고 즐겁게 자라는 것 자체가 삶이고 교육의 목표이다. 국가교육과정의 초등교육 목표를 보더라도 "어린이의 몸과 마음을 균형 있게 발달시켜야 한다"고 하고, 학습활동에서도 이런 원칙을 강조하고 있다.

초등학교의 교육과정은 모든 학습활동에서 실험, 관찰, 조사, 수집, 노작, 토론, 견학 등과 같은 학생의 직접적인 체험활동을 강조하고 있으며, 소집단 활동을 통하여 공동으로 문제를 해결하는 다양한 경험이 많이 이루어지도록 한 점이 특색이다(7차 교육과정, 2007개정교육과정 해설서).

결국 발달 특성을 존중한다는 것은 어린이를 표준화된 교육과정과 같은 일정한 틀에 끼워 맞추는 게 아니다. 그것은 서로 다른 발달 특성에 있는 모든 어린이들의 요구를 만족시키고, 그들에게 숨어 있는 재능을 잘 발굴하여 균형 있는 인간으로 성장해나갈 수 있도록 한다는 의미이다. 이때 재능이란 고리키가 말하듯 자기 자신을, 자기의 힘을 믿는다는 의미이다.[10] 핀란드에서도 국가교육과정에서 교육이란 어린이의 자신감과 자발성을 지원하는 것이라고 명시하고 있다. 이 과정에서 어린이 개개인은 자신의 발달 속도와 특성을 존중받고, 전면적인 발달을 추구할 수 있다.

교육은 교수학습을 통해 어린이의 발달을 이끌어줄 수 있어야 한다. 어린이가 가진 특성이 다 다르고 발달 속도나 특징도 다 다르며 이를 한 가지로 규정지을 수 없다. 이런 관점에서 보면 학습부진 학생이 따로 있는 것이 아니라 단지 신체나 정신의 발달 속도가 느리거나 가정환경의 제약으로 조금 차이가 있을 뿐이다. 학교와 지역사회는 교육을 통해 다양한 발달 특성을 가진 어린이들이 전면적으로 발달할

10) 고리키의 희곡 「밑바닥」에 나오는 말로 이오덕의 책 『삶·문학·교육』 264쪽 재인용.

수 있도록 도와주어야 한다.

이렇게 어린이의 전면적 발달을 존중하고 이끌어 가는 것이 바로 책임과 돌봄 교육이라고 할 수 있다. 그렇다면 책임과 돌봄의 교육을 실현하기 위한 학교 운영, 교육 내용과 교수학습 방법은 어떻게 해야 할까?

감각·체험 중심 교육

대부분의 어린이가 일정한 발달 특성을 거치는데, 이때 기준이 되는 것은 자연연령과 신체적 발달이다. 인간이 태어나 기어 다니고 걷고 뛰기까지의 과정은 나라와 민족을 떠나 누구나 겪는 일이고, 신체 발달이 감성, 지각 발달과 직접 연관이 된다. 이 발달 특성을 존중하여 교육제도와 교육방법을 마련하는 데 참고를 한다. 초등교육 역시 동서양을 막론하고 기초교육 단계이고 감각·체험 중심의 교육을 해야 한다. 이는 어린이가 언어라는 심리적 도구를 사용하는 어른과 달리 직접적인 체험과 정서적인 관계를 통해서 언어와 고등정신기능을 발달시켜 나가기 때문이다.

우리나라의 경우 어릴 때부터 조기교육이 강조되면서 성장과정에서 자연스럽게 키워져야 할 감각이 발달하지 못해 여러 기형적인 현상이 나타난다. 기본적인 손의 조작활동이 부족해 고학년이 되어서도 끈 하나 제대로 묶지 못하고, 몸의 유연성이 떨어지며, 체격에 비해 체력이 약한 현상이 심화되고 있다. 외부의 자극에 대한 심리적 반응이 격하게 나타나는 어린이가 많고, 친구들과 사소한 갈등 해결도 원만하게 해결하지 못할 때가 많다. 지나친 학습 부담이 분노로 이어져 성격 장애나 과잉행동으로 나타나는 경우도 있다.

우리 전통사회의 교육은 엄마나 할머니 품의 자장가부터 시작되었다. 익숙한 목소리에 낮게 읊조리는 선율, 건강하게 자라길 바라는 마음이 가득 담긴 가사와 토닥거리는 손길까지 한 시대의 문화를 오롯이 담고 있는 할머니의 손길이 감각과 체험, 정서 교육의 출발이었다. 눈을 맞추고, 머리를 가누고, 걸음마를 하게 되면서는 온 가족의 관심 속에 다양한 아이 어르는 소리와 노래 놀이를 통해 감각·체험 교육으로 이루어졌다. 까꿍놀이, 도리도리, 곤지곤지, 둥개둥개, 섬마섬마, 불무딱딱, 걸음마 놀이 등을 통해서 몸 감각과 애착의 정서, 말 발달이 되는 체험 교육이 이루어졌다.[11)]

할머니, 할아버지, 엄마, 아빠 같은 어른이 의해 이루어지던 감각·체험 교육은 '미운 일곱 살기'라고 불리던 학령기를 전후로 해서 마을의 언니 오빠나 또래와 함께하는 놀이 교육으로 이어졌다. 소꿉놀이, 공기놀이, 딱지치기, 잣 치기, 땅따먹기, 술래잡기, 풀각시 놀이 등은 모두 마을의 언니 오빠들이 알려주고 함께 놀면서 전수되었다. 몸의 감각을 깨우고, 신체 발달을 돕는 한편, 놀이의 규칙을 지키기 위한 자기 규제 능력을 키워가는 훌륭한 감각·체험 교육의 장이었다.

이런 정서적 유대를 바탕으로 한 전통적 감각·체험 교육들이 급속한 도시화와 산업화로 해체되었다. 그렇기 때문에 학교교육에서의 감각·체험 교육에 대한 요구는 더 높아지고 있는 것이 사실이다. 비고츠키는 유아기의 핵심 과업이 정서적 감응, 역할극, 놀이라고 했다. 이는 학교에서의 '학습'이 가능하도록 돕는 바탕이 된다.

11) 유안진(2012), 『한국 전통사회의 유아교육』, 서울대학교출판문화원.

개성을 담은 나만의 글씨를!

어린이들은 먼저 손과 가슴을 통해 세상을 배우고 느끼며 개념으로 확대해나간다. 그래서 감각 혹은 감성교육이란 문화예술교육에서 따로 길러야 할 영역이 아니라 모든 교육 내용이 아동의 감각과 감성을 기를 수 있는 내용이고 그런 방향으로 제공되어야 한다는 의미이다. 이때 감각이란 사회적·역사적 산물로서 공동체 안에서 경험하고 체험한 산물을 의미한다. 감각중심 교육이 사회-역사적으로 축적된 내용을 토대로 그 안에서 어린이가 자각하고 새롭게 재해석하는 것으로 이성적 과정과 동떨어진 것이 아니다.

초등학교에서 발달을 선도할 활동으로서 놀이와 학습활동이 체계적으로 배치되어야 한다. 놀이활동의 경우 유치원에서는 소꿉놀이나 역할놀이를 통해 사회 규칙을 배우고 상상력과 자율성과 자기 통제력, 분쟁 해결력 등을 키울 수 있다. 초등학교에서의 놀이시간 확보도 감각교육의 기능뿐 아니라 학습 측면에서 중요하다. 여기에서 핵심적으로 길러야 하는 것은 어린이의 자발적 주의와 논리적 기억이다. 이는 크게 보면 공동체 안에서의 기본 생활 능력과 예절, 협력적 교수학습 과정에서 같이 수업을 계획하고 진행하고 반성하는 과정에서 길러지는 것이다.

이오덕은 글짓기 교육을 비판하면서 어린이가 자기의 삶에서 자기의 언어로 말하는 글쓰기교육론을 주장하였다. 어린이의 글과 그림은 그 어린이의 마음과 삶이 가꾸어진 정도만큼 쓰이고, 그 어린이의 순박함과 정직함, 진실함이 지켜지고 발전한 정도만큼 자라난다고 하였다. 그래서 어린이가 본 대로, 들은 대로, 한 대로 정직하고 자세하게 쓰는 자체가 자신의 삶을 가꾸는 일이고 비뚤어진 사회를 비판하고 극복하는 일이라는 것이다. 이때 가장 중요한 것이 글쓰기로 어린이의 마음을 풀어주어야 한다. 이오덕은 '표현 교육'을 '민주주의의 시작'이며, '목숨을 살리는 교육'이라며 (그 중요성을 강조하면서) 말하기와 글쓰기, 그리기로 마음껏 표현하게 가르쳐야 한다고 하였다.

우리나라에서도 다양한 감각·체험 교육이 이루어지고 있다. 교과부에서도 체험을 중시하여 창의적 체험활동을 강화하고 있는데, 이는 학교교육의 80~90%를 차지하는 교과교육과의 연계를 제대로 못한 채 교과 외 영역으로 강조되는 측면이 있다. 한글이나 수를 가르치는 과정에서도 감성을 자극하고 예술적인 방법으로 수업한 사례들도 많다. 초등학교는 수업 전반을 감각적이고 예술적으로 접근하는 데 더 중점을 두어야 한다.

학년군별 발달 과제의 중요성

비고츠키에 따르면, 같은 수행 능력을 나타내는 아동일지라도 근접 발달영역(실제 수행 능력과 잠재적 능력과의 차이, 즉 다른 학생이나 교사의 도움으로 발휘할 수 있는 능력) 안에서 잠재적 발달 능력, 발달 중인 능력은 아동에 따라 차이가 있다. 그리고 교수학습이 발달을 선도하므로 근접발달 영역을 확장시켜야 한다. 또 어린이의 전면적 발달을 위한 교육은 각각의 학생들이 처한 상황과 필요에 부응해야 한다. 특히 교사와 학생들의 협력적 관계와 학생의 자발성을 존중하는 것이 중요하다. 이렇게 어린이의 자발성을 존중하는 교육은 유럽 개혁학교들의 특징이기도 하다.

유럽의 개혁학교는 교과의 핵심 내용을 체계적으로 분류하고 학생들이 자기학습 계획을 세워 스스로 진도를 조절하는 방식으로 자기주도학습을 해나가고 있다. 한 수업시간에 학생마다 다 다른 내용을 공부하고 있는 경우도 있다. 이 과정에서 신체 발달이 더딘 학생은 성장할 때까지 기다려주고, 경제적 격차로 생기는 문화 격차를 학교 교육활동을 통해 완화하는 것, 학생이 원하지 않으면 하지 않거나 다른 방식으로 접근하게 하는 모든 것이 포함된다. 선택권도 보장해주는 편이다. 즉 이런 과정이 서열화되어 있거나 일직선으로 나열된 것이 아니다. 자기 나름의 방식과 속도로 교육 내용을 습득해나가는 것이다.

같은 나이라도 가정과 주변의 환경, 문화적 특성에 따라 학생의 잠재적 능력은 차이가 클 수 있다. 그래서 다른 나라에서는 비슷한 연령대를 혼합하여 반을 편성하고, 교육과정까지 2~3년 간격의 학년군으로 제시하는 경향이 많다. 프랑스나 벨기에, 핀란드가 대표적이고, 우리나라도 2009개정교육과정에서 학년군 문제의식을 도입하였다. 학년군 교육과정이 발달속도를 존중하여 2~3년 단위로 만들었으므로 평가제도도 1년 단위가 아니라 2~3년 단위로 이루어진다. 핀란드는 초등학교를 마칠 때에야 공식적인 평가를 하게 된다.

프레네 교육은 차이를 차별로 받아들이지 않고 협력 수업을 유도하기 위해 일부러 두 개 학년을 한 반으로 묶는 혼합반 구성을 하기도 한다. 다양한 연령이 같이 배우면서 서로 협력하는 풍토는 우리 전통 교육의 특징이기도 하다. 서당에서는 개인별 학습 속도를 존중하면서도 접장(소담임제) 제도를 통해 자연스럽게 먼저 배운 사람이 후속 학습을 도와주었다.[12)]

초등학교는 흔히 저·중·고로 불리는 1~2학년, 3~4학년, 5~6학년군이 있는데 발달특성을 어떻게 보아야 하고, 발달을 선도하는 활동을 어떻게 해야 할까? 1학년 사례를 보자. 우리나라는 아직 유치원 공교육이 이루어지지 않아 수백만 원 드는 영어 유치원부터 보육중심의 어린이집을 다닌 어린이들까지 천차만별의 어린이가 학교에 모이게 된다. 당연히 학습 능력의 차이도 매우 큰데, 대부분의 학교에서는 이런 차이를 극복하고 완화시키기보다 처음부터 이런 격차를 당연하게 받아들이고 가는 경향이 있다. 그래서 입학 초기에 출발점을 어느 정도 균등하게 해주는 활동이 필수적이다. 이렇게 어린이의 발달 특성과 우리나라의 차별적 교육 여건의 차이를 인식한 가운데 1학년 목표를 세운다는 것은 초등교육과정 정상화의 핵심 과제이기도 하다.

특히 이 시기의 모국어 교육, 즉 한글 교육은 매우 중요하다. 비고츠

---

12) 송순재(2008), 「국내 프레네 교육학 연구와 실천」, 『프레네 교육 실천을 위한 네트워크』, 전교조.

키는 모국어로 의사소통한다는 것은 실재에 대한 체계적인 관념을 전제로 한다고 하였다. 이 시기에 말글 학습으로 어휘를 확대하는 것은 학생들의 발달을 선도하는 활동이기도 하고 사회 구성원으로서 공동체성을 확보하는 과정이기도 하다. 또 초등학교 교육과정을 볼 때 어휘를 이해하지 못하면 다른 교과의 학습 내용도 이해하기 어렵다. 수학 문장제는 아예 읽어내지도 못할 정도이다. 그런데 국어교육과정에서 점점 한글 학습 내용(기초문식성교육)이 사라져 이제는 거의 모든 학생이 선행학습으로 한글을 배워 와야 하는 상황이다. 그래서 1학년 때 한글 교육을 체계적으로 실시하고, 특히 국어시간만이 아니라 모든 교과에서 학생들이 아는 어휘를 기초로 교수학습을 해나가면서 학생들의 어휘 실력을 키워나가는 활동이 필요하다.

앞으로 혁신학교에서는 국가교육과정을 재구성하려는 노력이 필요하다. 국가교육과정을 창의적으로 재해석하고, 학생들의 연령대에 따른 발달 특성을 고려하여 학년군의 발달 과제를 중심으로 재구성해야 한다. 이미 혼합반 구성이나 학년군 교육과정에 대한 연구도 많이 나와 있다. 이 과정에서 학습 내용의 양과 수준에 대한 고려가 필요하다. 현재 교육과정을 무비판적으로 가르치다 보면 어린이들의 학령기 이전 경험이나 가정환경의 격차를 고려하기가 어렵다. 그래서 교육과정 내용은 학교교육을 통해 충분히 이해할 수 있고 실천할 수 있는 내용들로 재구성하는 노력이 필요하다.

이질 집단 학습을 해야 하는 이유

초등학교에서 학생들은 차이를 인정하고 다양성을 체득하는 과정을 경험을 해야 한다. 피사PISA는 이질 집단 속에서 협력하고 공동 과제를 수행하는 능력이 미래사회의 핵심역량이라며 강조하고 있다. 또 교육의 공공성 측면에서 보더라도 모든 학생들이 받아야 할 교육의 질을 고민하고 이런 부분에 지원을 하는 방식으로 학교교육이 이루어져야 한다. 학습부진 학생에 대해서도 다시 생각해봐야 한다. 어린이의 발달 노선이 다양하다는 관점에서 보면, 성장과정에 있는 어린이는 발달 속도나 자기를 표현하는 방식, 성격이 다 달라서 한 가지 기준으로 나누는 것은 위험할 수 있다.

게다가 우리나라 교육사나 교육과정에서 어린이 발달이나 발달 과제, 교육과정 성취 기준에 대한 체계적인 연구가 거의 없다. 교육과정에서 제시한 성취 기준은 교과마다 최소 성취 기준인 것도 있고, 최대 성취 기준인지 중간인지 모호한 것도 있다. 교육 내용 자체도 보통의 어린이들이 공교육만으로 이해하고 체득하기가 쉽지 않다. 수학과 영어에서 수준별 이동수업을 하는 경우가 있는데, 영어는 사교육에서 배워온 실력을 학교에서 그대로 용인하는 것과 다름없다. 수학은 외국보다 수준이 너무 높다. 우리나라, 일본, 영국, 미국 캘리포니아주의 초등수학 내용을 비교 분석한 나귀수의 연구(2002)를 보면, 실제로 우리나라 학생들이 세 나라에 비해 수학교과에서 더 많은 주제(특히 대수, 해석, 기하 영역)를 더 빨리 도입하고 더 높은 수준까지 다루고 있음을 보여준다(표1 참조).

〈표1〉 나라별 수학교과 내용 영역별 비교

내용 영역 / 나라	대수	해석	기하	확률과 통계	나라별 특징
일본	수와 계산	수량관계	양과 측정, 도형	수량관계	연산 조기 도입, 내용을 강조하고 심화
영국	수와 대수	수와 대수	도형, 측정, 공간	자료의 처리 (통계 수준 높고 확률 없음)	기하 영역을 학년 간에 반복 제시하고 심화시킴
캘리포니아 (1~7학년)	수감각, 대수와 함수, 추론	대수와 함수	측정과 기하	통계자료 분석, 확률	주제 제시가 점진적이고 반복하는 경향
우리나라	수와 연산, 문자와 식	규칙성과 함수	도형, 측정	확률과 통계	내용을 많이 다룸
비 고	더 많은 주제를 더 빨리 도입하고 더 높은 수준까지 다룸			일본, 영국과 비슷	

7차 교육과정에서부터 학생중심 교육과정을 표방하며 학생 수준에 맞춘 수준별 교육과정을 만들고 운영했으나 학문적 근거나 교과내적 계열성 부족, 학교의 공공성과 학습공동체 약화, 우열반 논란을 극복하지 못하고 결국 수준별 수업이란 학습방법론으로 약화되었다. 연구 결과를 보더라도 원래 부진 학생의 수준을 끌어올리기 위해 시작된 수준별 수업이 학습부진 학생들의 성취도를 더 떨어뜨린다고 한다.[13] 게다가 수준별 반 편성과 하반의 특별 보충수업은 교과목 효능감, 학업 자아개념 등 정의적 발달에도 전혀 도움이 되지 못한다는 것이다. 2001년에 시행된 개발원의 초등학생 논리적 능력 발달 특징을 보면, 수학에서 그 학년에서 배운 내용을 다음 학년에 가서야 제대로 이해한다는 연구 결과를 보더라도 수준별 수업은 합리적인 방안이라 할 수 없다.

실제 학급 안으로 들어가면 어떤 영역에서는 개인차가 너무 크고

13) 백병부(2010), 『학습부진 학생에 대한 수준별 하반 편성 및 특별 보충수업의 교육적 효과』, 고대 박사논문.

수십 명 학생들이 함께 수업하는 것이 너무 힘들 때가 많은 것도 사실이다. 이를 해결하기 위해서는 학교에서 먼저 어린이의 발달과정을 고려하여 학년에서 핵심적인 내용을 정선하고, 발달욕구와 교과교육과정의 요구에 맞춰 교육활동으로 조직하는 것이 되어야 한다. 핀란드나 스웨덴에서는 발달대화가 많이 이용된다. 발달대화는 교사-관리자의 협력을 위한 발달대화와 학생과 학부모, 교사 간의 3자대화가 있다. 학생, 학부모와의 발달대화는 학기 초에 학생과 학부모의 필요나 요구, 부진한 과목의 학습 계획, 학생의 생활 태도의 향상을 위한 과제, 교사가 해야 할 일, 학부모가 해야 할 일 등을 중심으로 대화하여 학습 계획을 세우고 계속 소통하는 것이다.[14)]

우리나라에서 이런 방법을 실현하려면 학급당 학생 수를 감축하고 학부모가 학교에 올 수 있는 사회적 여건, 상담시간 확보 등 여건 개선까지 뒤따라야 한다. 교사는 어린이들의 발달의 흐름을 보고 적절한 교육 조치를 해줄 수 있어야 한다. 무엇보다 일상 수업 안에서 여러 교육기제를 활용하여 해결하는 방향이 바람직할 것이다. 물론 이는 교사 한 사람의 요구만으로 되지 않고 학교, 교육청, 지역사회의 지속적인 관심과 제도적 뒷받침이 있어야 한다.

3) 함께하는 교육과정 – 모두가 소외되지 않는 교육

학교교육에서 학생 개개인은 모두 그 존재 자체만으로 존중받아야 한다. 학교교육에서 학습 능력이나 가정환경, 장애나 질병으로 어려움

14) 안승문(2008. 8),「스웨덴의 교육, 발달계획과 대화」:『우리 아이들』 전교조.

을 겪는 어린이는 학교와 지역사회의 도움을 받을 수 있어야 한다.

그런데 최근 일제고사 때문에 학습부진 학생이 지나친 관심의 대상이 되었다. 우리나라 교육과정이 너무 어렵고 양이 많아 어느 정도 선행학습을 하지 않으면 1학년부터 학습에 어려움을 겪을 수 있다. 특히 사회 양극화가 심화되면서 학교교육에서도 격차가 심화되고 있다. 가정의 교육기능이 약화되면서 친구관계를 제대로 맺지 못하는 어린이가 늘어나고, ADHD를 앓는 어린이도 늘어나 학급 안에서 교사 혼자 수업을 해나가기가 어려울 지경이다. 그래서 부진 학생 교육을 강화하고, 특수교육 대상자를 늘리거나 강화해야 한다는 목소리가 점점 커지고 있다. 과연 이렇게 하면 해결이 될까?

세계적 흐름 속에서 살펴보자. 특수교육은 시대에 따라 개념이 변하고 그에 따라 관련 용어 및 대상자 범주가 달라지고 있다. 우선 UNESCO는 1994년에 'Education for All'이란 주제를 추진하면서 특수교육Special Education을 특수요구교육Special needs education으로 명칭을 전환하고 그 대상도 전통적 장애 범주에 속하는 아동에서 학교학습에서 실패하고 있는 아동 모두를 포함해야 한다는 일명 살라만카 선언을 발표하였다. 그리고 2004년에는 OECD 산하 교육연구·혁신센터CERI의 합의가 있었다. 소위 SENDDD체제를 운영해야 하며 매년 회원 국가들의 동향을 국가보고서로 제출하도록 했다.

SENDDD(Special Educational Needs, Disabilities, Difficulties and Disadvantage)체제란 특수교육을 기존 장애 일변도에서 탈피하여 곤란difficulty, 실조disadvantage까지 포괄토록 하는 것이다. 그래서 핀란드는 교육과정에 특별한 지원이 필요한 학생에 대한 교육을 명시하고 다양한 지원을 제공하고 있다. 장애, 질병, 결핍에 의해 성장, 발달, 학습의 전제 조건이 불리한 위치에 있는 학생들은 특별한 교육적 지원이 필요하다고 본다. 발달에 있어 위험 요소에 직면한 학생과 마찬가지로, 심리적·사회적 지원이 필요한 학생도 특별 지원 대상 범위에 속한다. 영국의 경우에는 특수교육 대상의 장애 범주를 특정한 장애 유형을 한정 짓지 않고 특별한 교육을 필요(SEN : Special Education Need)로 하는 모든 아동을 교육지원 대상(학습에 있어 같은 나이 또래 대부분의 학생들보다 현저한 어려움을 겪거나 같은 또래 학생들에게 일반적으로 제공되는 교육시설을 활용하는 데 방해 또는 제한을 받는 장애를 가진 학생 및 특별한 교육조치가 없으면 그와 같은 위험 요소가 있는 학생)으로 설정하고 있다.

핀란드의 경우 국가교육과정 안에 '특별한 지원이 필요한 학생에 대한 교육' 항목을 넣어 장애, 질병, 결핍으로 인해 학습에서 불리한 위치에 있는 학생들을 지원하고 있다. 그 비율은 대략 20%에 달할 정도이다. 우리나라는 특수교육 대상이 3% 정도인 데 비하면 핀란드가 특별히 도움이 필요한 아동이 많은 것일까? 이는 교육철학의 차이로, 핀란드는 모든 학생에게 질 높은 교육을 제공하려는 목표로 공교육을 운영하기 때문이다. 그래서 초등학교 1학년부터 담임교사와 특수교사가 같이 수업에 들어가 초기 단계부터 격차가 생기지 않도록 하는 것에 중점을 둔다. 그래서 수준별 수업이나 영재교육이란 것도 따로 하지 않는다. 왜냐하면 뛰어난 재능을 가진 아이들도 분리교육을 하는 것보다 보통 아이들 속에서 공부하는 것이 더 낫다고 보기 때문이다.

제3장

어린이의 전면적 발달을 위한 **교수학습론**

왜 아이들은 몸으로 겪어야 할까?

영화 「빅Big」(1988)에서 톰 행크스는 하룻밤 사이에 성인이 되고자 하는 13세 소년의 역할을 한다. 영화의 즐거움은 대부분 '다 큰 어른'이 '사춘기 어린애'처럼 행동하는 재미있는 상황에서 나온다. 성인의 몸을 가졌지만 그는 여전히 유치한 표정과 관심, 태도를 보인다. 그러나 아이러니하게도 그가 장난감 회사의 고문이라는 높은 연봉의 일자리를 찾을 수 있었던 것은 바로 성인인데도 어린애 같은 상상력을 갖고 있었기 때문이다. 그의 취향과 욕망, 행동과 말투, 관심사와 기술, 생각과 감정은 그가 살고 있는 성인의 몸과는 전혀 어울리지 않는다. 이 영화는 개인적 특질에 대한 우리의 인식이 몸과 밀접하게 연관되어 있음을 분명하게 보여준다. 즉, 우리가 누구이며 무엇을 받아들이는가 하는 것은 우리 몸의 외모나 움직임과 상당히 강하게 결부되어 있다는 것이다.

우리 몸은 분명히 자연의 일부로서 성장과 소멸, 굶주림과 질병 등 자연 과정의 지배를 받고, 이 모든 것은 우리가 문화 및 사회와는 별도로 자연의 영역에 속해 있다는 점을 날마다 일깨워준다. 그러나 인간의 몸은 명백히 자연적 토대로 구성되어 있을 뿐만 아니라 몸의 외모·조건·활동은 급격하게 문화적으로 형성된다. "아들인데, 하는 짓은 딸 같아!"라는 말에서처럼 생물학적 성과 사회문화적 성이 일치하지 않는 경우도 있다.

계급, 인종, 성 그리고 모든 종류의 구별은 신체를 통해 작동하는 상이한 사회·문화적 과정에 의해 인간 신체상에 표시된다. 따라서 도덕적이고 기호를 사용할 능력을 부여받은 신체적 인간은 상이한 사회·문화적 과정들을 겪으면서 매우 상이한 종류의 신체를 '생산한다.' 도나 헤러웨이도 이러한 신체에 대하여 '물질-기호로서의 몸'이라든지 '사이보그' 같은 개념을 새롭게 주창하여 새로운 몸 이해의 가능성을 드러낸다. 이제 몸은 단순한 '몸'이 아니라 문화적 상징이 투영된 기호로서의 몸이다. '몸'을 규정하는 기호는 문화에 따라 영향을 받는다.

장기적으로는 생물학적 특성과 문화적 형태가 같이 발전해간다는 전제를 하지만, 지난 300년 동안 폭발적인 문화, 기술, 언어적 이해와 실천을 지켜본다면 그것은 오히려 생물학적 적응을 뛰어넘는 과도한 변화라고 할 만하다. 18세기 후반의 문명화 과정은 교양을 갖춘 세련미를 몸에 익히는 과정인 동시에, 본능적 충동의 억압과정이기도 했다.

한국과학기술연구원은 2005년에 '대한민국의 평균 얼굴'이란 것을 발표한 적이 있다. 그 얼굴형은 100년 전의 평균 얼굴과 대비되어 더욱 흥미를 불러일으켰다. 전체적으로 한국인의 얼굴이 서구화되었다는 것을 보여주었다(몸에 대한 인종주의가 우리 깊숙이 들어와 있음을 짐작케 한다).

문화를 창조한 호모사피엔스의 신체적 발달과정을 보면, 체험은 외부 대상으로부터 인상을 '수동적으로' 받아들이는 것이 아니다. 감각의 지각으로의 발전은 외부 세계에 대한 능동적인 관계의 산물이다. 감각 지각sense-perception은 사유의 유일한 원천으로서, 사유에 선행한다. 세계에 대하여 사유하려면, 우리는 먼저 세계를 지각해야 한다. 인공지능 로봇과 사람과의 결정적인 차이는 정보를 반영하는 방식의 차이이다. 사회적 존재인 사람은 여러 실천과정 속에서 경험과 정보를 스스로 두뇌에 축적하며, 이러한 경험과 정보를 개괄적으로 사고하여 판단한다. 그러나 인공지능 로봇은 사람의 사회적 실천에서 얻어진 '결과물'만을 입력받을 수밖에 없으며, 따라서 개괄적 사고의 폭도 입력받은 자료에 한정될 수밖에 없다. 예를 들어, 인공지능 로봇에게 '사람'에 관한 자료를 아무리 많이 입력시킨다 해도, 우리가 일상생활 속에서 몸으로 부대끼며 터득한 '사람' 개념에 미치지는 못하는 것이다. 잘 알려진 바와 같이 인간의 경험과 생활방식의 차이에 따라 그들의 사물에 대한 지각 내용은 달라진다. 우리는 지각을 기초로 하지 않은, 지각으로부터 나오지 않은 개념을 만들 수 없다. 그리고 일반적으로 사유 활동을 하기 위한 물적 기초인 지각 없이는 어떠한 관념도 형성되지 않는다. 우리의 관념을 발전시키는 것은 우리의 활동과 사회적 접촉이 증대함에 따라 동반하여 성장하는 우리의 지각이다.

『이상한 나라의 엘리스』에서 엘리스가 겪은 일 중에서 가장 황당한 사건은 몸에 관한 것이다. 그녀는 자신의 의지와는 무관하게 커졌다 작아졌다 하는 몸을 감당할 수 없었던 것이다. 결국 물과 버섯에 대한 정보를 알고 나서야 자기 몸을 통제하게 되고 비로소 이상한 나라에서 주체적으로 관계 맺기를 한다. 더 나아가 그곳에서의 체험을 즐기기도 한다.

체험과 탐구, 놀이는 토박이말로 '몸소 겪기'다. 몸소 겪기는 몸으로 부대끼며 터득하는 어떤 행동이나 활동을 생산한다. 몸소 겪고 있다는 것은 이미 무언가를 하고 있는 것임과 동시에 의식하고 있는 것이다. 신체는 외적 과정의 수동적 산물이 아니다. 우리 자신이 유기체로서의 환경에 대한 능동적 관계가 좀 더 다양하고 복잡해지면 복잡해질수록 그러한 환경에 대한 체험과 탐구, 놀이의 수준을 높이고 교제connection 범위도 넓힐 수 있다. 그런 점에서 체험과 탐구, 놀이는 몸소 겪는 신체들의 생산적 활동인 것이다.

앞서 언급한 것들을 종합해보면, 현대 사회에서 문화적 인간의 행동 발달과 혼재되어 있는 자연적, 생물학적 발달에 대한 새로운 이해가 요구된다고 할 수 있다. 체험과 탐구, 놀이는 자연과 문화가 접하는 바로 그 접면에서 발생한다. 우리의 관심은 이러한 활동을 통해서 문화와 몸 간의 영향과 변화 가능성을 발달의 관점에서 파악하는 것이다.

체험 · 탐구 · 놀이와 전면적 발달

우리는 생명체들이 분산된 에너지와 정보 흐름을 포착한 뒤 그것들을 복잡하고 질서 있는 모양으로 결합시키는 것을 보고 놀란다. 우리의 몸 또한 유기체이기 때문에 소소하게라도 변화와 운동을 겪고 있다. 내적으로뿐만 아니라, 주변 환경과의 관계에서 외적으로도 변화의 흐름을 만들어내고 있다. 유기체들의 생명활동은 끊임없이 유기체의 신체 상태를 더 복잡한 상태로 구성하기 때문이다.

프리고진과 스텐저Prigogyne and Stengers가 지적했듯이, 혼돈을 벗어나 질서를 창조하는 행위는 생물체계의 중대한 성질이다. 인간의 신체는 자신의 내부에서나 자신을 둘러싸고 있는 환경 속에서 질서를 창출할 수 있는 '욕망의 기계'이다. 욕망은 무언가를 생산하려는 의지이다. 욕망의 기계인 인간 신체는 자신을 생산하고, 지탱하고, 융해하는 과정들과의 관계 속에서 작동하고 변형된다. 어린이들의 신체적 움직임을 자세히 보면, 어린이들은 욕망의 기계임에 틀림없다. 욕망의 기계는 체험이라는 행위를 통해 이 세계와 대면하려는 것이다. 세계와 맞닿은 욕망의 기계는 신체의 한 상태에서 다른 신체 상태로 끊임없이 이행한다. 아이들의 신체적 활동은 신체의 한 상태에서 다른 신체 상태로의 살아 움직이는 이행 현상 혹은 과정이다.

서울 중곡초등학교의 2010학년도 1학년 6반 학급문집 『아주 특별한 선물』에는 아이들이 일상에서 몸소 겪는 과정이 잘 나타나 있다.

10월 21일 목요일 김△△-○○랑 절교한 날:
학교가 끝나고 방과 후 학교활동 시간이 됐다. 그래서 3층 가사실로 갔다. ○○가 "저번 화요일에 있었던 사건 사과해!"라고 했다. 난 저번에 ○○한테 미안하다고 했는데 ○○가 그래서 싫다고 했다. 그러자 ○○가 절교를 하자고 손을 내밀었다. 난 절교를 하려고 ○○의 손을 끊었다. 2분 후 ○○가 나한테 미안하다고 사과를 했다. 나도 미안하다라고 사과를 했다. ○○가 다시 손을 붙이자고 했다. 난 다시 ○○의 손을 붙였다. 난 ○○랑 다신 절교를 하지 않을 거라고 약속을 했다. 난 다시 ○○의 손을 붙이지 않았으면 ○○랑 다시는 놀지 않았을 거다.

이 글은 친구와의 사회적 상호작용에서 손의 움직임을 잘 보여주고 있다. 어린이들의 손의 움직임에는 사회적 상호작용의 어떤 힘이 작용하고 있다. 신체의 한 상태에서 다른 상태로의 이행과정에 작용하는 힘의 실행이 몸소 겪기의 본성이다.

체험과 탐구, 놀이가 힘의 실행이라고 한다면 우리가 주목해야 하는 것은 그 힘들이 어떻게 작용하는가, 즉 힘의 흐름과 변환에서의 그 기능에 관한 것이다. 힘의 기능이란 힘의 작용이 다른 힘들에 영향을 미치고 다른 힘들에 의해 영향을 받는 '관계들의 영역'을 구성한다. 역시 중곡초등학교 학급문집의 '가족 이야기' 중에 있는 내용이다.

11월 4일 목요일 최△△:
학교 갔다 와서 아빠한테 어제 쓴 거를 읽고 답장에 써달라 그랬다. 그런데 읽기만 하고 답장은 안 써줬다. 나는 답장을 써달라고 저녁까지 엄청 많이 말했다. 나는 강아지 목소리가 된 것 같았다. '헥헥헥.' 그것도 신기하게 리듬을 타며 헥헥거렸다. 나는 내가 낸 소리에도 웃음이 빵하고 터져버렸다.

이 아이는 강아지의 신체로 변신하여 아버지와의 관계를 만들어보려고 시도한 것이다. 이처럼 아이들의 현실세계에서는 관계를 형성하고 관계가 형성되는 신체적 과정에 방점을 찍는다. 관계를 형성하는 신체적 과정이란 다수의 신체들이 다양한 상호작용과 결합관계 그리고 다양한 상호작용의 합으로 파악하는 것이다. 이때 욕망하는 힘의 작용은 변형의 능력으로, 대상을 전유하는 능력으로 변환된다.

마르크스는 관계들의 영역을 구성하는 체험의 감각적 활동을 강조한다. 그에 따르면 "모든 기존의 유물론은…… 객체, 현실, 감성계 등을 오직 대상이나 관조의 형태로만 파악할 뿐, 인간의 감각적 활동, 실천으로서, 즉 주체적으로 파악하지 못하였"으며, 관념론은 유물론이 놓친 '활동적 측면'을 발전시켰으되 오직 추상적으로만 파악함으로써 '진정한 감각적 활동 자체'는 알지 못했다. 몸소 겪은 감각적 활동은 느껴진 사고이자 사고된 느낌이다. 다시 말해서 이것은 생동적이고 상호 관련적인 연속성 속에 놓여 있는 현재적인 실천적 의식이라고 할 수 있다. 실천적 의식을 형성하는 관찰(탐구), 짓기(만들기와 조작활동), 그리고 마주침(놀이와 관계 형성)과 발달의 관계를 알아보자.

1) 관찰(탐구)과 관념의 형성

"백문百聞이 불여일견不如一見"이란 말이 있다. 여러 가지 지각 중에서 보는 것에 특권적인 지위를 부여하는 말이다. 몸소 겪는 활동은 힘의 실행에 의해 관계들의 영역을 구성한다고 했다. "보는 것이 믿는 것(To see is to believe)"이라는 말처럼, 관찰(탐구)은 주의력을 집중시키는 힘의 실행을 통해서 관념을 형성하는 관계들의 영역을 구성한다. 그리고 어떤 대상이건 지속적으로 관찰할 수 있는 형태를 띠어야 관념이 성립한다. 왜냐하면 어떤 안정된 조건, 즉 시공간적인 조건이 성립하지 않는 한 어떤 사물도 관찰할 수 없기 때문이다.

들판에 널린 식물종자를 토지에 심음으로 해서 작물을 재배할 수 있게 된 것과 동일한 이치이다. 이제 종자는 먹어버려도 소멸하지 않게 되었다. 그것은 특정한 장소에서 시간의 흐름에 따라 일정한 방법으로 변화해가는 '형태'를 취하기 때문이다. 종자는 토지에서 경작됨으로써 지속적인 것, 인간이 관찰할 수 있는 형태를 띠게 되었다. 결과적으로 대상이 시간적이고 볼 수 있는 '형태'를 취하게 되어, 필연적으로 인간의 의식은 단순한 심상image으로부터 '관념'으로 승격될 수 있게 된다. 따라서 종자의 관념은, 종縱적으로 종자 자신의 시간적 운동의 의식이고, 횡橫적으로 토지라는 장에 통일된 제 조건의 공간적 관계 의식이다.

관찰(탐구)은 시·공간적 관계의 영역에서 관념을 산출한다. 관념은

탐구하는 어린이들

대상을 감각적으로 나타낸 대로의 모습이 아니라, 지속적이고 일정한 전개 형식을 가진 것으로 파악하는 것이다. 그렇기 때문에 시간적 축이 매개되어 공간적 통일이 성립하는 것이 관념 형성의 전제조건이다. 우리의 활동은 항상 특정 장소를 통해 자신의 생명과 활동을 확인하는 경향이 있다. 장소를 매개함으로써 사물은 우리가 볼 수 있는 형태를 취한다. 이때 언어는 감각으로부터 관념으로의 진보를 시사한다. 관념은 단어와 단어의 조합을 통해서만 형성되고 구체화된다. 그렇기 때문에 관념은 감각적 재생이 아니라 대상의 여러 성질이나 관계의 추상적 재생이다. 관념이 일면적인 것에 머무르지 않고 전면적인 관념으로 발전하기 위해서는 대상에 여러 조건이 주어져야 한다.

또한 관념은 현실에 대한 추상화, 일반화를 나타내는 언어의 발달을 시사한다. 말에는 우리가 실제 생활 과정에서 감각을 통해 지각하게 되는 사물들의 특성 및 관계를 나타내는 단어들이 있다. 그런데 중곡초등학교의 1학년 한 어린이는 일기를 쓰다가 단어들의 추상적 관계성을 관찰하게 된다.

> 12월 21일 화요일 황△△-로마자:
> 일기를 쓸 때 일기 옆에 국어의 로마자 표기 일람표가 있었다. 그래서 로마자로 '엄마'를 썼다. 로마자가 영어랑 비슷했다. 근데 차이점이 있었다. 영어는 하나에 한 영문인데 로마자는 두 영문이나 세 영문이 있었다. 속으로 '로마자와 영어는 관계가 있는 것 같아'라고 생각했다.

관찰(탐구)이 시공간적 관계성의 관념을 형성하려면 학생들이 갖고 있는 지금의 생각과 경험을 존중하면서 '지금- 여기'에서 시작해야 한다. 다양한 제 조건 속에서 무엇인가를 관찰하고 탐구하고 실험할 수 있어야 한다. 그래서 일회성 현장 견학(흔히 학교 현장에서 하는 행사 위주의 체험학습)은 말할 것도 없고, 수목원이 주관하는 '녹색교실' 프로그램처럼 전문가의 설명 위주로 진행되는 체험형 탐구학습들은, 관념 형성에 별 효과가 없다.

우리가 무엇을 제대로 보기 위해서는 교육을 통해 얻은 시각이 필요하다. 새로운 안경이 필요한 것이다. '명확하게 보기', '구별하여 보기', 이런 기초들을 확실하게 다져놓으면 대상을 바르게 인식할 수 있다. 우리가 관찰의 눈을 훈련하는 것은 운동선수가 기초체력을 다지는 것과 같다. 그리고 실험과 관찰을 지속적으로 하려면 적절한 질문을 해야 한다. 실제 알려지지 않은 영역은 무엇인가? 획득해야 할 가장 중요한 지식은 무엇인가? 실제 그것을 어떻게 사용할 것인가? 등.

2) 짓기(만들기와 조작활동)와 능력의 형성

일단 생물학적인 진화를 통해 인간의 뇌와 손이 만들어지자, 인간은 자기 자신의 새로운 진화를 시작하였다. 인간에게 특수한 형태의 실용지능과 추상지능이 생기면서 그것은 생산적인 작업의 기초가 되고 환경과 새로운 관계를 만든다. 그렇게 함으로써 인간의 생활 조건은 계속 변혁되었으며 그의 능력과 힘이 증가되었다.

짓기에는 생산적인 활동을 가능하게 해주는 특별한 능력과 힘이 작용한다. 플라톤은 생산 혹은 제작을 뜻하는 짓기poiesis를 다음과 같이 정의한다.

> "짓기는 본래 단순한 창작을 말하지요. 그런데 창작에는 여러 종류가 있다는 것을 당신도 아시죠? 무엇이든지 없던 것이 있는 것으로 옮아갈 때, 그 원인이 되는 작용은 언제나 제작이라고 부를 수 있지요. 따라서 모든 기술적 과정이 짓기의 일종이요, 모든 기술자가 창작자이지요."

짓기는 지적인 생산 작업으로서 일정한 목표를 지니고서 하나의 계획을 따르는데, 이 계획이 곧 그 작업을 하는 사람에게 내내 지침이 된다. 포이에시스[15]는 인간 활동이 이루어낸 모든 성과물의 제작과 생

15) 아리스토텔레스가 학문을 이론학, 실천학, 제작학으로 분류할 때에 사용한 용어. 세상의 법칙을 알고 그것에 따라 인간에게 필요한 것을 만들어내는 기술 일반을 의미함.

산·창조의 원리이다.

우리는 뭔가를 지으며 만족한다. 프로젝트를 기획하면서도, 또 그것들을 어떻게 지을 것인지 구체적으로 상상하면서 희열을 느끼기도 한다. 뭔가를 만들어내는 공상을 펼치며 확실한 결과물을 얻고 싶은 마음, 복잡한 유기적 구조들을 여러 가지 방법으로 모으고자 하는 마음도 있다. 어렸을 때, 모래밭에서 굴을 파거나, 방석, 베개, 침대보 등으로 요새를 지으며 상상의 나래를 펼쳤을 것이다. 그 요새는 어쩌면 아이가 보고 느끼고 귀로 들을 수 있는 공간과 형태였을 것이다. 책이나 잡지를 보고 꿈의 집을 상상했던 적도 있을 수 있다.

사회문화적 환경 속에서 몸소 겪고자 하는 것은 무언가를 '하고자 함'이고 그것은 언제나 구체적인 조작활동이나 만들기와 결부되어 있는 능력 혹은 재능이다. 피아노로 멋진 곡을 연주할 수 있는 능력, 맛있는 음식을 만들 수 있는 솜씨, 사람의 마음을 뒤흔드는 시를 쓸 수 있는 재능 처럼 말이다. 활동할 수 있는 능력은 폭넓고 다양한 도구를 찾아낸다. 그래서 더 나은 도구를 선택하고 새로운 해결책을 얻어내려고 한다.

그리고 우리가 하려고 하는 바에 부합되도록 주변 환경 및 여건들과의 관계를 조성하려는 행위이다. 내가 수영을 하려고 할 때, 내 몸의 움직임과 물의 흐름의 움직임이 함께 작동하는 관계를 형성하려는 것, 그것이 능력이다. 세계 일주 단독 항해 경주에 여러 번 참가한 프랑스 여성 이자벨 오티시에르Isabelle Autissier는 이렇게 말한다.

"뛰어난 항해사가 되기 위해서는 바다와 바람을 이해해야 합니다.

그것과 싸우거나 정복하려고 해서는 안 되죠. 또한 배뿐만 아니라 자신의 약점과 강점을 잘 알아야 합니다. 그렇게 한 후에야 그것들을 조화롭게 결합하여 목적지를 향해 앞으로 나아갈 수 있습니다."

우리는 경험했던 세계를 표현하고, 경계 짓고, 정의하기 위해 더 많은 영역들을 고안해낼수록 더 많은 실제 지식을 소유할 수 있다. 짓기의 체험과 능력은 활동을 생산하고, 어떤 것이 대상으로 생산되며, 더불어 사유를 생산한다. 그것의 습득은 일상에서의 모방과 공동체 사회 활동에 참여하는 것이다. 어쨌든 질서를 이해하려면 관계 형성이 어떻게 만들어지는지 알아야 하며, 항상 새로운 관계를 상상하고 만들어내고자 해야 한다. 그러나 우리 교육은 수영장이나 물에 들어갈 기회를 주지 않으면서 수영을 가르치고 있다는 듀이의 비판에서 자유롭

맛있는 먹거리를 만들어보자

지 못하다.

3) 마주침(놀이와 관계 형성)과 정서의 형성

우리는 언제나 다른 사람을 만나면서 살아간다. 만남을 통해서 나의 내면을 키우고 나를 제어할 힘을 만들어낸다. 우리는 서로 다른 사람들이 마주치면서 함께 더불어 살아야 하고 자신의 내면을 제어할 수 있는 능력을 키워야 하는 이중적 조건하에 놓인 것이다. 마주치는 체험은 서로 다른 사람들 간에 연결되는 신체의 사회적 과정이다. 그렇다면 어떤 관계를 몸으로 느끼고 겪으며 자라느냐가 중요하다.

"엄마 손은 약손"이라는 말이 있다. 대개 어지간한 아픔은 엄마가 쓰다듬어주는 것만으로도 깨끗이 낫는다는 말이다. 실제로 신체 접촉 없이 자란 아이들은 아무리 문화적 환경이 좋다고 하더라도 심리적 정신적으로 발달 지체 현상을 보인다고 한다. 서로 다른 사람들이 마주치는 경우, 신체의 사회적 관계를 형성하려면 감각적 지평이 열려야 한다. 놀이와 관계 형성은 감각적 지평에 어떤 변용이 일어나도록 관여하는 힘의 실행이다. 그 힘의 실행 정도에 따라 정서적 반응도 달라진다. 정서는 다른 사람과의 관계에 대한 감응 능력이다. 감응 능력이란 감각적으로 응답하는 능력으로서 힘의 실행 정도에 영향을 받는다. 실제 몸으로 겪는다는 것은 사물을 접하거나 서로 다른 신체가 마주치면서 정서적 반응을 서로 감지하고 사회적 신체를 구성해가는 것이다. 각자의 의지와 노력이 스며든 마주침의 체험은 공동의 활동을 수행하기 위해 욕망과 신체들을 공명시키고 협력적 관계를 조성하는 공통의 리듬을 만들어간다.

스피노자는 신체의 사회적 관계성을 두 가지의 정서로 구별한다. 그는 우리의 근본적인 정서를 기쁨과 슬픔으로 본다. 정서는 신체의 능력을 증대시키거나 혹은 감소시키는 활동이다. 기쁨의 정서는 신체의 활동 능력을 증대시키지만 슬픔의 정서는 이를 감소시킨다. 우발적인 만남들이나 다양한 사물들과 우발적으로 주고받는 영향 관계는 기쁜 정서를 일으킬 수도 있고 슬픈 정서를 일으킬 수도 있다. 마주침의 정서 형성이 독특한 점은 그것이 합목적인 과정이 아니라 무의식의 과정이라는 점이다. 정서는 의식적 각성이나 도덕적 의지로 생기지 않는다.

미셸 푸코가 이미 지적한 것이지만 학교라는 공간 속에는 감시의 시선이 작동한다. 감시라는 측면에서 보았을 때 우리는 의식하지도 못한 채 아이들의 몸을 옥죄게 되고, 아이들은 주눅이 들어 자기 몸의 에너지를 제대로 쓰지 못하게 된다. 감시의 대표적 말과 행위는 처벌이다. 처벌과 감시는 슬픔의 정서로서 아이들의 신체활동 능력을 감소시킨다.

마주침에서 중요한 것은 바로 적극적인 '활동'을 통한 관계 형성이다. 모방, 상상작용, 신비감, 탐구심, 도전의식, 모험심 등을 통하여 적극적인 활동으로 나서게 된다. 이러한 사고 작용과 태도들은 처음에는 부정형하고 불확실하고 덜 구체적인 상태로 유지된다. 그러나 개인과 개인의 마주침이 증가하면서 공통의 과제가 해결되며 이때 신체들 간에 새로운 연결이 발생하여 기쁨의 정서가 작용한다.

그러나 의사소통을 어렵게 만드는 요인 중 하나가 바로 오해다. 이를 막기 위해서는 의미를 공유함으로써 공통의 언어를 발달시키도록 노력해야 한다. 다시 말해 공통의 언어를 구사하기 위한 공동 학습의 장이 마련되어야 한다. 외국인 강사가 진행하는 다문화 교육과 학교에서 이루어지는 1박 2일의 학교 야영은 좋은 사례이다. 다문화의 환경에서 아이들의 마주침은 서로가 공유할 수 있는 언어를 습득하고 누구도 배제되지 않도록 '함께'하는 신체적 구성에 기여한다.

체험 · 탐구 · 놀이의 의미화

우리가 '모든 것의 척도로서 신체'에 관한 사고에 의지할 때, 우리는 즉각적으로 우리 자신의 감각적 세계의 한계에 직면하게 된다. 체험·탐구·놀이는 우리가 살아 있는 인간으로서 신체적 제약을 받는 개체의 존재감을 깨닫게 한다. 우리는 신체적인 제약을 받기 때문에 실패와 성공을 떠나 그 기억은 몸으로 남는다. 그러나 인간은 그러한 한계를 초월해 '청취하고 보고 듣는' 수단을 획득해왔다.

우리는 어떤 사물을 '묘사'함으로써 비로소 우리에게 다가오는 감각적 정보를 완전하게 인지하게 된다. 묘사를 하려면 다른 유기체와 경험을 공유하게 되는 생생한 관계를 보아야 한다. 생생한 묘사의 노력은 중심적이고도 필수적인 생명의 기능으로서, 우리는 이에 따라 환경을 이해하고 그 속에서 좀 더 성공적으로 살아가고자 하는 것이다. 우리는 여러 가지 묘사 방법을 가지고 있다. 언어의 역사는 이에 대한 훌륭한 예인데, 한 언어가 변화하는 과정, 즉 낡은 묘사를 고치고 새로운 묘사를 수용하는 과정은 실로 사회적인 것이며, 가장 평범한 일상사 가운데 있다.

체험·탐구·놀이는 다른 사람과 대상들을 접촉하는 것에서 출발한다. 이것이 중요한 이유는 말과 몸의 실천들이 의식적이고 협력적인 성격을 가진다는 점 때문이다. 상호 부조와 공동 활동을 증가시킴으로써 또 각 개인에게 이러한 공동 활동이 유용하다는 의식을 명확히 함으로써 필연적으로 사회 구성원들의 친밀한 관계를 촉진시켰다.

체험·탐구·놀이를 하고 있는 인간은 서로에게 '뭔가 할 말이 있는' 단계에 이르게 된 것이다. 체험·탐구·놀이 학습이 커뮤니케이션 중심의 사회적 과정임을 깨닫는 일은 정말로 중요하다. 사람들이 특정한 방식으로 살아갈 수 있는 능력을 갖는다는 것은 성공적인 커뮤니케이션을 통해서 다른 사람의 경험을 받아들이는 데 달려 있다.

의사소통 수단인 언어란 곧 의미이고, 상징이며, 규칙이다. 듀이가 "의미란 언어가 있어야 존재할 수 있으며, 언어는 공동의 또는 공유된 일에 관여하는 두 자아를 함의한다"라고 했다. '의미한다mean'라는 단어가 여러 가지로 사용되지만 어느 경우에나 '의도한다intend'는 뜻이 들어간다. 체험·탐구·놀이는 우리의 경험에 형태를 부여하고, 그것을 명료한 윤곽을 갖는 사건과 의미작용으로 그려내어 타인에게 제시할 수 있어야 한다.

체험·탐구·놀이 학습은 개개인이 소통 행위자로 참여하는 것이다. 개개인의 소통 행위는 자신들의 독특한 경험을 공동의 경험으로 만드는 과정이며, 무엇보다도 삶의 권리이다. 언어가 언어공동체에 속하는 개인들이 사용하는 가운데서만 존재한다는 점에서 삶의 소통 행위는 구체적이다. 그렇기 때문에 "나는 이런 방식으로 살고 있다. 왜냐하면 이것이 나의 경험이기 때문에"라고 말할 수 있다. 자신의 경험과 연관된 선택과 해석은 우리가 다른 사람에게 분명히 밝혀서 그 정당성을 인정받으려고 하는 태도와 필요, 이해관계 등을 구현한다.

하버마스는 행위자와 세계의 관계를 검토한다. 하버마스에 따르면, 목적론적 행위자는 주어진 상황에서 성공을 거둘 수 있음을 약속해온 수단들을 선택하여 그것들을 적당한 방식으로 적용함으로써 자신의 목적을 달성하거나 자기가 바라던 상태가 이루어지도록 만든다. 이것은 아리스토텔레스 이래 행위이론의 중심을 차지해왔다. 규범적으로 규제되는 행위라는 개념은 공유된 가치와 규범을 지향하는 집단구성원들의 행위를 지칭한다. 개별 행위자는 주어진 상황에서 규범이 적용되는 조건들이 존재할 때 이를 따른다(혹은 그렇지 않을 때 위반한다). 교사는 교실의 맨 앞, 지휘자의 위치에 서 있게 된다. 이런 경우 교수 행위는 규범적 틀 안에서 일어나고, 교실 활동이 규범적 요건에 부합하는지의 여부에 대한 지적을 공식 석상에서 전개한다. 드라마적 행위 개념은 한 행위자가 집단의 성원은 아닌 채, 서로를 위해 공중이나 청중을 구성하는 상호작용 참여자로서, 공중의 눈앞에서 스스로를 표현하는 것이다. 교수 행위는 청중에 대한 드라마적 행위를 통한 자기 제시와 같다고 할 수 있다. 이런 경우에 어울리는 "훌륭한 교사는 훌륭한 배우여야 한다"는 말이 있다.

드라마적 행위나 규범적으로 규제되는 행위는 교수 활동이 행해질 수 있는 조건을 창출하는 수단이다. 그러나 이런 것은 우리가 기대하는 소통 행위가 아니다. 우리가 바라는 바의 소통적 행위는 행위의 상호 조정을 수용하는 합의에 이르는 것이다. 이를 위해 행위자들은 자신들의 공통된 상황과 행위 계획에 대해 이해하려고 한다. 하버마스의 의사소통적 합리성이란 한마디로 언어 및 행위 능력이 있는 주체들이 어떤 것에 관해 서로 소통과 합의를 시도할 때 성립한다. 그 합리성을 도출하는 것은 바로 '상호작용성'이다. 교사와 어린이의 상호작용, 교사와 교과의 상호작용, 교과와 어린이의 상호작용, 수업에 동원된 각종 매체들과의 상호작용, 작품 및 작가와의 상호작용 등을 생각해볼 수 있다. 상호작용성이 연출하는 상황과 과정은 공동의 의미를 공유하고, 그리하여 공동의 활동과 목적을 지닌다. 새로운 수단의 제시와 수용, 그리고 비교를 통해 성장과 변화를 이루는 과정, 즉 협력 교실의 과정이다. 이때 사용되는 도구는 언어와 경험이고 그 방법은 대화이고, 그 산물은 문화이다.

예전에 문화는 한 사람이 사회 구성원으로서 제대로 살아가기 위해서 알아야 하는 모든 것을 통칭하는 개념으로 사용되었다. 관료화된 공교육의 교실은 문화의 전수라는 관점에 한정되어 있었다. 그러나 문화란 단순히 '정해진 규칙의 준수' 이상일 수 있다. 근래에 들어 문화는 사람들이 그들의 경험을 조직하고 해석하기 위해서 정신적으로 구사하는 개념들과 모델들로 이해된다.

이제 문화는 의미의 체계이다. 의미 체계는 사람들이 사건과 행위, 대상이나 발언, 그리고 상황들을 독특한 방식으로 인식하고 이해하도록 만드는 '사회적으로 (재)구성되는 실재(socially constructed realities)'이기도 하다. 문화는 집단적인 지혜와 근본적인 가정들의 담지자이며, 협력적으로 규정된 판단 범주와 가치 평가로 구성된 의미체계이다. 더욱이 개인들 간에 공유 가능한 소통 행위의 매체이기도 하다. 학교의 협력 문화는 체험·탐구·놀이 활동을 통한 공동의 의미체계와 의사소통 수단을 발견함으로써 성장한다.

체험 · 탐구 · 놀이에 대한 기호학적 접근

학교에서 행해지는 체험활동은 어떤 교과의 지식을 구성하기 위한 방법론으로 접근하는 경우가 대부분이다. 반드시 이 문제는 극복되어야 한다. 강조하지만 체험·탐구·놀이 활동은 기본적으로 교과를 바탕으로 이루어져야 하며 그 교과의 맥락 속에서 생각하고, 대화하고, 행하면서 발달의 영역들과 연계하여 통합하고 재구성을 해야 한다. 그래야만 체험·탐구·놀이 활동의 교수학습이 삶과 관련을 맺게 된다.

체험·탐구·놀이 활동은 기호학적 접근에서 보면 세 가지 영역으로 구분된다. 기호체계 안에서 기호 사이의 관계를 다루는 통사론syntax은 아이가 언어 안에 들어 있는 문법 관계를 터득하고 사용할 수 있는 능력을 발달시킨다. 그래서 아이가 점점 복잡해지는 책 속 문장을 이해할 수 있게 된다. 기호와 기호가 지시하는 대상 사이의 관계를 다루는 의미론semantics은 아이의 어휘 발달, 즉 단어의 의미에 대한 이해를 증가시킨다. 이것은 언어 발달의 엔진 점화 역할을 한다. 기호와 기호를 사용하는 사람들 사이의 관계를 다루는 담화(화용론, pragmatics)는 개인이 어떤 기호를 사용하고, 어떤 상황이 어떤 기호의 사용을 요구하고, 기호를 어떻게 해석하는지 등의 문제를 다룬다. 아이는 담화활동 과정에서 언어의 사회문화적 '규칙'을 인식하고 사용하게 되는 능력을 얻게 된다. 그것은 책에 묘사된 수많은 상황에서 단어가 어떤 식으로 사용되는지 이해할 수 있는 토대를 만들어준다. 체험·탐구·놀이 활동에 대한 기호학적 접근은 이 세 가지 영역을 모두 포괄하는 의미작용signifying 실천이다.

아이가 단어를 이해하고 말과 글 안에서 다양한 용법을 배워나가는 데에는 텍스트 구성과정이 중요한 기여를 한다. 텍스트의 기호학적 정의는 무엇인가? 텍스트는 의미성의 생산으로 이해된다. 텍스트는 의미창출의 잠재력을 가진 일체의 모든 것을 말한다. 그것은 일체의 기록으로서, 그 내용은 언술speech, 문필적 필기, 이미지, 사진 같은 것들이다. 또한 기록의 방식은 필기, 말, 전자방식(라디오, TV, 비디오 등), 사진, 영화 등 어떤 것이어도 된다. 이런 텍스트는 몸짓, 일상적 대상, TV, 기상징후 등 우리 주위 어디에나 존재한다. 텍스트는 이미지나 단어(말)를 재생산하면서 모든 표현 양식을 체계화한다. 그러므로 체험·탐구·놀이 활동의 기호적 구성은 학생들이 경험을 변형하고 지식을 통합함으로써 발달을 촉발하는 교육으로 조직화된다.

교수학습은 텍스트를 생산하고 소비하며 혹은 구성하고 구성되는 지속적인 발현과정인 것이다. 체험·탐구·놀이 활동은 정보나 지식이 되기 전에 기호적 흐름과 물질적 흐름이 존재한다. 그러한 흐름들이 삶과 관련된 의미로 변환되기 위해서는 텍스트적 접근이 필요하다. 체험·탐구·놀이 활동이 이루어지는 교수학습의 경우, 과거의 경험은 지금(미래)과 비교하기 위해 추상화되고 기호적 매개를 통해 표상representation하고 텍스트를 구성하게 된다. 텍스트가 과거의 경험을 추상화하여 재현한다고 할 때, 그것은 추상화된 경험을 대신한다는 상징을 의미한다. 상징이란 특정 정보 또는 분위기나 감정을 표현, 표상할 수 있는 요소로서 그림, 단어, 음악, 몸 동작, 전신부호 등을 의미한다. 어린이들이 어떤 문제에 대한 자신의 생각, 관찰, 기억, 감정 등을 추상화하고 추상화된 내용을 말, 글, 그림, 행동, 사진, 도표 등과 같은 각종 상징물과 기호를 통해 표상하는 것이 그 예다. 텍스트는 상징적 요소들을 필요로 한다.

그렇다면 체험·탐구·놀이 활동의 교수학습에서 텍스트는 어떤 위치를 차지하고 있는가? 즉, 누구에 의한 의미 창출인가라는 문제가 부각된다. 모든 텍스트는 특정한 저자가 없는, 여러 사람들의 공동 저작이다. 저자가 사라져버린 상황에서 텍스트를 풀이하는 데 어떤 특별한 해석법이란 있을 수 없다. 다만 다중의미체로서 무한한 방법의 해석을 요구하고 있다. 따라서 체험·탐구·놀이 활동에 대한 의미 규정과 변화는 문화적 상징과 기호에 영향을 받는다. 문화적 상징과 기호는 시공간에 따라 다르며 활동에 영향을 미친다.

텍스트는 교수학습 상호작용을 통해서 의미를 생산하는 기호와 상징 요소들의 구조물이다. 어린이들은 자신이 체험한 것들을 텍스트로 생산할 때 당연히 통합된 주제로 접근하여 적절하게 기록하고 다채롭게 묘사할 수 있다. 어린이들의 다양한 삶의 방식과 자신들의 문화적 경험이 통합 주제형 텍스트를 구성하는 기호와 상징 요소들에 적용될 때 그 의미가 드러난다. 서로 다른 사회적 경험이나 서로 다른 문화적 배경을 갖는 어린이 독자들은 같은 텍스트 속에서 서로 상이한 의미를 발견할 수도 있다. 그리고 다양하게 해석된 그 의미들 상호간에 그 맥락을 비교 분석할 수 있는 기회를 제공한다. 체험·탐구·놀이 활동의 구성은 그 활동과정들을 되돌아보게 함으로써 새로운 상징과정으로 나아갈 수 있게 한다. 교사 역시 학습자의 텍스트를 구성하는 상징체계를 통해 학습자의 인지상태를 분석하고 이를 토대로 조력자와 협력자로서 역할을 수행할 수가 있다.

여기서 논의해야 할 중요한 점은, 텍스트가 한갓 잡다한 인용의 모음이 아니라, 그것의 원천들만큼이나 수많은 의미의 가능성에 개방된 공간이라는 점이다. 이러한 텍스트의 특성이 통합 주제 수업에서 제대로 활용되려면 공통의 언어와 기호를 사용하여 교과목을 통합해야 한다. 분리된 과목과 공식 언어체계에만 기반을 둔 현행 교육이야말로 통합 주제 수업의 창의적인 실험적 접근을 가로막는 장애물이다.

체험·탐구·놀이 활동을 통합 주제중심으로 재구성하는 것은 두 가지 의미가 있다. 하나는 학습자로 하여금 어떤 교과의 내용을 학습하게 하는 것이 아니라 통합 주제중심으로 재구성된 교과의 맥락 속에서 살게 하는 것이고, 다른 하나는 삶의 필요성에 의해 삶 속에 내재된 교과의 통합 주제적 의미를 구성하도록 하는 것이다. 어떤 교과 속에 산다는 의미는 그 교과의 통합 주제를 통해 세상을 보는 것이다. 통합 주제로 재구성된 교수학습을 통해 사고하고, 판단하고, 예측·상상하며 그 교과와 관련된 언어를 구사하는 것이다.

기호 구성에 의한 성장과 발달을 이끄는 프로젝트

주제를 통합한 체험·탐구·놀이 활동을 하다 보면, 주의 깊게 겪은 사건이나 상황으로부터 문제의식이 생겨난다. 문제의식이 텍스트 안에서 기호 구성과정으로 구현되면 비로소 어린이의 문화적 인간 행동 발달에 지대한 영향을 주게 된다. 비고츠키의 견해는 루리아Luria와 함께 쓴 논문 「행동의 역사연구: 유인원, 원시인, 아동(Studies in the History of Behavior: Ape, Primitive, and Child, 1993)」에서 다음과 같이 언급되어 있다.

> ……유인원에 의한 도구의 발명과 사용은 진화 계열에서 유기체의 행동 발달 특성에 종식을 가져왔고 모든 발달적 변화를 위한 길을 새로운 경로로 마련하였으며, 따라서 역사적 행동 발달의 주요 심리적 선행 조건을 창출하였다. 노동과, 그것에 연계된 것으로서, 행동을 통제하기 위해 원시인이 사용한 여타 심리적 기호의 발달은 문화 역사적 행동의 시작을 의미한다. 마지막으로, 아동 발달에서 유기체의 성장과 성숙 과정에 대응하는 이차적 발달 노선을 보게 된다.

비고츠키에 따르면 기호가 매개된 문화적 인간 행동 발달은 체험·탐구·놀이 활동 속의 텍스트 구성과정을 통해서 이루어진다. 텍스트에서는 몸들의 위치와 움직임들, 말의 기능들, 보이는 것과 보이지 않는 것의 경계 짓기 등을 문화적 도구를 매개하여 구성해낸다. 텍스트 구성은 이러한 활동이 이루어지는 시간적·공간적 조건과 함께하는 구성원들이 일종의 공통성을 구현한 결과이다. 공통적인 것은 자신과 다른 사람들의 말과 시선, 인정에 의지해서만 특정한 어떤 것이 된다. 우리는 체험·탐구·놀이 활동을 하면서 서로 다른 사람들과 공통적인 것을 발견하고 창조할 수 있는 텍스트 구성 능력을 모색해야 한다.

또한 문화적 인간의 행동 발달은 공통성을 구성하는 성장과 발달을 이끄는 프로젝트이어야 한다. 성장과 발달을 이끄는 프로젝트는 협력적 상호 관계의 기반인 공통적인 것을 교육적으로 조직화하는 것이다. 우리의 학교가 어떠하기를 원하는가에 관한 프로젝트는 전면적 발달로서의 인간 가능성에 관한 프로젝트이다. 성장과 발달을 이끄는 프로젝트는 내재화된 사유의 특정한 활동들이 하나의 사고방식, 생활방식과 어떻게 결합되어 있는가를 느끼게 한다.

지금 내가 어떤 활동을 하더라도 그것은 지금-여기서 마주치는 다양한 조건들에 의해, 또 그 조건들과 더불어 집합적 상태에서 실현된다. 삶의 흐름, 활동의 흐름, 사고의 흐름 속에서 공통적인 것을 창안하는 과정은 텍스트 구성을 어떻게 하는가에 따라 다양한 양상을 갖는다. 여기서 우리는 욕망의 기계인 어린이들이 감각의 달인, 건축가, 유희적 인간 그리고 이야기꾼으로 변신하여 각각의 체험·탐구·놀이 활동을 통해 사회적 행위가 개인적 성격의 일부가 되는 성장과 발달을 이끄는 프로젝트의 윤곽을 보여주고자 한다.

1) 감각의 달인 되기

인간은 유적類的 존재로서 무엇보다도 우선 감각 지각, 운동성, 종의 생물학적 토대와 연결되어 있다. 유적 존재에게 신체란 폐쇄되고 밀

폐된 실체가 아니라 몸의 긴장이나 촉감, 움직임에 의해서 창조되고, 경계 짓고, 지속되는 것이다. 몸 감각을 이해하기 위해서는 헬렌 켈러 같은 '감각의 달인'의 예가 필요하다. 그녀는 아주 어린 시절의 기억으로부터 떠올린 몸 감각을 '사고'라고 불렀다. 그리고 감각들이 움직이고 뒤섞이면서 느낌이 생겨난다. 체험·탐구·놀이 활동은 감각에 대한 작용과 반응을 촉발시켜 사유의 과정에 들어서게 한다. 감각의 달인은 근육의 움직임에 대한 감각, 몸의 느낌, 촉감 등이 상상력 넘치는 사고의 강력한 도구가 된다는 것을 확인한다. 감각의 달인에게 학교는 감각의 제국이다.

몸 감각을 구성하는 각 기관들이 생생한 세계의 모습을 보여주는 과정은 마치 관계들의 영역을 만들어가는 '감각의 지도'라고 할 수 있다. 눈으로 본다고 다 보는 것이 아니며, 귀로 듣는다고 다 듣는 것이 아니다. 손으로 만지고, 코로 냄새를 맡고, 혀로 맛보는 일도 마찬가지다. 감각의 지도에 등록되어야 느낄 수 있다. 메를리 퐁티는 지각에 대해 이렇게 말했다.

"나에게 지각이란 입력된 시각, 촉각, 청각 정보의 단순한 결합이 아니다. 나는 나의 모든 감각에게 말을 거는 나의 전 존재와 더불어 전체적이고 통합적인 방법으로 지각한다."

몸 감각과 말의 실천은 우리에게 보이는 것과 보이지 않는 것의 경계를 설정하고 그리고 보이는 것에 대해 말할 수 있는 능력과 자질을 갖게 하는 것 등에 관계한다. 감각의 달인이 구성하는 감각의 지도라는 텍스트는 신체들의 위치와 움직임의 시·공간적 흐름에서 공간들의 속성과 시간의 가능성에 관한 감각적 경계 설정의 수준을 결정한다.

감각의 달인은 모든 차원에서 자유로운 표현을 시도한다. 입말의 각종 문화 행위, 형상화하는 그림활동과 재현 행위, 판토마임과 역할극, 춤과 그림자극, 음악에서의 소리를 자유롭게 실험하기와 스스로 작곡하기 그리고 모든 종류의 음악과 창조적인 교류 등이 이에 속한다. 경험으로 미루어 보건대, 한 장소를 여러 번 찾아가면 어떤 누적된 효과가 나타남을 알게 된다. 음악을 듣거나 그림을 보는 것도 마찬가지이지만 우리의 감각이 어떤 대상에 익숙해지고 그것을 이해하고, 체험의 기억을 쌓고, 예술을 알기까지는 시간이 필요하다. 우리는 시간을 들여 감각을 깨우치는 일을 좋아한다. 뛰어난 감각을 뽐냈던 시인 보들레르는 향기, 색깔, 소리의 뒤섞음에 관한 상징주의 시를 써낸 바 있다. 여기서의 '상징symbol'이란 '모으다'라는 의미를 가진 그리스어 'symballein'에서 파생된 말이다. 보들레르는 이에 대해 "소리는 향기로 번역될 수 있다. 향기는 시각으로 번역될 수 있다. 소리에는 채색이 가능하다. 상징주의의 시 안에서라면"이라고 말하고 있다.

우리는 우리 주변 세계와 신진대사의 관계를 가지는 감각적인 존재이다. 감각의 달인이 가진 능력 중의 하나인 감정이입은 다른 사람의 몸과 마음을 통해 세계를 지각하는 것이다. 소설가나 배우 그리고 내과의사까지도 다른 사람의 표피 속으로 들어가는 특별하고도 놀라운 경험을 한다고 한다. 감각은 우리를 세상과 연결시켜 주는 사슬이자 확장 수단이다. 미디어 학자인 마셜 맥루한(Marshall McLuhan)은 "미디어는 인간의 확장, 즉 인간 감각의 확장"이라고 말한 바 있다. 이때의 미디어는 입의 확장으로서 확성기, 귀의 확장으로서의 라디오, 눈의 확장으로서의 신문이나 책, 피부의 확장으로서의 옷, 발의 확장으로서의 자동차 등을 의미한다.

물질적 상황이 다른 삶을 영위하는 타자와의 관계와 그 경험은 우리가 지금 막 경험하고 있는 일상적인 것과는 다른 감각 세계에서 형성된다. 환경 및 생명 중심적 사고가 노골적인 인간중심, 민족중심, 자아중심주의와 대립하게 되는 것은 그것이 감각적 세계가 다르기 때문이다. 감각적 세계의 다름을 넘어서기 위해서 생생하고도 상상력이 넘치는 삶을, 그리고 새로운 경험을 묘사하려는 심오한 노력이 필요하다.

2) 유토피아를 지향하는 건축가 되기

고대 그리스어에서 architectoniceè(건축)는 archeè(기원, 원리, 으뜸, 제일의 것)와 tectoòn(장인)의 합성이다. 그리스인들 사이에서 건축은 단지 장인의 기술이 아니었다. 그들은 모든 테크놀로지에 대한 주요한 지식과 통제력을 소유하고 있었다. 그래서 건축은 프로젝트를 기획하고 다른 장인들을 이끄는 사람들에 의해 행해지는 기예art로 간주되었다.

꿀벌과 같은 사회적 동물들은 정교한 구조물을 건축하지만 그것은 본능에 의해 자동적인 방식으로 하는 것이다. 그러나 인간의 건축은 의식적인 계획에 따라 만들어진다. 꿀벌은 건축가가 부러워할 정도로 집을 잘 짓는다. 그러나 꿀벌이 아무리 솜씨가 좋다 하여도 건축가와 구별되는 것은 상상력이다. 건축가는 실제로 집을 짓기 전에 그 구조를 상상한다.

상상력을 가진 건축가는 유토피아적 사고의 전통에 서 있는 인물

체험활동에 몰입

이다. 토마스 모어는 유토피아를 '공간적 유희spatial play'로 고찰하였고, 로버트 오웬은 뉴하모니를 위한 설계 그리고 푸리에는 이상도시 등으로 상상했다. 공간적 형태의 유토피아적 전통이 가지는 매력적인 부분은 그 전통이 전혀 다른 규칙이 적용되는 상상적 공간을 창출하는 방식에 있다. 유토피아적 대안의 설정은, 우리가 다른 상황에서 그 대안이 어떠할 것인가를 상상하는 '사고 실험'을 할 수 있도록 한다.

2010년 3월 1일자로 개교한 구름산초등학교의 경우, 100일간을 개교 프로젝트로 진행했다. 개교 프로젝트는 학생들이 적극적으로 참여하여 교표, 교목, 교화, 캐릭터 등을 선정하는 것이었다. 학교를 상징하는 문화적 코드들은 장래 학교의 모습을 상상하게 하는 중요한 매개물이다.

우리는 자신을 일종의 건축가로 볼 수 있다. 사람은 누구나 상상 속에서 건축을 체험한 경험이 있다. 건축을 체험하려면 모든 감각을 이용해야 한다. 이 체험은 보는 것으로부터 시작되지만 소리를 듣고 공간 안에서 움직여보고 만져보고 때로는 냄새도 맡아야 한다. 감각적으로 즐기는 것 외에도 역사와 사회적인 목적을 연구함으로써 즐거움은 배가 될 수 있다. 상상력은 대상이 뭐가 되었건 건축물을 응시하는 순간 발동한다. 꿈과 상상력은 그 무엇보다도 중요하다. 어떤 장소를 보고 상상한 것이 설계라는 행동으로 연결되는 것이기 때문이다.

따라서 혁신학교 모델은 교사와 학생 개개인이 꿨던 꿈을 실현하는 공간과 관계를 만들어가는 것이다. 순환 수업, 두레 활동, 체험형 탐구 학습, 계절학교, 놀이학교 등의 프로그램을 설계하여 상상했던 것들을 실현시켜 나가는 것이다.

혁신학교는 다른 일반학교에게 하나의 모형이다. 건축가는 자신의 설계도를 종종 작은 모형으로 만들어본다. 모형을 만들어보는 이유는 그것이 새로운 생각이 태어나는 과정에 기여하기 때문이다. 구름산 초등학교 교사들은 발전 학습, 발돋음 학습 등 학년 연계를 고민하며 새로운 교수학습 모델을 만들어가고 있다. 건축가가 구성하는 텍스트는 시·공간적으로 뿌리내리는 행위이며 건축가에게는 새로운 규칙을 정하고 새로운 공간을 창출하는 기회이다.

협력 교실은 민주주의 제도와 소속감에 관한 사고와 사상이 잘 접합되는 공간이어야 한다. 각종 규정과 규칙을 정하는 제도적 생산의 실험에 주목하는 것은 흥미로운 일이다. 프레네 교육은 교실 내 의사소통과 협동에 관한 규정의 항목-학급위원회, 학급 안에서의 협동 작업, 교류 학급과 만나기 위한 여행, 학급 직책 수행하기, 벽보신문, 아침모임, 자유롭게 고른 작업 모둠 등-을 제시하고 있다. 프레네 교육에서 보여주듯이 협력 교실에서 민주주의 제도의 모형을 만드는 작업은 어떤 상황이나 대상 혹은 생각을 완전히 구현해보는 것이고, 이를 통해 이해가 부족한 지점이 어디인지를 깨닫게 해준다. 또한 기존의 제도와는 다른 세계에 대한 우리들만의 전망을 가질 수 있음을 의미한다. 더욱이 우리가 현재와 같은 상황에서 실천적으로 일을 해내는 것이 얼마나 어려운가도 일깨워준다. 여기서 우리는 규칙의 제정가이자 규칙의 폐기자로서 우리의 능력을 충분히 발휘한다.

3) 유희적 인간 되기

유희 충동은 완전한 인간에서만 볼 수 있는 현상이 아니다. 식물에서도 나타난다. 식물은 일차적 생리의 욕구를 충족하고 나서도 필요 이상으로 많은 뿌리나 가지를 달고 있는 것으로 나타나고 있다. 동물에 있어서도 피비린내 나는 먹이의 쟁탈전과는 무관한 과잉된 활력을 아기자기한 희롱에 소모하는 것을 볼 수 있다. 인류 역사를 보면 동물적 노예상태에서 벗어난 민족은 하나같이 상상적 가상에 대한 유희를 추구했다.

유희 충동은 분명한 목적이나 동기가 없으며 성패를 따지지 않으므로, 유희적인 것은 현실적이지 않은 것 같지만 현실적일 수 있는 그런 가상적인 상태이다.

학교는 거대한 놀이터이다. 구름산초등학교 축제의 주제는 '놀기 좋은 날'이다. 걸개그림을 그리고 축제 송을 녹음하여 영상을 만들어 보급하고, 그리고 공연 무대를 기획하고 준비하는 전 과정을 통해 가상 존재의 상태를 체험하게 한다. 게다가 이날은 52개의 놀이마당을 교실 22칸, 운동장 등을 이용해 펼쳤고 학교는 거대한 가상의 놀이터로 바꿨다. 이 축제가 열리는 감각의 놀이터에서 아이들은 자신의 본능적 충동 상태에 머물러 있지 않는다. 그렇다고 이성 혹은 목적의식이나 외적인 것의 강압·충동에 쫓겨 무엇인가를 성취해야 하는 것도 아니다. 가상적 상태에서는 현실을 창조하는 것과 동시에 발견하는 것이며 탐구하는 것이며 즐기는 것이다. 그런 점에서 유희 충동의 가상적 상태는 자의적인 것이 아니라 현실에 충실함을 뜻한다. 축제의 한판으로 벌어지는 감각의 놀이터에서 경험하는 다양한 활동과 체험은 인간성의 참다운 확대이다.

인간은 유희하는 한에서만 온전한 인간이 된다. 인간의 유희 본성은 상징화되기 이전의 내면적이고 본능적인 느낌과 정서, 직관과 쾌락을 선사하는데, 우리는 그것들로부터 창조적인 통찰을 이끌어낼 수 있으며 창안자가 될 수 있다. 인간은 예술을 통해서 유희적 인간의 가상적 존재 상태를 맛볼 수 있다. 예컨대 시가 현실과 맺는 관계를 '마치 그런 것처럼(as if)'의 관계로 보면서 시란 현실을 표현하지만 현실 자체는 아니라는 점이다. 언어의 시적 사용은 체험·탐구·놀이에 대한 창조적 언어 사용이다. 즉 체험·탐구·놀이 활동 자체가 스스로 말하고 행동하게끔 한다. 시적 언어로 포착된 현실은 시적 형태로 응집되면서 언어적 묘사는 점차 간결해진다. 유희적 인간은 시적 언어를 사용하여 현실을 새롭게 발견해내고 성취하는 것이다.

축제를 즐기는 어린이들

시의 창작과정에서 크리스테바의 '텍스트 상호성'은 유희성과 관련지을 수 있다. 텍스트 상호성이란 쉽게 풀어보면, 어떤 텍스트이건 다른 텍스트의 일부를 인용하거나 또는 개작하는 방식으로 쓰인다. 셰익스피어의 희곡을 예로 들지 않아도 문학사에 이름을 남긴 걸작들은 다른 작품들과 끊임없이 교착되면서 작가의 한정된 의도를 뛰어넘어 무한하게 의미를 증식시키는 잠재력을 지닌 작품들이다. 어느 시인이 말했듯이 모든 시는 다른 시들의 모방parody이라고 했다. 시의 창작과정에서 텍스트 상호성은 텍스트를 소재로 하는 모방놀이라는 관점에서 바라볼 수 있다.

미적 가상의 상태에서 우리는 추상을 체험한다. 여기서 우리는 추상에 관한 두 가지 상이한 개념을 구별해야 한다. 하나는 상이한 것들 사이에 존재하는 어떤 공통된 형식이나 구조를 추출하는 것으로서 추상이다. 이런 추상화는 현실에서 출발하지만, 불필요한 부분을 잘라내며 본질이 드러나게 하는 단순화이다. 이와 달리 주어진 형식을 변형시키거나 형식 자체로부터 벗어나는 추상이 있다. 모방이 아닌 변형으로서, 그리고 공통 형식의 추출이 아닌 형식의 변형으로서 추상이란 개념은 매우 중요한 위치를 차지한다. 변형적 사고는 감각적 인상과 느낌, 지식과 기억이 다양하면서도 통합적인 방식으로 결합되는 것을 말한다. 국어의 시 쓰기와 음악의 창작학습의 통합이 가능하다. 시와 음악이 통합되기 위해 각 장르의 고유한 형식화에서 벗어나 형식이 변형되고 탈형식화된 선을 그릴 때, 이질적인 것들을 "하나로 묶는" 새로운 발상을 할 수 있다.

이러한 추상은 상상력이 하나의 자유로운 형식의 시도를 하게 된 미적 유희이다. 사물의 미적 가상은 창작이다. 예술교육은 유희 충동의 체험들을 생생하게 해서 모든 본능이 강제되지 않고 미적 가상 상태에서 발현되게 해야 한다. 인간의 유희적 본성은 모든 것을 향해 열려 있는 변형과 변이의 순수 잠재성 그 자체이다. 미적 가상이 실현되는 곳에서는 어떠한 특권도 허용되지 않는 평등의 원리가 실현되고 있다.

4) 이야기꾼 되기

'이야기narrative'라는 개념은 논픽션과 픽션의 양쪽에 걸쳐 있으며 그것들을 포괄하는 상당히 다의적인 단어이다. 이야기되는 것은 연극의 대사나 시 또는 옛날이야기 같은 픽션에 한정되지는 않는다. 과거의 경험이나 역사 또한 이야기되는 것이다. 저학년일수록 책 읽어주는 시간이 되면 이야기에 대한 주의력이 상당하다. 아이들은 이야기가 만들어낸 허구 속에 점점 빠져든다. 이야기는 시간의 허구적 경험에 관한 것이다. 허구는 상상력을 위해 마련된 일종의 실험실 역할을 한다. 즉 모든 허구는 체험된 시간에 상상적 변주를 제공함으로써 현실을 의미들로 풍성하게 한다. 그러나 국어과 교과과정을 살펴보면, 상상력이 피어날 여지가 별로 안 보인다.

그렇지만 이야기가 어린이들에게 얼마나 강력한 힘을 가졌는지는 『해리포터』의 영향력만 봐도 알 수 있다. 『해리포터』의 작가인 조앤 롤링은, 마법사의 이야기를 써나갈 때 남미 작가인 보르헤스(Jorge Luis Borges)의 『상상 동물 이야기(The Book of Imaginary Beings)』에 많은 부분을 빚졌다고 했다. 그 보르헤스는 이야기가 이야기를 만들어내고, 이야기 속에 이야기가 중층적으로 삽입되며, 이야기를 만든 자가 이야기 속에 등장하고, 이야기의 주인공이 이야기의 독자가 되는 세계가 우리 존재에 어떤 의미가 있는지를 물었다. 앞으로 어린이들은 새로운 생명의 이야기를 만들어가고 싶어 하고 그런 이야기를 듣고 싶어 할 것이다.

이야기는 어린이들의 삶에서 새로운 의미를 보게 함으로써 세계관 혹은 정신의 지도에 영향을 미친다. 젊은 날 다윈이 쓴 자전적 글에서 자신은 "대단한 이야기꾼"이라고 말한다. 그의 책에서도 "두려움, 놀라움, 수집하고 명명하는 즐거움, 그리고 이야기(혹은 거짓)를 구성하는 즐거움과 위험에 관한" 회상이 나온다. 특히 탐구 행위에서 '이야기 짓기의 의미'와 '이야기의 힘'이 주목을 받는다. 이야기는 상상력의 차원에서 자유로이 시간의 무한한 가능성을 탐구하는 것이다.

아동 발달과 관련하여 시간관념을 표현할 줄 알게 되면 이야기를 풍성하게 이해하고 다양하게 표현할 수 있게 된다. 리쾨르는 '시간과 이야기Temps et rècit'에서 "인간 경험에 공통되는 특성은 그 시간적 특성이다"라는 가설을 제시하고, 모든 '이야기하기'의 시도에 전제되는 것이 시간성이라고 본다. 경험한 바를 말한다는 것은 지금 현재의 지각 상황을 묘사하고 기술하는 것을 의미한다. 프레네 교육은 어린이들이 그들 자신의 '현장 조사'와 탐구를 수행할 수 있도록 용기를 북돋아 준다. 프레네의 어린이들은 주기적으로 학습을 떠나 자연환경과 자기 마을을 관찰하고 공부한 뒤, 학급으로 돌아와서는 '현장 조사' 결과를 발표하고, 문서로 인쇄하여 다른 학교의 파트너에게 보낸다.

그러나 '경험을 이야기한다'는 것은 지나가버린 체험을 있는 그대

난 이렇게 생각해

로 묘사하는 것이 아니다. '경험담', '경험이 풍부한 사람'과 같은 일상적인 표현에서도 알 수 있는 것처럼 경험을 이야기하는 행위는 과거의 사건을 묘사하는 것이 아니라 기억에서 끄집어내어 '구성'하는 것이다. 개인으로서 우리는 우리의 머릿속에서 의미를 만들지만, 우리의 의미는 부모, 형제자매, 다른 사람들의 여과를 통해 유년기와 아동기에 우리에게 스며든 것이다. 과거의 경험에 대한 이야기는 현재의 우리 행위에 의미를 부여하고, 그것을 규제하는 작용을 한다. "자라 보고 놀란 가슴 솥뚜껑 보고도 놀란다"라는 속담은 과거의 체험과 현재 행위 사이의 그런 관계를 유머러스하게 표현한 것이다.

'이야기하다'는 어원적으로 '모방하다'에서 유래했다고 한다. 그런데 무엇을 모방하느냐고 묻는다면 아마도 '경험'이라고 대답하는 것이 가장 적절할 것이다. 이야기 행위는 우리의 다양한 경험의 순서를 정리하고 타자에게 전달하는 가장 원초적인 언어행위이다. 본인만 접근할 수 있는 개인적인 '체험'은 언어로 이야기됨으로써 공공의 '경험'이 되고 전승 가능하거나 축적 가능한 지식이 된다. 이야기 행위는 사람과 사람 사이에 놓인 네트워크를 매개로 '경험'을 모방하고, 그것을 공동화하는 운동이다.

디지털 스토리텔링이라는 말이 있을 정도로 현대 사회는 이야기의 힘이 지배한다. 이야기는 전체 사회(언어공동체)와 지역 수준 간의 긴장 속에서, 그리고 이들과 개인 간의 긴장 속에서 늘 존재한다. 학교혁신의 추동력도 이런한 의미 있는 이야기로부터 탄력을 받을 수 있다. 또한 혁신학교의 성공 여부는 어린이들과 학부모에게 꿈과 비전을 함께 하는 이야기 만들기에 달려 있다고 해도 과언이 아니다.

나가면서

우리는 늘 해오던 방식대로 '관행적인' 행동양식을 계속해나가도록 요구받는다. 관료제적 공교육도 역시 마찬가지다. 하지만 우리는 가상적으로 설계한 혁신학교에 관한 비판적 반성을 거치면서, 거주하는 관료제적 공교육 이라는 '무기력한 꼭두각시'에 더 이상 머물지 않고 성장과 발달을 이끄는 학교혁신 프로젝트를 가동해야 한다. 전면적 발달을 향한 프로젝트는 대안사회의 인간적 가능성을 여는 초석이기 때문이다. 체험·탐구·놀이의 기호 구성 활동은 성장과 발달을 이끄는 프로젝트에 호응할 뿐만 아니라 이를 활성화한다.

학교라는 제도는 만들어지며 상상되는 것임을 인정한다면, 체험·탐구·놀이의 협력 교수학습은 우리로 하여금 다양한 해석체계를 적용하여 끊임없이 상황을 재구성해나가는, 참으로 능동적인 역할을 수행하도록 요구한다. 성장과 발달을 이끄는 프로젝트는 의미가 부여된 언어활동과 기호적 구성물로서의 텍스트 그 자체에 주목한다. 그것들은 수행적 성격을 지니므로 현장에서 다양하게 펼쳐질 수 있는 잠재력을 가지고 있다.

전면적 발달은 여러 개의 프로젝트로 이루어진다. 그리고 프로젝트는 기호들을 조직화하는 텍스트의 구성이다. 각각의 프로젝트는 자신이 갖지 못한 언어 기호적 요소들을 이웃한 다른 프로젝트에게 받을 수 있고, 또한 자신의 프로젝트가 갖고 있지만 이웃한 다른 프로젝트가 갖고 있지 않은 언어 기호적 요소들을 전해줄 수 있다. 각각의 프로젝트는 상호 의존하면서 변환하는 것이다.

세계를 바꾸는 것과 우리 자신을 바꾸는 것 사이의 선후 문제는 그리 중요하지 않다. 혁신이라는 마차의 두 바퀴는 선후가 있을 수 없다. 우선순위를 매기지 않아야 하는 것이다. 그러므로 성장과 발달을 이끄는 프로젝트는 세계와 우리 자신을 바꾸는 총체적인 과정으로 천천히, 그리고 지속적으로 추진되어야 한다.

제2부

혁신학교 실천 전략

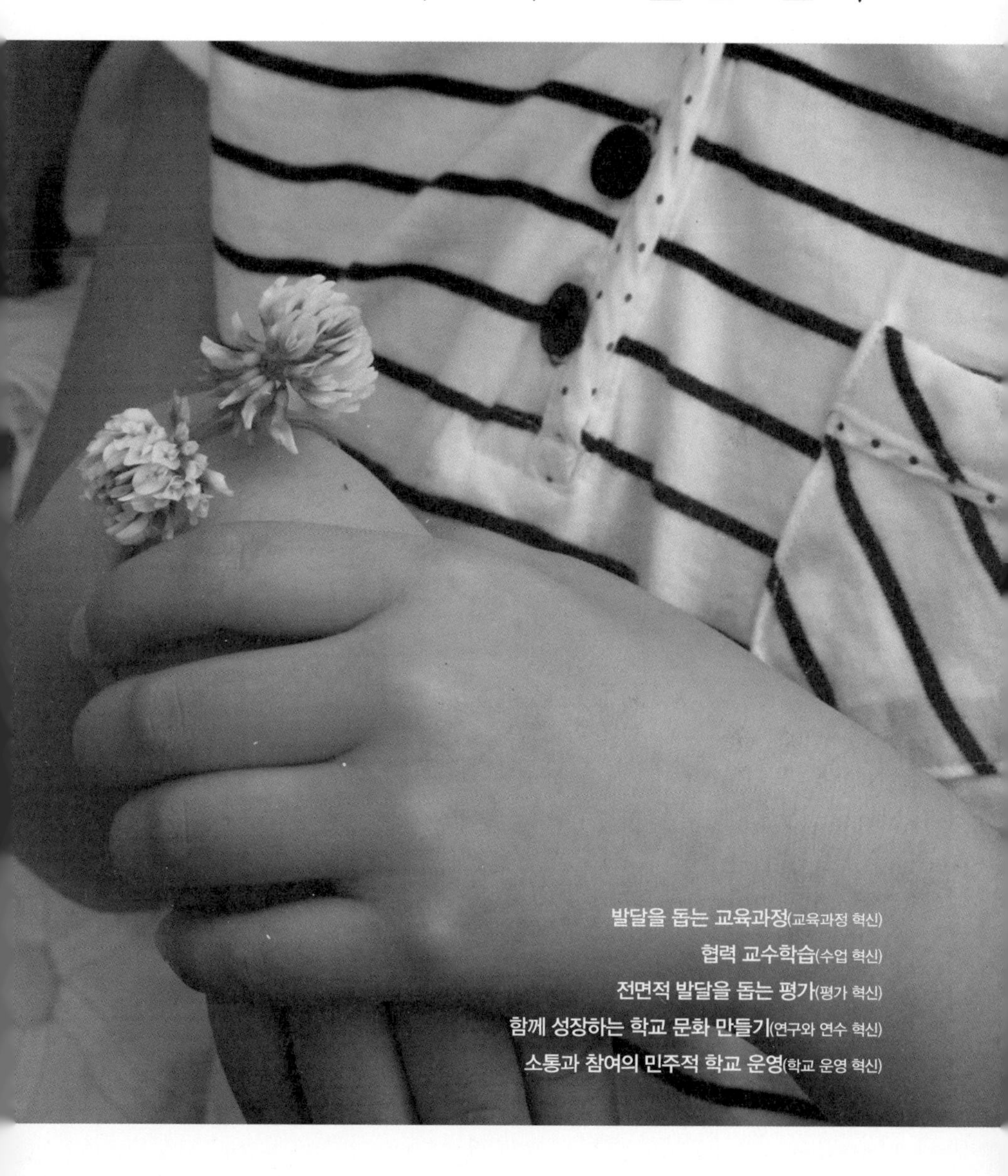

발달을 돕는 교육과정(교육과정 혁신)

협력 교수학습(수업 혁신)

전면적 발달을 돕는 평가(평가 혁신)

함께 성장하는 학교 문화 만들기(연구와 연수 혁신)

소통과 참여의 민주적 학교 운영(학교 운영 혁신)

제4장

발달을 돕는 교육과정

(교육과정 혁신)

들어가며

1부에서 발달교육과정은 교육과정 자체를 어린이의 전면적 발달을 중심으로 새롭게 구성하는 것이라 정의하였다. 또 교육과정을 구성하는 기본 원칙으로 어린이가 오늘을 살면서 동시에 미래를 체험하게 하도록 구성해야 한다고 제시하였다. 발달교육과정은 그동안 현장에서 교사들이 고민하고 연구하며 적용한 실천을 교육과정 안에 정성스레 담아내는 작업이다. 그렇다면 국가교육과정 틀 안에서 교육과정을 운영해야 하는 혁신학교에서 발달교육과정은 어떻게 발현될 수 있을까? 이 장에서는 교육과정 혁신을 추진하는 구체적인 실천 전략인 '발달을 돕는 교육과정' 구성과 운영 방안에 대해 알아보기로 한다.

민주시민 교육과정
– 생태, 인권, 노동, 평화 교육의 내재화

1) 혁신학교 교육철학이 녹아 있는 학교교육과정 재구성

학교교육과정 재구성

학교교육과정은 학교에서 추구하는 철학이 학교 운영, 학교교육과정, 학급 운영, 교수학습까지 일관성 있게 반영될 수 있도록 체계적으로 구성되어야 한다. 교육과정은 교과와 창의적 체험활동(이하 창체)으로 나뉘어 제시되어 있으며, 초등학교 교육 목표나 범교과 영역, 혁신학교에서 주장하는 내용은 교과교육과정 안에 다수 제시되어 있다. 그러므로 혁신학교는 새로운 사업을 하기보다는 교과교육과정의 핵심 내용을 파악하여 혁신학교 철학에 맞게 학교·학년 교육과정으로 재구성하는 것이 먼저 해야 할 일이다. 학교교육과정에서 부터 학급교육과정까지 철학의 맥락이 이어진다면 단위 수업과도 유기적으로 맞물려 갈 수 있을 것이다.

학교에서 해야 할 일은 혁신학교의 운영 원리(조직 원리)에 권한 재설정이나 수평적 논의구조, 협력관계 구축 등을 담아내는 것이다. 교사가 연구할 수 있는 여유 시간을 확보하고 학년단위로 교육 내용을 재구성해서 덜어내는 것도 필요하다. 특히 학교에서 하지 말아야 할 것들(전시 행정, 비교육적이거나 과한 교육적 행위들)은 버리고 새롭게 마음을 모아야 하는 일을 찾아가야 한다.

교육 주체 간의 관계가 민주적이고, 공동 연구와 공동 토론을 통해 새로운 교육과정을 구축해가는 과정도 드러나야 한다. 여러 작은 학교, 경기 혁신학교들의 성공 사례와 대안학교들의 교육과정 운영이 새롭다고 인식되는 것은 내용 자체가 새로워서라기보다 이런 점이 두드러지기 때문이다. 또한, 인간적인 관계를 유지할 수 있는 규모(학년, 학급)에 대한 고민도 중요하다.

내용적 측면에서 생태·인권·노동·평화의 가치가 학교교육과정에 반영되도록 해야 한다. 부분적으로 학교 행사나 학급교육과정 안에 담겨 있기는 하지만, 수업의 일부분이나 일회성 행사로 추진하는 일이 많았다. 먼저 학교 구성원이 철학을 공유하고 방향성을 고민하는 가운데 학교교육과정 안에 합의된 내용을 체계적으로 실시할 방안을 찾아내야 할 것이다.

〈사례1〉 생태 · 인권 · 노동 · 평화 교육과 텃밭 가꾸기

거의 모든 대안학교나 작은 학교, 혁신학교들이 농사를 정식 교과로 채택하거나 텃밭 가꾸기를 하고 있다. 우리나라 최초의 대안학교인 풀무학교가 농업기술학교인 것도 시사적이다. 과연 농사를 짓는 것이 가치교육과 어떤 연관이 있을까?

첫째, 초등학생에게 텃밭은 감각 체험교육의 장으로서 오감으로 관찰하고 땀 흘려 일하며 다양한 표현활동을 이끌어낼 수 있다. 날마다 변하는 식물을 보며 절로 나오는 탄성은 아이들의 생태적 감수성

을 일깨워주고, 생명의 변화를 친구들과 공유하는 기쁨은 어떤 지식 교육보다 아이들의 감성을 풍부하게 한다.

둘째, 직접 일하고 땀 흘리는 가운데 땀 흘리는 노동의 가치, 자연의 소중함, 우주순환 논리를 몸으로 체득할 수 있다. 자신의 힘으로 세상을 변화시키는 경험은 세상을 긍정적으로 보게 한다는 점에서 진로교육으로도 바람직하다.

셋째, 텃밭 생태계를 통해 각각의 생명 자체를 인정하며 인권의식이 싹트고, 생태계의 균형을 체험하며 평화, 공동체 사상을 몸으로 체득할 수 있다. 더 나아가 인성교육이나 자아 존중 및 생명 존엄성 교육의 효과도 있다.

특히 자연을 직접 체험하기 힘든 대도시에서 텃밭은 교육활동의 장으로서만이 아니라 미래사회의 대안적 가치를 꽃피우는 장일 수 있다.

텃밭 가꾸기는 교육과정 안에서도 꾸준하게 제시되어 많은 교사들이 학교 사정에 따라 주제 통합 활동을 통해 실시하고 있는 내용이기도 하다. 이러한 문제의식과 시대적 가치에 공감한다면 실현 방안은 학교에 따라, 지역사회와의 협력에 따라 다양한 형태로 나타날 수 있을 것이다.

〈사례2〉 교육과정 재구성을 통한 노동교육 사례

요즘 어린이들은 간단한 끈 묶기조차 힘들어하여 학급에서의 기본적인 생활을 담임교사가 다 도와줘야 할 정도이다. 이런 기본 능력의 부족은 수업시간에 활동을 할 때에도 문제가 된다. 이는 감각 발달의 문제이기도 하지만 교육에서 어린이의 생활 능력을 길러주지 않으면 어른이 되어서도 생활의 문제를 해결할 수가 없기 때문에 중요한 부분이다. 실과교육과정과 다른 교과 교육과정의 내용을 추출하여 어린이들이 직접 일하고 만드는 활동을 중심으로 노동교육과정을 만들어보면 다음과 같다.

〈표1〉 노동교육 예시-2007개정 교과서 재구성			
노동 교육 항목	손기술 – 바느질	음식 만들기	텃밭 체험
학년별 내용 체계화	-각종 끈 묶기(운동화 끈, 손수건, 머리끈, 매듭 묶기) -바느질과 손뜨개질 학년별로 배치	-여러 가지 방법으로 사과 깎기 -우리나라 먹을거리(김치전, 한솥밥 만들기, 밤, 고구마, 감자, 달걀 삶기) -세시음식(화전, 수리취떡, 송편, 팥죽……) -김치 담그기(오이소박이, 깍두기……)	재배 작물[16] -1학년(감자), 2학년(상추), 3학년(들깨), 4학년(강낭콩), 5학년(감자), 6학년(무) 관찰 -2학년(방울토마토, 나팔꽃), 3학년(나팔꽃), 4학년(강낭콩), 5학년(봉선화), 6학년(봉선화) -과학, 실과
관련 단원	1학년(우리들은 일학년): 청결하게 생활하기 1학년(우리들은 일학년): 스스로 하기 1학년(바생): 몸 깨끗이 하기 2학년(슬생): 여러 가지 가게 2학년(바생): 몸차림 단정히 하기 4학년(사회과): 자원과 생산활동, 자연재해, 지역 문제(환경문제) 5, 6학년(실과) 바느질, 뜨개질	1학년(슬생): 여름철 건강과 안전 1학년(바생): 바르게 식사하기 5학년(체육과): 보건과 안전 5학년(사회과): 새로운 사회를 추구한 조선 5, 6학년(실과): 음식 만들기	1학년(슬생): 봄나들이 1학년(즐생): 동물과 식물 2학년(슬생): 아름다운 사계절 2학년(즐생): 봄 2학년(즐생): 친구들과 함께 꽃밭 꾸미기 2학년(슬생): 집 주변 환경 조사하기 2학년(바생): 생명과 환경을 소중히 하고 보호하기 3학년(과학과): 동물의 한살이 3학년(과학과): 동물의 세계 4학년(과학과): 식물의 한살이 4학년(과학과): 식물의 세계 5학년(과학과): 작은 생물의 세계 5학년(과학과): 식물의 구조와 기능 6학년(과학과): 생태계와 환경 1학년(즐생): 동물과 식물
비고			생태교육으로 재구성 가능

16) 벌량초 송산분교 자료 참조.

학년(군)·학급 교육과정 재구성

학년(군)·학교교육과정을 재구성할 때 주제중심 통합교육과정, 교과교육과정 재구성, 교과교육과정과 창의적 체험활동과 연계 등 학교와 어린이의 특성을 고려해야 한다.

교육은 결국 어린이의 발달을 돕는 과정이다. 교육과정 재구성은 통합 자체가 목적이 아니라 어린이의 전면적 발달을 구현할 수 있도록 교육 내용과 어린이들의 관심사, 삶의 경험을 통합하는 것이 중요하다. 우리나라처럼 교과교육과정 수준이 발달 특성보다 너무 높은 경우는 교과교육과정을 재구성해서 가르치는 것이 더 효과적일 수밖에 없다. 그야말로 학급과 학교의 상황, 교사의 능력을 고려하여 융통성 있게 적용되어야 하는 상황인 것이다.

교과교육과정을 재구성하는 방식은 교과모임이나 연구자들이 연구하고 실천해온 자료와 내용을 활용하는 것도 좋다. 처음에는 단원을 재구성하여 지도하고, 역량이 생기면 교과 자체를 재구성하여 수업을 해보자. 혁신학교에서는 동료와 협력관계를 통해 창의적으로 교과교육과정을 재구성할 수 있는 여지가 많으므로 더 적극적으로 시도해야 할 것이다.

① 주제 통합으로 재구성하기

학교 현장에서 주제 통합이 많이 시도되는 것은 어린이들의 삶이 총체적인 반면 교과 내용이 분석적이고 분절적이기 때문이다. 또 어린이들의 관심사와 교과 내용이 서로 연결되지 못하고 동떨어져 있기 때문이다.

주제 통합 방식은 기간을 설정해 교과별로 중복되는 주제나 교사가 설정한 주제에 적합한 단원이나 내용을 재구성하는 방식이다. 저학년의 경우 봄-여름-가을-겨울 같은 절기나 계절에 맞는 주제가 많아 주제 통합으로 재구성하기에 적합하다. 고학년의 경우는 교과의 특성을 살려 가치 지향적인 주제로 통합을 하기도 한다. 이때 주의할 것은 통합이 좋다고 하여 무리하게 주제 통합을 시도할 필요는 없다. 교과에 다양한 학문 내용이 압축되어 들어 있고, 이 내용을 차시별로 세분화한 국가교육과정에서 주제를 뽑아 재구성하는 것은 그리 간단한 문제가 아니다. 통합의 규모와 학년, 학교의 교육적 환경 등 고려해야 할 점이 많기 때문이다.

2007개정 통합 교과인 〈바른생활〉, 〈슬기로운 생활〉, 〈즐거운 생활〉 교육과정은 내용 영역을 대주제로 설정하였고, 교과서도 어린이의 심리 사회적 특성을 토대로 주제 통합하는 방식으로 개발되었으며, 세 교과를 횡적으로 연결하여 통합 단원으로 제시하고 있다. 입학 초에는 4개로 시작해 서서히 통합 단원이 줄어드는 방식이다. 사실 교과 내용을 보면 이 외에도 통합되는 내용들이 더 있다. 그러므로 어린이의 발달 수준을 고려해 통합 단원을 기초로 국어나 수학의 내용도 통합하여 한 학기나 1~2학년군 교육과정으로 수업을 하는 것도 가능하다.

〈표2〉 2007개정 통합 교과서 통합 단원

학기	1-1	1-2	2-1	2-2
통합 단원 수	4	3	2	1
통합 주제	학교생활, 봄 가족, 여름	몸, 한가위, 방학	배려(이웃), 공중도덕	애국(우리나라)

② 국어 교육과정 재구성 사례

국어는 초등학교에서 가장 수업 시수가 많고 교사들도 관심이 많은 편이며, 글쓰기 활동이나 학급문집 제작 등 학급 운영과도 밀접하게 맞물려 있는 교과이다. 2007개정국어교육과정 제시 방식을 보면 내용 영역이 6개이고, 언어 실제와 맞물려 담화와 텍스트 수준까지 제시하고 있다. 2007개정교과서는 국어 기본 능력을 익히기도 전에 학년마다 제시된 텍스트를 완성하는 방식으로 단원이 구성되어 있다. 같은 언어 사용 기능이 2개의 단원에 걸쳐 나오는데 가르칠 내용이 많아 교사나 학생들이 부담을 느끼고 있다. 국어교과서가 언어 사용 목적에 따라 학년별로 거의 같은 방식으로 1, 2학기에 같은 내용이 나와서 학년 발달 특성이나 학급 운영의 흐름과 맞지 않는다는 지적도 있다.

그렇다면 어떤 방식으로 재구성을 할 수 있을까? 먼저 교육과정 성취 기준을 보면서 교과서를 재구성하는 방식이 있고, 학생 발달 수준을 고려하여 교육과정 성취 기준을 토대로 교과서를 활용하는 방안이 있다. 이 과정에서 교과서에 나온 내용을 1, 2학기 가리지 않고 학급 운영과 연계하여 순서를 재배치하여 가르칠 수도 있다. 그러려면 학년 단위에서 사전분석을 통해 교육과정과 교과서를 확실하게 파악하거나, 학교, 교육청 차원에서 교육과정 연수나 교육과정 재구성 방안에 대한 지원을 해줘야 할 것이다.

〈사례3〉 4학년 국어 교육과정 재구성 사례

1. 교육과정에 제시된 성취 기준[17)]

듣기	– 설명을 듣고 중요한 내용 이해 – 토의에서 자신의 의견과 비교하면서 다른 사람의 말을 듣기 – 소개하는 말을 듣고 능동적으로 반응하기 – 이야기를 듣고 주제를 파악하기
말하기	– 조사한 내용을 남이 이해하기 쉽게 발표하기 – 절차와 방법을 알고 학급회의에 참여 – 듣는 이를 생각하면서 부탁 · 거절 · 위로하기 – 문학 작품에서 받은 감동을 적절한 표현을 사용하여 말하기
읽기	– 필요한 정보를 찾기 위해 사전을 읽는 방법 익히기 – 글을 읽고 어휘 사용의 적절성 평가하기 – 글쓴이가 제시한 의견의 적절성 평가하기 – 기행문을 읽고 여정과 감상을 정리하기
쓰기	– 사건, 행동 변화가 드러나게 이야기 요약 – 남의 생각, 행동을 변화시킬 목적으로 제안하는 글쓰기 – 알맞은 내용을 선정하여 마음을 나누는 편지 쓰기 – 글과 그림이 잘 어울리게 그림책 만들기
문법	– 표준어와 방언의 사용 양상 이해하기 – 국어의 높임말 이해하기 – 문장을 구성하는 성분을 분석하기
문학	– 좋아하는 시 암송 – 구성 요소에 주목하여 문학 작품 이해 (인물 • 사건 • 배경) – 작품에 나타난 인물의 삶의 모습 이해 – 작품을 읽고 떠오른 느낌이나 생각을 바탕으로 감상문 쓰기

2. 4학년의 특성

4학년은 집중할 수 있는 시간이 길어지고 논리적인 사고가 가능해지는 시기이다. 또한 학교와 학급 규칙에 잘 적응하며 성실하게 생활

17) 초등국어교육과정 연구모임 2010년 학습동아리 운영 결과.

하는 편이다.

이 시기가 되면 어린이들은 남녀를 구별 짓기 시작하여 주로 동성끼리 어울려 논다. 남학생의 경우는 힘에 의한 서열 다툼이 계속되고, 여학생은 친한 친구들끼리 무리를 만들어 간혹 다른 친구를 따돌리는 행동도 보인다. 그렇지만 이성에 대한 관심이 싹트는 시기이기도 하다.

3학년부터 어려워진 교과 내용과 독서량(어휘력·독해력)의 차이로 인해 학습 능력에서 개인차가 많이 생기게 된다. 독서량의 차이는 독서에 대한 태도로 이어져 책읽기를 완전히 포기하는 학생도 나타난다.

3. 재구성을 위해 고려할 사항

토의를 통하여 다른 사람의 의견을 경청하고, 자신의 의견을 정확하게 말할 수 있도록 지도한다. 토의 주제는 실생활과 관련이 있는 것으로 정하며 어린이들이 스스로 찾아내도록 하지만 지나치게 도덕적이거나 추상적인 것으로 결정하지 않도록 한다. 이때 결정된 내용은 반드시 실천할 수 있도록 신경 써서 지도한다.

읽기책의 구성을 보면 사전의 활용과 적절성에 관한 성취 기준에 해당되는 단원이 15단원 가운데 11단원이나 된다. 반면 문학 영역은 부족한 편이므로 실제 수업에서는 문학에 집중할 수 있는 기회가 적을 수밖에 없다. 그러므로 읽기 영역을 통합하여 문학 시수를 늘려 운영한다.

4학년 쓰기에서는 형식을 강조하는 글쓰기가 많아 자신의 생각을 자유롭게 글로 나타낼 기회가 부족하다. 그러므로 따로 글쓰기 공책 등을 활용하여 꾸준히 자신의 생각을 표현할 수 있도록 한다. 글의 분량은 2문단 정도로 하며 문단을 구분해서 쓸 수 있도록 지도한다.

문장 성분에 대한 이해를 바탕으로 완성된 문장을 쓸 수 있도록 체계적으로 지도한다. 어휘력을 키우는 활동은 꾸준히 지도하는 것이 좋겠다.

장애인권교육

장애이해교육은 가치교육 속에 포함하여 인권교육 관점에서 진행되어야 한다. 오늘날 장애이해교육은 공동체교육이나 미래사회 대비를 위해서도 꼭 필요한 부분이다. '장애이해교육'은 자신이 가진 장애인관을 점검한 후 '인권교육'의 한 영역인 '장애인권교육' 차원에서 실천적으로 교육과정에 다루어져야 한다.

구체적인 방법은 '인권교육'이 교육과정에서 다루어지는 방법과 크게 다르지 않다. 장애인권교육의 구체적인 내용은 교육과정을 학교·학년·학급 단위에서 재구성할 때 정한다. 장애인권교육의 대상은 어린이에게만 그치지 않는다. 어린이 및 학부모 그리고 교직원을 대상으로 교육 계획을 구성해야 한다. 교육과정을 재구성할 때는 장애인인권교육 매뉴얼이나 일반 교사 통합교육 지원 프로그램 등을 활용할 수 있다.[18]

2) 어린이 자치 문화 형성과 교육과정

우리나라는 형식 민주주의는 어느 정도 마련되었지만 내용 민주주의 측면에서는 갈 길이 멀다. 민주주의를 지식으로만 이해할 뿐, 실생활에서는 자기 의견을 내고 조정하는 과정조차도 어려워하고 있기 때문이다. 학교교육에서 '민주주의 생활화'의 시작은 다른 어떤 것보다도 어린이 자신의 이야기를 나누고 해결법을 찾아가는 '자치 문화'의 활성화라고 할 수 있다.

18) 노들장애인야학·장애인권교육네트워크(2010). 「장애인인권교육가를 위한 안내서–장애인인권교육매뉴얼」. 서울: 노들장애인야학.

민주적인 학교 운영과 연계하여 어린이 자치 기구를 활성화시킨다

어린이 자치 문화는 교과교육과정 운영과 별개로 어린이회 구성이나 자치 영역의 일부로만 생각하는 경향이 있다. 물론 이것은 그 자체로 중요하다. 어린이를 학교 운영의 한 주체로 삼고, 학급 규칙을 공동으로 마련하고 어린이회를 이끌어가는 것, 학교 운영에 대해 어린이의 목소리를 내는 것은 어린이 자치 구현에 큰 도움이 된다. 학교운영위원회에 어린이 대표가 참여하는 것도 생각할 수 있다.

이를 위해 학년(군)별 특성에 맞춰 학급과 학교의 자치 단위를 모둠, 한 학급, 학년(군), 학교 단위로 넓혀갈 수 있다. 작은 학교나 대안학교에서는 '다모임'이라고 하여 오래전부터 모든 학생들이 모여 수업과 학교생활에 대한 토론을 하고 있다.

이런 활동이 활성화되면 학급의 다양한 문제 상황도 협력적으로 해결해갈 수 있다. 이미 많은 학급에서 다툼이나 폭력, 친구관계의 문제에 대해 학급원이 같이 해결하는 과정을 적용해왔다. 상담방법 중 하나인 '한마당 상담'[19]은 학급에서 생긴 문제가 한 개인의 개별 문제가 아니라 관계 속에서 생긴 것임을 깨닫고, 문제 이면에 있는 본질을 어린이 수준에서 찾고 같이 해결해가는 방법의 예이다.

어린이 자치 능력은 동아리 활동과 연계하여 길러질 수도 있다. 또한 학교 업무에서도 교사의 업무를 재구조화하고 업무와 연계된 동아리조직 등에 학교 예산이 지원될 수 있도록 하여 자치 공간의 확대를 좀 더 적극적으로 시도해볼 수 있다. 교사의 도움으로 어린이가 스스

19) 한마당 상담은 예로부터 우리 조상들이 사랑방에 모여 마을의 크고 작은 문제를 대화를 통해 합의를 도출하던 제도를 본받아 담임교사를 중심으로 집단상담 형태로 진행하는 프로그램이다. 「초등학급운영」(이동갑, 『우리교육』, 1995)에서 더 자세한 내용을 볼 수 있다.

로 주도하고 운영하는 동아리 활동 경험은 교수학습이나 생활교육과정에 자율적으로 참여하는 태도를 기대할 수 있을 것이다.

교수학습 과정 전반에 어린이의 자발성을 기르는 협력 학습을 적용한다

혁신학교는 자치활동과 더불어 교수학습 과정에서 어린이의 자발성을 키워주는 것 또한 중요한 과제이다.

학교의 과목별 교육 내용은 매우 추상적이다. 그래서 철학적으로는 실생활과 연관이 있다고 해도 다시 수업 장면에서 직접적으로 어린이의 삶과 연관시키기에는 어려움이 많다. 이때 교사는 교육과정을 재구성해서 어린이들이 교육과정에서 추구하는 목표와 자기 발달, 생활과의 연관성을 의식할 수 있도록 다리를 놓아주어야 한다. 교수학습 과정에서 어린이들은 지식을 무조건 수용하는 객체가 아니라, 능동적으로 개념을 형성해가는 교육활동의 주체이다. 어린이의 자발성을 이끌어내기에는 아무래도 강의식 수업보다는 토론 수업, 주제 통합 수업이 더 유리하다.

어린이는 교사의 도움을 받거나 스스로 학습 계획을 세우고, 하루 시간표를 같이 조직해가는 활동, 교육 내용에 맞게 학습 형태(토론, 조사, 체험 등)나 학습단위(개별, 소규모, 모둠, 분단 등)를 조직하는 협력 학습으로 삶(학생에는 교육이 삶이자 일상)의 주인이 되고 자발성을 일깨울 수 있다. 이렇게 교수학습 자체가 어린이의 자발성에 기초하고 협력적으로 구축된다면 교과학습과 인성교육, 생활교육이 분리되지 않고 통합적으로 이루어질 것이다.

3) 실천중심 교육

어린이 자치가 학교에서 생활 전반과 수업과정에서 자율성과 자발성을 기르고 소통하는 과정이라면 실천중심 교육은 수업 내내 소통하고 현실세계에 참여하는 과정이다. 어린이가 주체적으로 실천을 통해 주변에 영향을 주고 소통하는 과정에서 느끼는 감정은 어떤 지적 희열과도 바꾸기 어렵다. 성인이 된 뒤가 아니라 배우는 과정에서부터 '나눔'을 실천한다면, 소통과 실천의 기쁨을 체화하는 어린이로 성장할 수 있을 것이다.

혁신학교에서는 어린이가 살고 있는 가정, 학교, 지역사회를 학습 공간이자 학습 내용으로 삼고, 학습 결과를 실천할 수 있는 다양한 기회를 제공해야 한다. 교과학습 내용 자체가 실생활에서 출발했음을 수업 과정과 수업 결과를 통해 느낀다면 지식으로 소통하고 참여하는 경험은 긍정적 자아 형성에도 도움이 될 것이다.

교수학습 내용을 실천할 수 있는 다양한 기회를 제공하고, 고학년 중심 교과학습 내용과 일상생활 내용이 연계된 학년·학교 교육과정을 재구성한다

어린이들이 체험한 내용을 토대로 교수학습을 해나가고, 이 과정에서 꾸준하게 일상생활과 지역사회를 수업 안에 끌어들여야 수업이 끝나고 실천중심 교육도 자연스럽다. 저학년에서는 교과활동에 주변 관찰이나 체험활동이 많이 나온다. 이때 동네를 돌아다니고 동네 사람들과 인사하고 동네 사람들이 하는 일을 살펴보면서 자연스럽게 지역사

회의 일원임을 느낄 수 있다.

고학년에 가면 교과교육과정에 어린이들이 직접 조사하고 경험해야 하는 일이 많이 나온다. 이럴 때 학습 내용과 일상생활이 연계되도록 학년이나 학교교육과정을 구성한다면 수업을 위한 일회성 숙제가 아니라 어린이의 생활과 학습에 긍정적 영향을 줄 수 있다.

지역사회, 지자체 기구와 소통하고 참여하는 교육활동 기회를 제공한다

우리 교육 내용을 보면 민주시민 양성을 위해 초등학교에서는 지역사회와 지자체와 관련된 학습을 할 기회가 많다. 어린이도 이 사회를 구성하는 시민으로서 배운 내용이 맞는지 확인하고, 시민의 역할과 의무에 대해 실천하는 기회를 가져야 실천중심 교육이 된다. 어린이의 눈으로 시민으로서 불편한 것을 건의하고 개선해가는 것도 협력관계의 훌륭한 모범이다.

〈사례4〉 길을 만든 아이들–'아이들 유쾌하게 생활 정치를 펼치다!'[20]

아이들이 공부하는 교과서에서는 아름다운 지구를 위해 실천할 수 있는 일로 자전거 타기 등을 추천한다. 그런데 현실은 그와 정반대이다. 환경을 위해 자전거를 타고 다니라는 교과서나 방송 보도와 달리 대부분 초등학교에서는 학생들에게 자전거를 타지 못하게 한다. 위험하기 때문이다. 물론 현재처럼 교통안전 시설과 자전거 전용도로가 없는 위험한 상황에서 아이들에게 선뜻 자전거를 타라고 권장할 수만은 없다. 그런데 조금만 톺아보면 여기에 문제가 많다. 그저 드러나는 결과만 보고 그것을 아름답게 바꿔가려는 근본적인 노력을 외면했기 때문이다.

환경 문제에 대한 해답으로는 자전거 타기를 강조하지만 현실에서는 그것을 금지하고도 별 문제의식을 갖고 있지 않다. 이는 아이들에게 부끄러운 일이다. 자전거를 안전하게 탈 수 있는 도로와 제반 환경을 만드는 노력은 하지 않고 그저 현실적 조건만을 아이들에게 주입할 따름이기 때문이다. 어른들은 자전거를 타지 말라고만 했지, 자전거 도로를 만들어볼 생각과 실천을 했는지 되돌아볼 필요가 있다. 아이들은 놀랍게도 이런 모자란 부분을 짚어내며 그것을 바꾸기 위해 현명하게 자신들의 뜻을 실천하려 행동에 나섰다. 우여곡절 끝에 우리 반 아이들은 서울시를 상대로 학교 앞 자전거 도로 설치를 약속받았고 자전거 도로가 만들어졌다.

사실 이런 유쾌한 상상력을 건네준 것은 베네수엘라 아이들의 이야기를 담은 책과의 만남을 통해서다. 『놀이터를 만들어주세요』는 지구 반대편에 있는 베네수엘라 어린이들이 직접 자신들의 놀이터를 만들어 가는 과정을 잔잔하면서도 흥미롭게 보여준다. 그 과정에서 평화를 몸

20) 배성호 선생님 사례, 4학년 2학기 국어 읽기교과서 111~115쪽에 '자전거를 타고 싶어요'로 수록되었다.

소 만들어가는 아름다운 희망과 마주할 수 있었다. 그런 자극이 아이들에게도 전해져서일까. 아이들은 책의 독자에서 어느덧 책의 주인공으로 거듭났다. 아이들이 자전거 도로를 만들었다는 결과보다는 아이들이 그 과정에 기쁘게 참여했다는 것에 의의를 두고 싶다. 자신들의 힘으로 세상을 아름답게 바꿔갈 수 있다는 일상의 평화를 공유했다는 점이 좋았다. 무엇보다 이를 통해 아이들이 부쩍 성장하는 모습을 지켜보면서 뿌듯했다. 우리 역시 이 과정을 많은 벗들과 나누고자 『초딩, 자전거 길을 만들다』는 책으로 펼쳐냈다.

혁신학교를 계기로 지자체와 교육청, 학교가 소통하려는 분위기도 점차 확산되고 있다. 예를 들어 텃밭 가꾸기는 학교 안에서만 추진하기에는 현실적인 어려움이 많다. 이런 것을 지자체에서 확보하여 지역 속의 교육으로 만들어갈 수도 있다.

감각 · 체험 중심 교육과정

혁신학교는 학교교육과정 재구성의 원칙을 어린이의 발달과정 특성에 맞춰, 발달을 선도하는 협력 교수학습이 이루어지는 데 중점을 두고 있다. 국가교육과정 내용의 양과 수준의 문제 때문에 학교에서 꼭 재구성을 해야 한다. 즉 무엇을 가르쳐야 할 것인가를 고민하기 전에 무엇을 가르치지 말아야 하는가부터 고민이 되어야 한다. 혁신학교 교육과정은 어린이 발달 특성을 고려하여 감각·체험 중심 교육과정을 운영하고, 학교나 학급 운영 방식에서도 어린이의 자연적인 발달 리듬을 최대한 존중하여 조직하는 것이 좋다. 또 현재 국가교육과정이 자주 바뀌어 학생의 입장에서 보면 교육 내용의 결손이나 보충해야 할 내용이 생기는 현실도 고려하여, 면밀하게 학교교육과정을 구성해야 한다.

1) 학년(군)별 발달을 고려한 감각 · 체험 중심 교육과정 체계적 운영

감각·체험 활동을 중심으로 학년(군) 교육과정을 수립한다

초등학교 어린이들의 발달 특징이 세상을 감각적으로 바라보고 이해하며 체험을 통해 지식을 구성해가는 과정이라면, 교육과정 구성이나 수업 전반이 이런 흐름을 반영하여 운영되어야 한다. 초등학생이 중고등학생에 비해 학년별 발달 차이가 큰 편이기에 학년단위보다는 학년군 편성이 발달과정과 더 호응한다고 볼 수 있다. 외국의 교육과정을 보면 학년군별로 성취 기준을 제시하여 학교와 교사가 융통성있게 실행할 수 있도록 교육과정을 구성하고 있다. 현재 학년별로 제시된 내용을 2009개정교육과정은 형식적으로나마 학년군으로 운영하도록 문제의식을 던져주었다. 앞으로 연구자, 교육청, 학교의 협력을 통해 활발한 연구와 실천 사례 분석이 이루어져야 할 부분이다.

그렇다면 감각·감성 교육과 체험교육은 교과에서 제시한 내용을 모두 실제로 경험하고 체험한다는 의미일까? 기본적으로 어린이들이 직접 보고 겪고 만지는 오감활동을 강화해야 한다는 의미지만, 교육내용 선정이나 교수학습 과정, 교육방법이나 어린이들의 표현교육, 문

화예술교육론 등 다양한 관점에서 이해될 수 있다. 이미 많은 교사들이 수업과정에서 실천하였고 그에 대한 사례도 많다. 하지만, 감각·체험 중심 교육에서 가장 먼저 고민할 것은 어린이들이 학교교육에서 무엇을, 어떻게 느끼고 경험하느냐 하는 것이며, 나아가 이것이 어린이 개개인의 발달과 어떻게 연관되느냐 하는 것이다.

현재, 발달 특성을 중심으로 학년교육과정 운영에 대해 가장 적극적으로 고민하고 있는 곳은 남한산초등학교이다. 발달 특성에 맞추어 학교와 학급 운영에 반영할 생활교육과정, 교과교육과정 재구성, 교과와 재량 그리고 특활(창의적 체험활동) 연계 방안을 모색했다.

남한산초등학교 사례: 발달 특징에 맞추어 학년교육과정 조직

- 1, 2학년은 몸을 움직여 마음의 느낌으로 살아나는 시기다.
- 3, 4, 5학년은 몸을 움직여 느낌을 살리고 생각을 더하는 시기다.
- 6학년은 몸을 움직여 느낌을 살리고 생각을 더하여 뜻을 세우기 시작하는 시기다.

학년군별로 발달을 선도할 수 있는 교육활동을 배치할 수도 있다. 국가교육과정 변천사를 살펴보면 학년별로 중심이 되는 활동이 있었다. 서울의 경우 새 학년연수를 통해 교사들이 아동 발달 연구나 학년별 실천 사례를 모았는데, 이런 내용이 좋은 참고 자료가 될 수 있다.

또 감각교육이나 문화예술교육은 단순한 기능을 기르는 것이 아니라 감수성을 기르는 것이다. 자연환경, 주변 환경에 감각적으로 반응하는 것이 우선이다. 저학년에서는 자연물을 중심으로 소리와 모양

탐색활동을 하면서 감각을 키워나가는 활동이 필요하다. 1학년에서 한글 교육을 감각적으로 접근한다는 것은 어린이들이 자신을 둘러싼 삶을 이해하고, 그 안의 관계를 체득하는 것과 같은 의미이다. 모국어로 의사소통하고 익히는 능력은 실재에 대한 체계적인 개념을 전제로 하고, 어린이는 자기가 경험하고 체험한 것만을 자신의 말과 글로 표현할 수 있기 때문이다. 1학년부터 친구, 교사와 협력하여 어휘를 확장해가는 것은, 학원을 오가며 협소해지고 폐쇄적으로 되어가는 감각을 일깨우며 사회적 의사소통 능력을 키우는 것과 연관된다. 이렇게 체득한 언어로 어린이가 다시 교과 내용을 스스로 구성해갈 수 있도록 교육과정을 재구성하여 펼치는 것이 교사의 교수학습 능력이다.

감각·체험 중심 교육과정을 실행하기 전에 놓치지 말아야 할 점이 있다. 우리 어린이들은 어릴 때부터 선행학습과 인지중심 교육으로 인해 자신의 발달 욕구를 채우지 못하고 숨통이 막혀 있는 상태이다. 그래서 어린이들에게 살아 있는 글쓰기, 그림, 연극, 토론 등의 표현교육은 문화예술 기능이 아니라 숨통을 트이게 하는 생명교육[21]이라는 것이다. 이는 감각·체험 중심의 표현교육에서 놓치지 말아야 하는 관점이다.

감각·체험 중심 교육과정 운영에 따른 교수학습(수업) 방법의 혁신과 발달을 지원하는 평가 방안이 필요하다

학년군 단위로 발달을 고려해 교육과정을 재구성했다면 교수학습 과정이나 방법, 평가 방법까지 같이 개선되어야 한다. 또한 교육 내용

21) 이오덕(1985), 앞의 책.

을 모두 학년군에 맞추어 재구성하는 것이 우리나라 교육과정 수준에서는 쉽지 않은 상황이기에 재구성을 하지 못한 내용은 수업 과정에서라도 어린이들이 직접 참여하여 조작활동을 하거나 토론, 발표를 중심으로 한 교수학습으로 녹여내야 한다.

발달을 지원하는 평가란 특정한 시기에 특정한 도구를 가지고 하는 평가를 의미하는 것이 아니다. 교사가 초등교육의 전문가로서 학급에서 날마다 이루어지는 생활, 교수학습 과정에서 맥락을 갖고 발달 수준을 관찰하고 수업의 흐름을 잡아가는 것을 의미한다. 교사는 늘 어린이의 호흡과 눈빛, 학급의 분위기를 보면서 수업을 해나가고 있다. 이를 좀 더 잘하기 위해서는 물론 교사에게 수업 못지않게 연구와 교육적 훈련이 필요하다. 짧은 시간에 가능한 것도 아니기 때문에 학년군 연임제도는 더 좋은 성과를 낼 수 있는 제도적 기반이 될 수도 있다.

학습 내용의 습득을 확인하는 평가에서 벗어나 어린이의 발달과 연관시켜 평가를 수행해야 한다. 이 과정을 어린이, 학부모와 소통하는 방법에 대한 고민도 필요하다. 사실 교사가 이런 관점으로 교육과정과 평가를 바라보는 순간부터 어떤 것을 평가해야 하고 어떤 것은 하지 말아야 하는지가 명확해진다. 혁신학교는 이런 흐름과 각성을 장려하고 구성원 모두가 함께 풀어가도록 협력하는 역할을 해야 할 것이다.

2) 감각 · 체험 활동 중심의 교육과정 운영을 지원하는 학교, 학년, 학습 조직 운영

학교와 학년 교육과정이 어린이의 발달을 지원할 수 있는 내용으로 재구성된다면 학교의 운영체제나 학년, 학습 조직도 이에 맞춰 운영되어야 어린이의 발달을 지원할 수 있다. 우리나라는 그간 교과교육에 어린이들이 맞춰갈 것만 강조하였지, 학교 조직이나 학급당 학생 수, 학기제 운영, 학습 조직을 어린이들의 발달 특성에 맞게 개선하는 노력은 부족했다. 교육과정 내용의 재구성도 중요하지만, 어린이의 발달 특성을 반영하는 구조로 변화를 이끌어낼 수 있다.

학생 개개인의 발달을 지원하는 개별화 교육 중심의 학교조직

① 학년군별 연임제도를 권장한다

초등학교 교사들은 해마다 학년과 교실, 업무가 바뀌고 만나는 아이들이 바뀌기 때문에 어려움을 많이 느껴왔다. 이것을 해결하기 위해 학교 여건에 따라 중임제나 연임제를 활용하기도 하지만 아직은 극소수의 사례에 불과하다. 연임제가 어린이의 발달 과정을 관찰하고 개별화 교육을 하기에 더 적절하다. 해마다 학급이 바뀌다보면 아무래도 일회성 관계를 벗어나기가 쉽지 않기 때문이다. 학교에서 연임제를 추진하려면 학교교육과정의 전반적인 흐름도 이에 맞춰져야 하고 교사들 사이에 꾸준한 소통과 토의 과정이 이루어져야 한다. 처음부터 무리하게 추진하기보다는 여러 가지 상황을 고려하면서 단계적으로 적

용해나가는 것이 바람직하다.

② 1, 2학년은 복수 담임제를 권장한다

초등학교 저학년 시기는 글말로 된 책을 읽고 교수학습을 통해 세상을 감각적으로 이해해가는 시기이다. 발달과정으로 보면 인생 전반에 있어 가장 획기적인 시점이라고 할 수 있다. 이 시기에 기초교육이 잘 이루어지면 고학년의 학습부진도 많이 생기지 않는다고 하여 많은 나라에서 집중적인 지원을 하는 시기이다.

그러므로 저학년에는 학급당 학생 수도 20명 내외로 줄이고 한 학급에 2명의 교사를 배치하는 방안이 길게 보면 너무도 효율적이다. 핀란드 같은 경우 일반교사와 특수교사가 같이 수업을 한다. 우리나라 사립학교에서도 1학년 1학기에는 보조교사가 들어가고, 나머지 학년은 수학시간에만 보조교사가 들어가고 있는 사례가 있다.

③ 교과 전담이 1개 학년을 중심으로 지도하는 것을 권장한다

초등학교 교사의 전 과목 담임제를 보완하는 방안으로 나온 교과 전담제는 학교에 따라 다양하게 운영된다. 큰 학교에서는 교과의 전문성을 살려 학년을 걸쳐 한 과목을 가르치고, 작은 학교는 2~3개 교과까지 가르치는 방식이다. 어린이의 발달과정을 지원하기 위해서는 교과 전담이 되도록 한 학년 또는 학년군으로 배치된다면 학년 운영면에서나 학생을 다양한 관점에서 관찰하는 측면에서 협력적으로 지도할 수 있다.

한 교과만 가르치는 교과 전담 교사는 교재 연구는 쉽지만 주제 통합 수업이나 담임과의 협력 수업을 하기가 쉽지 않은 측면이 있다. 복수 교과를 전담하면 학년 내에서 교과 간 통합 수업이나 주제 통합 수업을 수행하기가 보다 수월해진다. 이를 위해 학년군별로 학교를 운영하고 부장 체제를 혁신하고 팀제로 운영한다면 많은 도움이 될 것이다.

④ 놀이시간, 상담시간, 학급 운영, 부진아 지도 등은 정규 수업시간 내에 배정하는 것을 권장한다

학교는 수업시간 만으로 운영되지 않고 어린이와 만나는 상담시간도 필요하고, 학급 운영을 하는 데에도 상당한 시간이 필요하다. 사교육이나 맞벌이 부모 증가로 학원순례를 하느라 놀지 못하는 아이들도 많아서 놀 시간도 필요하다. 특정 영역에서 학급 전체 수업을 도저히 따라오지 못하는 어린이들에겐 특별 지도할 시간도 필요하다.

그런데 현재 학교교육과정을 보면 꼭 필요한 활동인데도 정규시간에 편성하지 못하고 수업 전, 또는 끝난 후에 하거나 아예 신경을 못 쓰는 경우도 적지 않다. 그러다 보니 어린이도 시간표보다 학습 노동시간이 훨씬 많아지고, 교사들도 교재 연구할 시간을 확보하지 못하거나 업무에 밀려서 해야 할 일을 하지 못하고 있는 실정이다. 하지만 학교교육과정을 운영해보면 때로 눈에 보이는 표면적 교육과정보다 생활교육과정이 더 중요할 때가 많다. 혁신학교 철학이 어린이의 전면적 발달을 지원하는 균형 있는 교육과정을 추구한다면 그간 학교교육에서 너무 필요한데도 부수적으로 취급된 이런 내용을 정규교육과정 안으로 가져오려는 관점의 전환이 필요하다.

놀이시간 확보는 이미 실천한 교사들이 많다. 묶음 수업(블록시간표)을 이용하여 20~30분 놀이시간을 확보하는 노력을 꾸준히 해왔다. 학교전체가 이렇게 배치되면 더 많은 시간을 확보할 수 있다. 마침 교과부에서도 창의인성 교육 방안으로 묶음수업을 장려하고 있다. 경기 혁신학교 사례를 보면 놀이시간이 적어도 30분은 되어야 어린이들이 놀이에 푹 빠질 수 있다고 한다. 놀이시간도 정규 시간에 들어온다면 놀이시간에 하는 활동을 보는 교사도 있어야 한다. 외국의 경우 놀이시간에는 교실을 잠그고 나가서 아이들을 지켜본다. 좀 더 세심하게 학교 구성원들이 논의한다면 다양한 방안들이 나올 수 있을 것이다.

상담시간과 학급 운영도 생활교육과정의 중요한 영역이다. 상담은 문제를 일으켰을 때만 하는 것이 아니라 어린이의 발달을 지원하기 위해 교사가 늘 관심을 가지고 해야 할 주요 활동이다. 다인수 학급 문제가 해결되지 않는다면 상담시간을 교사 수업시간으로 배정하고 교육과정 안에서 해결할 다양한 방안을 모색해보아야 한다.

학급 운영은 학교생활의 기본 단위로서 매우 중요하다. 어린이가 학교에서 많은 시간을 보내고 학교가 민주주의를 경험하는 장이기 때문이다. 수업만으로 학급의 문화를 만들어가는 것은 쉽지 않다. 재량이나 특별활동에서 학급 운영에 직접 도움이 되는 활동을 하고 교과 활동과 생활을 일치시켜 나가도록 신경을 써야 할 부분이다.

이러한 어린이에게는 수업(단위 시간 또는 주기) 과정에 복수 담임이나 보조 교사가 더 많이 도움을 주고 그에 맞는 교수학습 방법을 적용해야 한다. 다양한 발달 노선을 가진 어린이들에게 똑같은 결과를 강요할 수는 없는 것이다. 이런 배려가 정규 교육과정 안에 들어가야만 학습부진 문제를 해결할 수 있다. 그럼에도 방과 후 학습이 더 필요한 어린이가 있다면 그 시간은 최소한으로 배정되어야 할 것이다. 최근에는 부진아 지도 내용이 몸놀이나 몸으로 표현하기와 같은 활동으로 꾸준히 진행되어 효과를 보는 경우도 나오고 있다. 적절한 수업시간에 적당한 몸 움직임이 어린이들을 살아나게 하고 있는 것이다.

학생의 신체, 생활 리듬 고려하여 학기제나 시간표를 유연하게 운영한다(60일 수업 후 재량 휴업, 블록시간표, 전일제 체험학습이나 계절학교 등)

학교 시간표를 보면 시간마다 다른 교과를 공부하고, 한 학기가 너무 길어 학기 말에 가면 교사나 학생들이 지쳐서 학교생활을 원활하게 하기가 힘들어진다. 이런 구조는 학생들의 리듬과 너무 맞지 않고 교과수업이나 활동에 몰입하기가 쉽지 않다. 이러한 상황을 개선하기 위해 일부 교사를 중심으로 묶음 수업이나 발도르프 교육을 본뜬 주기집중 수업(에포크-3-4주 동안 한 과목 집중 수업) 등이 시도되었다. 하루 시간표를 오전에는 주지 교과, 오후에는 예체능이나 활동 중심으로 편성한 것인데, 이마저도 고학년은 쉽지 않다. 전담 수업이 주로 오전에 이루어져 주지 교과 수업도 오후로 편성할 수 밖에 없기 때문이다. 학교에서는 교과전담 교과 수 조정이나, 학년군 중심 조직 운영 방안 등으로 적절한 방법을 찾아볼 수 있다.

작은 학교나 혁신학교에서는 묶음수업이나 전일제 체험학습을 시도하는 것으로도 교수학습 과정에 큰 변화를 가져왔다. 주제나 문화예술 활동 중심으로 계절학교를 운영하는 것도 좋은 방안이다. 대안

학교는 신체 리듬을 반영하여 두 달 수업하고 1~2주의 휴식을 가지는 방안도 시도하고 있다. 혁신학교에서 이런 방안을 적극적으로 시도해 볼만 하다. 단, 맞벌이 부모 가정의 어린이에 대한 대책은 꼭 마련해야 한다.

학습 조직은 반드시 이질 집단으로 구성한다

공동체성과 한 명도 소외되지 않는 교육을 한다는 책임교육 정신을 살리고, 교수학습 활동의 협력적인 흐름을 위해 수준별 이동 수업은 지양하고, 이질 집단으로 다양한 학습 조직을 운영한다. 이질 집단에서 소통하는 능력은 PISA가 권장하는 중요한 핵심역량이다.

어린이들이 서로 다름을 인정하고 협력하고 소통하는 것 자체가 민주시민의 자질이기도 하다. 이때 학습 조직은 활동 내용과 교수학습 방법에 따라 개별 학습, 소집단 학습, 전체 학습 등 다양하게 편성될 수 있다.

3) 어린이의 전면적 발달을 지원하는 방과 후 교육으로 전환

초등학생의 방과 후 교육은 공교육에서 부족한 문화예술교육이나 체육활동을 보완하기 위해 도입되었다. 그런데 최근 학력 강화를 이유로 주지 교과 보충학습이나 사교육을 학교 안으로 끌고 들어오는 방식으로 운영되어, 어린이의 균형 있는 발달을 저해하고 있다. 또 어른들은 8시간 노동 규정이 있지만 어린이들은 정규 수업시간 외에 방과 후 교육과 사교육으로 세계 최장 학습노동 시간에 시달리고 있는 현실이다.

최근에 방과 후 교육 확대로 공교육의 문제를 해결하려는 움직임도 있는데, 그보다는 학교교육과정을 어린이의 전면적 발달에 맞게 고치도록 하고, 학교교육 개선에 힘을 쏟는 것이 공교육의 취지에 맞다. 즉 방과 후 교육은 어린이의 전면적 발달을 추구하는 데 정규 교육과정에서 부족한 부분을 보완하는 방향에서 추진되어야 한다. 어린이가 참여하는 모든 활동은 어린이 삶의 관점에서 바라보아야 하기 때문이다.

어린이의 적정한 학습노동시간을 고려한 방과 후 교육이 되어야 한다

이런 상황에서 방과 후 교육은 학생들에게 정규 수업시간을 포함해 하루 8시간(저학년 6시간) 정도를 넘지 않도록 하고, 휴식시간을 보장하고, 선택을 할 수 있어야 한다. 교사 도움을 받아 동아리 활동을 하는 것도 방과 후 교육활동으로 보장되면 학생들의 자치 능력이나 자발성을 기르는 데 도움이 될 것이다.

인지중심 교육과정을 보완하는 감각·체험 교육을 중심으로 운영하고 특히 예술체육교육을 강화한다

학교교육과정을 재구성한다고 하여도 국가교육과정 자체가 인지중심의 내용으로 편중되어 감각·체험 교육을 하기에 어려움이 많다. 그러므로 어린이 발달을 지원하는 측면에서 방과 후 교육활동은 예술체육활동을 강화해야 한다. 이것이 방과 후 교육활동 도입 취지와도 맞다. 또 이 과정에서 어린이의 발달 특성을 뛰어넘는 어려운 활동으로 어린이가 활동에서 소외되는 일이 없도록 세심한 배려가 필요하다. 학교 밖 문화예술교육과 어린이에게 맞는 교육은 다를 수 있기 때문이다. 이런 부분은 개별 학교와 방과 후 교사에게 맡겨두기보다 교육청 차원에서 지역 문화예술 단체와 같이 고민하여 초등교육 관점에서 좋은 방안을 모색하는 것이 필요하다.

어린이들이 사교육을 받지 않도록 하는 방안이 권장되어야 한다

학교 차원에서 어린이의 전면적이고 균형 있는 발달과 혁신학교 교육 성공을 위해 교육공동체의 합의로 사교육을 적절히 조절할 수 있는 방안을 마련하는 것도 한 방안이다. 특히 사교육까지 포함해 학습노동시간이 8시간을 넘지 않도록 하는 의식적인 노력이 필요하다. 외국에는 선행학습 금지가 법제화되어 있는 예가 있다. 이는 우리의 공교육에서도 교육을 정상화시키려는 노력과 함께 꼭 추진되어야 할 과제이다.

지역사회와 소통하는 방과 후 교육이 되어야 한다

2012년부터 학교에도 주5일제 수업이 전면적으로 시행될 예정이다. 이제 교육을 학교교육의 틀에만 가두지 말고 지역사회의 교육 기능도 활성화시키는 방향으로 나아가야 한다. 그간 주5일 수업 논의가 계속 벽에 부딪친 것은 학부모들이 직장에 매여 있고 지역사회가 활성화되지 못한 영향도 크다. 방과 후 교육을 통해 학교와 지역사회가 협력체제를 구축하여 지역의 교육 기능을 되살린다면 지역공동체 활성화에도 도움이 될 것이다.

현재 체육교과가 스포츠 활동 중심으로 가면서 체육수업에 어려움이 많다. 학교에서는 어린이의 건강증진 활동 중심으로 운영하고, 사회체육으로서 스포츠 교육은 지역사회와 소통하는 역할분담 방안도 고려해야 한다. 지자체와 협력하면 지역의 인적·물적 지원체제를 적극적으로 활용할 수 있고, 학교와 가정, 지역사회의 협력관계를 드높일 수 있을 것이다.

▶ 체육수업의 내용 중 스포츠 종목은 지역사회로 역할을 넘겨주자

체육수업의 내용 중 스포츠 종목은 초등학교에서 가르치기에는 부적절하다. 스포츠란 경쟁을 기본 바탕으로 하여 생긴 것이므로 현 초등체육의 목표인 전인교육을 키우는 데 부적절할 뿐만 아니라 스포츠는 상당한 기술을 요하는 것으로 초등학교 선생님들이 지도하기에 부족함을 많이 느낀다. 또한 현 초등학교에서는 스포츠를 가르칠 교육환경이 되어 있지 않다. 수영, 스키뿐 아니라 농구 및 야구, 핸드볼, 씨름 등등 거의 모든 종목이 장소의 협소함과 시설의 부족으로 학교에서 가르치기 어렵다.
그러므로 우리나라 스포츠협회가 있는 모든 종목은 협회와 지역사회 그리고 학교가 협의하여 클럽 활동으로 지역사회가 끌어안아야 할 것이다. 요즘 고등교육(대학교육)까지 선수로 활동한 사람들이 얼마나 많은가? 이들을 잘 활용한다면 일자리 창출도 가능하고, 어린이들의 수준에 맞는 체육활동도 할 수 있을 것이다.

다음은 어린이의 전면적 발달을 지원하고 학교교육과정과 보완적 관계를 가지는 방과 후 교육활동의 예시이다.

〈사례5〉 초등학교 방과 후 특기적성 권장 프로그램(예)

◆ 내용

-아이들의 몸과 마음을 건강하게 하는 것
-꼭 필요하나 정규 교과 시간에 할 수 없는 내용들
-정규 학습 내용을 보충하고 심화시키는 것
-대상 학생의 발달 특성에 맞는 것
-특정 기능 중심이 아니라 주제가 있는 통합교육으로
-자연친화적인 놀이 중심으로
-되도록 몸을 많이 움직이는 것
-협력해서 할 수 있는 것
-주변에 있는 주민자치센터, 예술센터, 공공 도서관, 체육관, 공원 같은 공공 시설물 최대 활용

◆ 필요한 조건

-25명 이내
-준비물은 방과 후 특기적성 교실에서 제공(수강료에 포함하기)

◆ 프로그램 예시

-화분 가꾸기(화분에 식물을 심어 가꾸면서 원예식물 공부하기)
-전통 놀이반, 찰흙으로 만들기, 찰흙놀이
-도자기 만들기반 , 흙놀이, 모래놀이
-물감놀이(물감놀이를 통해 물감과 재료 탐색), 축구, 농구, 야구
-게이트볼, 택견, 요가, 춤 배우기(아이들이 원하는 종류 중……)
-영화 읽기(영화로 읽는 역사, 인권, 여성, 미술, 사회문화……)
-영화 만들기(자신들의 이야기로 간단한 영화 만들기)
-UCC 만들기(UCC 만들어서 인터넷에 올리기)

-기자반(자신의 주변 이야기를 써서 인터넷 신문에 올리기)
-연극부(자신들의 이야기로 직접 희곡을 쓰고 준비를 해서 연극을 올림)
-시사토론(최근 사회적 이슈를 골라서 토론하기)
-TV비평(텔레비전 내용을 가지고 비평해보기)
-박물관·미술관 탐방부(토요 휴업일 이용) 사진 이야기(주제를 정해 사진으로 이야기 구성하기)
-사진으로 보는 세상(사진을 찍어서 사람들이 살아가는 세상 살펴보기), 그림책 만들기, 만화 그리기, 목공반, 요리반, 요리로 배우는 미술, 요리로 배우는 수학, 바느질반, 뜨개질반, 붓글씨반(캘리그라피 쓰기. 형식적이고 재미없는 궁체 쓰기 말고, 내용이 담긴 나만의 자유로운 글씨체 만들어 쓰기, 다양한 글씨 쓰는 재료 탐색, 직접 붓 만들어 쓰기)
-자화상 그리기(기존의 미술반이 아닌, 주제를 정해서 배우는 미술반)
-세밀화 도감 만들기반(풀, 곤충, 집같이 주제를 정해 세밀화 도감 만들기)
-벽화 그리기반(학교 안과 동네에 계획해서 벽화 그려 완성하기)
-탐구반(주제를 정해서 탐구하고 보고서 작성), 봉사반(봉사할 거리를 찾아서 봉사를 해보는 것)
-음악 감상반 , 단소 연주, 리코더 연주, 합창반 , 과학 실험반 , 생각하는 수학반
-애니메이션으로 배우는 영어반, 미술로 배우는 영어반, 동물 기르기(토끼, 닭, 앵무새 기르기)
-전래놀이와 노래 또는 전래동요와 놀이, 초등학교 5, 6학년 대상으로 마을 탐사하기 또는 우리 마을(지방)의 주제 탐사(학용품, 악기, 종이, 먹을거리 등 아이들이 관심 있는 주제로 탐사하고 체험), 악기 배우기(기타, 타악기 합주, 모듬북, 몸으로 하는 리듬 놀이 등), 풍물놀이(사물놀이), 밴드부, 우리 학교 화단 가꾸기

함께하는 교육과정-누구도 소외되지 않는 교육

공교육에는 다양한 지역과 가정환경의 어린이가 모여서 생활을 하고 있으므로 공교육은 어린이 개개인의 전면적인 발달을 지원해야 한다. 이러한 활동을 하다 보면 어린이는 개인의 심리적·신체적 특성이나 장애 또는 가정환경의 영향으로 학교생활에 어려움을 겪는 경우가 있다. 그리고 점점 어려워지는 교과서나 교육 내용으로 학습을 따라가지 못하는 어린이도 있다. 최근에는 ADHD를 비롯한 경계성 아동도 점차 늘어나고 있다.

함께하는 교육과정이란 특별한 지원이 필요한 학습부진 어린이, 장애 어린이를 배려하는 교육과정이다. 혁신학교에서는 어린이의 발달을 지원하는 교육과정, 발달 과제를 고려한 교육과정 재구성의 기반 위에 모든 어린이가 소외되지 않는, 일반학교에도 모델이 될 수 있는 시스템에 대한 연구가 필요하다. 특별한 지원이 필요한 어린이들에 대한 체계적인 지원 제도는 특수교육의 세계적인 동향에 근거하여 정리하였다. 일반학교에서 기존의 법적 규정도 지키지 못하는 현실을 감안해보면 혁신학교에서는 현재의 법적 근거 내에서 정책을 시도하고, 문제점을 개선하는 것이 책무라 할 것이다.

1) 학습부진 어린이에게도 특수교육 지원이 필요하다

학습부진아 교육에 있어 시급하게 선행되어야 할 것은 학습부진아에 대한 개념을 재정립하는 것이다. 학습부진아 교육은 학교나 학습이 아니라 어린이의 삶을 중심에 놓고 접근해가야 한다. 학습부진은 다른 말로 교수학습 활동에 문제가 생긴 것이다. 따라서 어린이의 삶을 분석하여 어떠한 요인 때문에 교수학습 활동에 어려움을 겪게 되었는지 파악하는 것이 중요하다. 어린이 복지 부서는 담임교사와 함께 어린이의 생활을 분석하여 그 어린이의 인지, 정서, 사회 및 신체적 발달과의 관계를 파악하여 학생과 담임교사를 지원해주는 역할을 해야 한다.

혁신학교는 우선적으로 학년군별 핵심 발달 과제를 선정하여 교육과정을 재구성해야 한다. 어린이의 발달을 고려하여 감각·체험 중심 교육과정을 운영한다면 교수학습에 어려움이 있는 어린이만 따로 가르치는 방식의 보충수업을 최소화할 수 있다.

저학년은 학급당 학생 수를 20명 이내로 편성하고 담임을 복수로 배치하는 것이 필요하다. 일반교사와 특수교사 또는 경력이 많은 교사와 경력이 적은 교사를 함께 배치하여 두 명의 담임이 어린이의 전면적 발달을 돕도록 한다. 고학년은 학급당 학생 수를 25명 이내로 편성하고 학급에 보조교사를 배치한다. 보조교사는 국어 및 수학 등 도구교과를 중심으로 필요한 교과 시간에 배치한다.

복수 담임제 시행과 보조교사 배치에도 불구하고 교수학습에 어려움을 보이는 어린이가 발생하면 담임교사는 어린이 복지부서와 협력하여 해결책을 모색한다.

2) 장애학생 교육은 특수교육지원센터 및 특수학급에서 지원한다

장애어린이 교육은 장애인 등에 대한 특수교육법에 근거하여 개별화 교육 지원팀을 구성하고 지원팀이 작성한 개별화 교육계획에 따라 실시한다. 개별화 교육계획을 실시할 때에는 교육과정을 수정하는 작업을 특수교사와 일반교사가 함께한다. 이를 위해서는 학교, 학년 및 학급 교육과정을 수립할 때 특수교사와 함께 협력하여 학교, 학년 및 학급에 배치된 장애 어린이 특성 및 수준을 고려한 학교교육 계획과 학년 및 학급 교육과정을 작성해야 한다. 그리고 개별화 교육 지원팀이 작성한 개별화 교육 계획서를 참고하여 담임교사와 특수교사는 다양한 유형의 협력 교수학습을 통해 개별 장애 어린이의 교육과정을 운영한다.

협력 교수학습 과정을 수정할 때에는 개별화 교육 지원팀 회의에서 협력할 교과목 및 교육 내용을 선정한 후 차시별 수업 진행에 맞도록 수업 설계를 위한 협의를 하고 합의된 수업을 진행한다. 수업 후에는 수업 진행에 대한 상호 평가를 실시하여 다음 수업에 참고한다.

아래의 내용은 일반 학급 과학수업 참여를 위한 협력 교수학습의 사례[22]이며 교육과정 재구성에 따라 협력 교수학습의 내용이나 방법은 다양하게 나타날 수 있다.

---

22) 박승희(2003). 『한국 장애학생 통합교육―특수교육과 일반교육의 관계 재정립』. 서울: 교육과학사. 381쪽 수정.

〈표3〉 일반 학급 과학수업 참여를 위한 협력의 예

<table>
<tr><td rowspan="3">일반교육과정</td><td>단원</td><td colspan="2">날씨와 우리 생활</td></tr>
<tr><td>제재</td><td colspan="2">오늘의 날씨</td></tr>
<tr><td>학습 목표</td><td colspan="2">1) 날씨와 우리 생활과의 관계를 알 수 있다.
2) 날씨를 알 수 있는 방법을 알 수 있다.
3) 오늘의 날씨 관찰하고 표현할 수 있다.</td></tr>
<tr><td>○○○을 위한 협력 수업</td><td>교수학습 내용의 수정:
수정된 학습 목표</td><td colspan="2">1–1) 운동하는 그림과 우산 그림을 각각 맑은 날씨 그림과 비 오는 날씨 그림에 적절히 연결할 수 있다.
2–1) 신문과 텔레비전에 나온 날씨 그림들을 보고 똑같은 날씨 그림 카드를 찾을 수 있다.
3–1) 날씨 그림을 보고 ☼, ☁, ☂, ☃ 중에서 골라 ○표를 할 수 있다.</td></tr>
<tr><td rowspan="3">○○○을 위한 협력 수업</td><td>교수학습 환경의 수정</td><td>수업 집단</td><td>교수학습 방법</td></tr>
<tr><td>모둠 학습을 위한 자리 배치, 모둠 구성원 조정</td><td>또래 짝 활동, 1:1 수업, 모둠 활동</td><td>1–1–1) 날씨 그림과 생활 그림 짝짓기를 또래를 이용하여 시범 보이기(또래가 시범을 보인 후 장애 어린이가 시행한다)
2–1–1) 날씨를 알 수 있는 방법을 모둠별로 자료 수집하고 발표하기(모둠에서는 신문에서 오늘, 주간 날씨, 지역 날씨 그림과 날씨 지수 그림을 수집하여 붙이고, 장애 어린이는 친구들이 조사한 그림 옆에 해, 구름, 비 그림 카드 중에서 같은 날씨 그림을 찾아 붙인다)
3–1–1) 날씨 그림, 사진을 보며 또래가 발표한 후에 ☼, ☁, ☂, ☃ 중에서 골라 ○표 하는 시범을 보이고 1:1 교수학습에 의해 장애 어린이가 고르기</td></tr>
<tr><td>평가의 수정</td><td colspan="2">어린이의 수행 수준을 누가 기록한다.</td></tr>
</table>

3) 발달을 지원하는 사회적 지원체제 구성 및 활용

어린이의 발달을 지원하기 위해서는 우선적으로 어린이와 교사가 일상적으로 소통할 수 있어야 하며, 이를 위해서는 학급 구성원이 적정하게 편성되어야 한다. 교사는 교수학습 활동을 통해 어린이의 발달 과정을 파악하고, 어려움이 있다면 빨리 알아차리고 필요한 대책을 지원한다. 또 지역사회의 관련 기관과 협조를 통해 지원 내용의 폭과 깊이를 확대할 수 있도록 노력한다.

핀란드 교육과정에 제시된 학생 복지의 목표와 핵심 원칙을 수정하여 아래와 같이 예시로 제시해본다.

- ◆ 건강, 복지, 안전, 사회 책임, 학교 사회 내에 상호작용을 증진시키는 활동
- ◆ 일반적인 학생 복지 지원 내용과 학교생활에 대한 안내 및 상담
- ◆ 학생의 신체적 · 심리적 · 사회적 발달 지원
- ◆ 개별 학습 계획과 개별화 교육계획(IEP) 설계 및 운영에 대한 협력
- ◆ 여러 가지 어려움에 처한 학생들을 선별하고 지원
- ◆ 학생이 정학을 당하거나 징계를 받을 경우와 관련한 지원
- ◆ 학생복지 부서와 가정, 학교, 다른 분야 전문가, 지역사회 전문가 및 기관과의 소통 협력
- ◆ 학생의 다양한 문제 및 위기 상황의 처리에 관한 업무와 책임의 기준 및 분담

- 결석
- 괴롭힘, 폭력, 집단 따돌림
- 정신건강 문제
- 흡연, 알코올 중독, 마약 중독, 기타 유해 물질 사용
- 다양한 사건, 사고, 사망

◆ 등교 및 하교 시 안전에 관한 사항

◆ 건강 및 영양 교육, 학교 급식 제공에 연관된 예절 익히기

담임교사는 여러 가지 도움으로도 학습에 어려움을 나타내는 어린이가 생기면 보호자에게 안내한 후 담임교사 및 보호자와 함께 해당 어린이에 대한 지원 대책을 협의한다. 어느 교과 영역에 어려움을 나타내는지, 어려움의 수준은 어느 정도인지, 학습에 어려움을 나타내는 원인이 무엇인지, 정서적 또는 사회적 발달에 의한 것인지, 가정적인 요인인지 등을 종합적으로 파악한다. 원인을 파악한 후에는 어린이의 전면적 발달을 위해 필요한 교사 및 전문가를 배치하여 지원한다. 그 예로 교육과정에 대한 지원은 특수교사가, 정서 및 사회적 발달에 대한 지원은 상담교사가, 가정과 관련된 지원은 학교사회복지사가 중심이 되어 담임교사 및 보호자와 함께 어린이를 지원한다.

제5장

협력 교수학습
(수업 혁신)

들어가며

1) 협력 교수학습으로

초등학교 교실 현장에서 흔히 볼 수 있는 모둠학습(조별학습)은 '비구조화된 또래 가르치기'로 정의할 수 있다. 오랜 시간 동안 적용해왔던 모둠학습은 무임 승차자나 일벌레 학생 문제, 비효율적인 시간 사용, 모둠 간 학습 편차 등의 문제점이 발생하였고, 이를 보완하기 위해 개발된 것이 협동학습이다. 협동학습이란 '구조화된 또래 가르치기'이다. 기존 조별학습의 단점을 보완하기 위해 긍정적인 상호의존, 개인적인 책임, 동등한 참여, 동시다발적인 상호작용의 원리에 따라 각종 신호, 보상제도 운영 등을 활용하여 의도적으로 협동을 구조화한 수업 형태이다. 그런데 이러한 협동학습은 위에 나열한 인위적 장치들로 인해 자연스럽게 어린이끼리의 상호 협력이 이루어지는 것을 방해하고 성과주의로 흐를 위험성이 이미 내재하고 있으며, 실제 수업 상황에서 수업의 본질이 훼손될 정도로 경쟁을 심화시키는 상황들이 벌어지곤 하였다.

또한 교사의 교수학습 방법의 차원에서 현재 우리의 초등교육 현장에서 나타나는 초등학교 교수학습 방법의 문제점을 간단히 짚어보면 다음과 같다.

첫째, 교사는 과제 제시와 내용 제시를 위한 클릭 교사로 전락하였다. 이는 정보화 시대라는 시대적 흐름의 영향도 있지만, 학습자가 스스로 의미를 구성할 수 있도록 자료를 효과적으로 제시해야 한다는 이론적 지침이 교수학습 현장을 지배하였기 때문이다.

둘째, 교사는 수준별 학습을 위해 자료를 만드는 제작자로 전락했다. 개별화 교육이 도입되면서 특히 학원 등 사교육의 선행학습을 받는 어린이들을 위해 심화 자료를 제시해야만 했으며 상대적으로 기초학습을 강화하기 위한 연구에 집중하지 못하게 되었다.

셋째, 유도된 발견학습, 문제 해결식 수업, 프로젝트 수업은 교수학습 방법론으로 흘러버렸고 수업 본연의 목적을 회복하기 위해서는 이를 벗어나야 한다는 과제가 놓여 있다.

협동학습의 문제나 교수학습 방법론에 치우친 여러 문제들을 극복하는 원리는 간단하다. 바로 '협력 교수학습'을 구현하는 것이다. 교육 장면에서의 협력은 형식적 측면이 아닌 내용적 측면에 있다. 모든 교육 장면에서 어린이와 협력하는 교사가 되어야 한다. 협력의 대상은 교육 현장의 모든 사람이 되어야 한다. 협력의 내용에 대해 정도의 차이가 있더라도 교육과 관련된 내용 전부가 되어야 한다.

그렇기에 '협력 교수학습'은 어린이들의 생각과 교사의 교과 내용에 따른 판단에 의해 다양한 형태로 전개되어야 하며, 교과의 내용, 아동 발달 상황, 교육환경 등을 고려하여 시간적·공간적으로 적절하게 수행되어야 한다.

2) 교수학습의 정의

어린이는 스스로 할 수 있는 과제를 설정하고 스스로 해결할 수 없다. 단지 자신의 지적 잠재력 안에서만 모방이나 협력을 할 수 있으며 그 이상의 발달을 위해서는 반드시 협력적인 교수학습 활동이 이루어져야 한다.

따라서 교수학습이란 어린이가 교사로부터 개념을 알게 되는 과정, 어린이 자신이 타인에게 그 개념을 사용하는 과정, 자신의 것으로 내재화하여 창조적으로 실제 삶에 적용하는 과정 전체를 말한다.

그리고 교수학습은 수업이라는 하나의 현상으로 전개되지만 가르침과 배움이 동시에 일어나는 현장이며 이때 어린이와 어린이 ,교사와 어린이는 서로 협력적인 관계를 맺으면서 상호작용한다. 다시 말해 교수학습(수업)은 참여·협력·반성적인 배움의 장인 것이다.

교수학습(수업)은 문화적 도구를 매개로 사회적 인간관계의 산물을 자신의 것으로 만드는 과정이다. 이때 매개되는 문화적 도구란 큰 범주로 나누어 보면 사물(자연물, 수업 교구, 준비물 등)과 도구(핵심은 언어-기호)를 의미한다.

3) 교수학습(수업)의 흐름

위에서 정의한 교수학습(수업)에 의해 다음과 같은 네 단계의 과정을 거치면서 수행된다. 이를 교수학습(수업)의 흐름이라 정의한다.

체험 · 탐구 · 놀이(활동과 경험하기)

↓

생각과 느낌 표현하기(몸짓, 말하기, 그리기, 글쓰기로)

↓

토론을 통한 반성적 사고(성찰)**의 형성**

↓

의미화하기, 실천하기(추상의 과정, 실천의 근거 형성)

첫째, 체험활동이나 탐구활동, 놀이 등을 통하여 사회적·문화적 학습을 경험한다.

둘째, 이러한 활동과 경험을 통해 자신이 느끼고 생각한 점을 여러 가지 방식으로 표현한다. 이때 표현하는 방식은 개인, 모둠(소집단), 전체가 될 수 있는데 이 과정은 반성적인 사고의 형성과 동시에 이루어지는 경우가 많다.

셋째, 토론 즉 개인이 아닌 사회적 집단(소집단이든 대집단이든) 속에서 자신의 생각을 드러내는 과정과 타인(개인이든 집단이든)의 생각과 자신의 생각을 비교해보거나 차이를 이해하는 과정 속에서 반성적 사고가 형성된다.

넷째, 반성적 사고를 거친 자신의 생각을 개념화하거나 의미화하고 이를 근거로 실천의 근거를 형성하는 과정이다.

이러한 네 단계의 흐름은 개별 교과 전체의 교수학습의 흐름, 주제학습에 따른 흐름, 단원이나 차시의 흐름 등 교수학습이 이루어지는 흐름 전체를 의미한다.

교수학습 활동 유형은 교수학습 목표와 내용, 활동의 유형, 어린이의 발달 특성, 교수학습 과정에서의 어린이의 받아들이는 정도에 따라 다양하게 전개된다. 그렇기에 한 가지 유형만으로 교수학습이 전개되는 것이 아니라 놀이중심, 탐구중심, 토론중심, 체험중심, 표현중심, 참여중심 유형 등의 유형이 유기적으로 연결되어 있다. 따라서 효과적인 교수학습을 전개하기 위해서는 차시나 단원 또는 교과나 주제에 따라 개개의 유형의 집중과 통합을 선택할 수 있다. 단지 지금 하고자 하는 교수학습이 어느 흐름에 중점을 두고 있느냐에 따라 드러나는 모습이 다를 뿐이다. 당연히 교수학습의 조직도 이에 따라 개별 학습, 소집단 학습, 전체 학습 등으로 다양하게 조직할 수 있다.

교수학습의 흐름 들여다보기

다음에 제시하는 교수학습은 1학년 입학 초기 한글 익히기를 목표로 국어교과를 중심에 두고 놀이와 접목한 교수학습의 예이다.

① 체험활동 : 제시된 국어 교과서에서 그림을 보고 'ㄲ'이 들어 있는 낱말을 찾는 수업이다. 어린이들은 까마귀, 까치, 꼬마, 꼬치, 꽃신 등과 같은 것을 찾는다. 교사는 어린이들이 찾은 낱말을 칠판에 쓴다. 교사는 우리가 할 수 있는 놀이로 더 많은 낱말 찾기를 해보자고 제안한다. 어린이들은 즐거운 생활 시간에 놀았던 '까막잡기' 놀이를 제안하고 다함께 놀이를 한다.

'까막잡기' 놀이 노래인 '꼭꼭 숨어라 (　　)이 보일라' 노래를 부르며 (　　) 안에 'ㄲ'이 들어 있는 낱말을 계속 찾았고 교사는 어려운 낱말이 제시되면 칠판에 적으며 또다른 감각활동(놀이)이 가능한지 판단하며 진행한다.

② 생각과 느낌 표현하기 : 교사는 "얘들아, 오늘 우리와 함께 놀았던 글자는 뭘까?" 이 질문을 통해 수업시간의 주제를 인식하게 하고 놀이 후 느낌을 이야기로 나누거나 노래, 동작으로 표현해본다. '깜깜해요', '무서워요', '재미있어요', '땀나요' 등의 표현을 적기도 한다.

③ 반성적 사고(성찰)의 형성 : 칠판에 수업할 때 썼던 낱말과 놀이할 때 느꼈던 낱말들이 하나 가득하다.

이제 칠판 가득 있는 낱말을 이용해서 문장 만들기를 한다. 낱말에서 문장으로 발표하는 도전 과제를 갖게 되는 것이다. '까막잡기는 재미있어요', '까마귀가 날아가요', '까막잡기 술래는 안대를 하면 깜깜해요' 등의 표현이 드러날 때 공감하는 어린이는 덧붙이는 말을 이용하여 풍부한 표현을 만들기도 한다.

④ 의미화하기 : 오늘 배운 낱말을 칠판에서 찾아 쓰는 활동이 이어진다. 1학년 어린이들이 할 수 있는 받아쓰기 1단계이다. 선생님이 '까마귀'라고 불러주면 공책에 혼자 쓸 수 있으면 쓰고 정확히 낱말을 쓰기 어려운 어린이는 칠판을 보고 까마귀를 찾아 쓰게 한다.

4) 교수학습(수업) 흐름의 순환과 변환

교수학습의 흐름은 각 단계가 단절되거나 분절적으로 이루어지는 것이 아니다. 다음 표와 같이 순환하면서 흐름을 이어가는 과정이다.

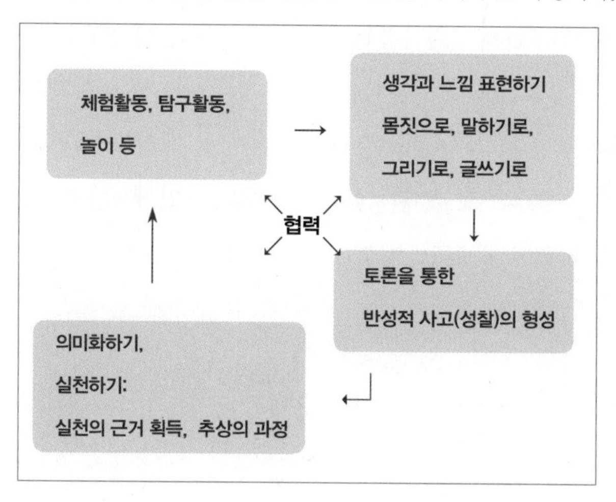

교수학습의 핵심은 교수학습의 흐름의 순환과 변환을 정립해가는 것이다. 흐름의 순환과 변환의 교수학습은 관행화된 위계적 질서와 전통적인 통제 양식에 의해 잠재워진 보이지 않는 발달의 잠재성을 이끌어내는 것이다. 때문에 어린이들은 이미 정해진 교육과정을 따라가는 것이 아니라, 활동하는 과정 속에서 어린이 사이에서의 협력, 교사와 어린이 사이에서의 협력에 의해 또 다른 과정을 만든다. 이때 변환이 일어난다.

그러므로 가장 중요한 것은 전면적 발달의 발생 영역에서 교수학습 활동의 흐름과 순환, 변환이 형성될 수 있는 '공간'이나 조건을 만들어내는 것, 잠재적 발달 수준의 흐름과 순환을 가속화하는 것, 그리고 그런 흐름의 변환이 솟아오르게 하는 계기를 만들어내는 것이다.

혁신학교에서 새롭게 성장하는 교사는 필요조건이다. 새롭게 성장하는 교사란 단지 교수학습의 훌륭한 방법을 찾는 것에 몰두하는 것이 아니라 내용(교육과정)과 과정(인간 발달)에 대한 실천적 연구를 하는 교사다. 다시 말해 어린이에 대한 이해를 넓히고, 사람에 대한 사랑을 실천하려는 의지를 내재화하는 교사인 것이다. 또한 교수학습의 흐름과 순환 및 변환 과정에서 변이가 일어나도록 상황적 맥락에 대한 새로운 이해 방식과 활동 형태들을 고안해낼 수 있어야 하며, 교수학습의 흐름과 순환 및 변환 과정에서 발생하는 작은 변화들을 포착하고 활용할 수 있어야 한다.

참여활동 중심의 교수학습

교수학습(수업)은 사회적 관계, 실제적인 인간관계 속에서 이루어지는 교육활동이므로 자신이 참여하는 집단 안에서의 협력적 인간관계의 폭과 깊이가 결국 개인의 연대감, 우애, 인간애로 전환되는 과정이라 말할 수 있다. 이러한 반성적 성찰은 실천의 근거가 되며 협력을 통한 나눔의 장으로 전환되는 수업으로 이어진다.

따라서 교수학습 과정에서 교사는 가능한 한 어린이가 스스로 느끼고 생각하여 행동에 옮길 수 있도록 어린이들끼리의 협력적인 관계를 조성하여 개방적인 대화의 기회를 마련하면서 깊이 생각해보기, 서로 이야기해보기 등의 활동으로 교사와 어린이, 어린이끼리 상호 소통과 참여를 할 수 있도록 한다.

어린이들이 상호 소통과 참여가 원활하게 이루어지기 위해서 교사는 교과교육과정에서 사용하는 기호체계와 표현 방법을 익히고 말과 글로 설명하고 시각적으로 표현하여 다른 사람과 효율적으로 의사소통할 수 있게 이끈다. 이러한 기초 학습의 토대를 지속적으로 만들어 가면서 다른 사람의 의견을 주의 깊게 듣고 자신의 의견을 다양한 방식으로 적극적으로 표현하는 교수학습 활동을 강조한다. 이러한 교수학습의 내용 습득과 활동 경험의 누적은 어린이의 능동적 수업 참여로 이어지고 창의적으로 비판적 사고를 할 수 있게 되는 것이다.

또한 교사는 어린이가 민주시민의 자질을 함양하고 비판적 사고를 통해 지역사회 참여의식을 고취할 수 있도록 각종 사회 문제에 관한 시사 자료, 지역사회 자료와 인프라를 활용하여 지도한다. 다루어져야 할 주제는 예를 들어 다문화 교육, 빈곤, 기아, 질병, 전쟁, 평화, 생태(환경), 성 평등 등 다양하며 교과학습의 관련성을 놓치지 말고 교사끼리의 연구 모임을 조직하여 교수학습에 대한 공동 연구와 실천을 통해 이루어지도록 노력해야 한다.

이러한 교수학습 과정을 교사와 교사, 교사와 어린이, 어린이와 어린이의 참여와 소통으로 그치지 말고 일상적인 상담, 가정통신, 알림장 등으로 학부모들과의 의사소통도 원활하게 이루어지도록 한다.

교사와 교사의 참여와 소통을 통한 협력 교수학습 들여다보기

동학년 공동 수업 연구와 교육과정 재구성의 필요성

초등교사는 한 교사가 7~8과목 이상을 담당하고 있다. 그러면서 동학년 교사는 같은 내용을 각각의 교실에서 각자 준비하여 수업한다.

매 시간 1차시로 끝나는 새로운 수업을 위해 연구하고 자료 준비를 해야 하며, 하루에 4~5차시 이상의 수업을 그렇게 준비해야 하는 어려움이 있다. 동학년 내 수업 연구와 협의회를 활성화하여 위와 같은 어려움을 줄일 수 있다.

방법은 담당 과목을 선정하여 각자 연구한 수업안을 토의한 후, 공동 수업을 진행한다. 이러한 과정을 통해 연구와 자료를 공유하며, 수업의 질적인 확보와 함께 문제점을 살펴보고 극복할 수 있는 대안을 모색해나간다. 또한 지역사회와 아동 수준을 고려하여 재구성한다.

각 교과별 교육과정 재구성을 통한 공동 수업 연구[23]

① 사회교과의 유의사항

서울과 관련된 여러 곳의 현장 체험학습과 교실 내 체험학습을 연계하여 몸을 통해 직접 느끼도록 한다. 우리 전통 문화를 직접 체험해 봄으로써 우리 조상들의 친환경적이고 생태적인 삶을 감성으로 느끼도록 한다. 이때 다른 교과와 통합 주제를 뽑고 학습 목표와 적용 시기를 결정하고 교육과정 내용을 통합적으로 재구성한다.

② 수학교과의 유의사항

교과서의 학습활동과 관련된 체험을 통하여 수학과의 개념을 보다 쉽게 이해하도록 유도하고 수학과를 즐겁고 활동적인 방법으로 학습하게 한다.

탐구 주제에 대한 토의

23) 서울의 한 초등학교에서 동학년 수업 연구 동아리 활동 중에 진행되었던 사례.

③ 교과별 공동 수업 예시

과목	학습 주제	학습 활동
사회	서울의 생활과 역사 | 교실 내 체험활동	① 마을 뒷산에서 실제 서울을 살펴보고 서울 지형도 만들기
		② 서울역사박물관을 다녀와서 서울의 옛 지도 보고 도성과 성문 만들기
		③ 세시풍속을 통해 조상의 문화 느끼기 ㉮ 삼월 삼짇날 화전 만들기 ㉯ 오월 단오에 수리취떡과 부채 만들기 ㉰ 유월 유두에 물싸움 놀이 ㉱ 추석 송편 만들기 ㉲ 동지 팥죽 만들기
		④ 자연물을 이용한 생태적 조상의 삶 느끼기 황토염색, 한지로 부채 만들기
	서울의 생활과 역사 | 현장 체험학습 | 교실 내 교수학습	① 서울의 지형: 우리 마을을 중심으로 주변의 산 탐색 ② 서울 역사: 서울역사박물관 ③ 역사 유적지 : 암사동 선사 유적지, 경복궁, 중앙박물관
수학	큰 수 혼합 계산	• 만 원어치 물건 사기
	각도 개념 학습	• 직선을 교차시켜 여러 가지 각 만들기(학습지) • 나무 막대를 이용하여 여러 가지 각도 만들기 • 180도에 먼저 도착하기
	삼각형의 개념 탐구	• 칠교를 이용한 세모, 네모 만들기 • 삼각형 내각의 합 확인하기(교구사용) • 지오보드로 세모 만들기(점선판, 고무줄이나 실) • 동서남북 놀이하기
	분수의 기초	• 누가 누가 빨리 칠하나 • 분수 빙고 놀이
	교외 체험	수학 체험전 관람하기

과학	식물의 성장	① 화단이나 화분에 씨앗을 직접 심고 관찰하는 과정을 통해, 식물의 성장 과정을 탐구하고 생명의 소중함을 안다. ② 학교와 학교 주변을 관찰하여 싹이 튼 여러 식물들을 관찰하고 계절의 변화를 느낀다.
	물, 강, 바다에 대한 학습	① 강과 바다의 생김새와 특징을 알고, 강과 바다에 대하여 주제를 정하여 조사해보며, 강과 바다에 대하여 관심을 가지도록 한다. 하수처리 과정 체험학습을 통해 물의 소중함과 환경 보존의 필요성과 실천하고자 하는 태도를 기른다.
	별자리를 찾아서	별자리와 관련된 기초적인 지식을 습득하고, 관찰 능력을 배양하도록 한다. 별자리에 얽힌 이야기 조사 및 창의적으로 별자리를 만들어보는 활동을 통하여 별자리에 대한 관심과 흥미를 가지도록 한다. ① 창의적으로 별자리 만들기 ② 가상 별자리 체험–학교 컴퓨터실을 이용 ③ 별자리 가상 이야기 극장
미술	나(우리)를 표현해보는 디자인 학습	학급 티셔츠 만들기
음악	여러 가지 현악기 소리 탐색	서울 낙원동 일대 악기 상가 및 인사동 야외 공연장 탐방하기
	음악과 춤	소극장 콘서트 및 뮤지컬, 국립국악원 어린이 극 관람하기
	전통문화	국립국악원 체험 교실 참가 및 보고서 작성하기
	음악과 그림	우리 마을에서 들리는 음악 산책과 음악지도 그리기
	즉흥 음악 만들기	생활 악기로 합동 연주회 열기

협력활동 중심의 교수학습

교수학습은 본질적으로 교사와 어린이의 협력활동이다. 앞서 밝힌 것처럼 교사의 측면에서의 협력활동은 추상적인 것에서 구체적인 것으로 나아가는 과정이고, 어린이의 측면에서의 협력활동은 구체적인 것에서 추상적인 것으로 나아가는 것이다. 이런 상반된 인지과정의 흐름이 협력을 통해 교수학습 참가자 모두에게 개념 형성으로 이어진다. 또한 이것은 일회성이 아니며 개별적으로 오랜 기간 지속되는 긴 과정이다. 따라서 고려할 것은 경쟁적인 학급 분위기 조성과 서열화를 조장하는 소집단 활동을 지양하는 것이다.

1) 교사와 어린이의 협력활동 들여다보기

1일 교수학습 계획 세우기는 교사와 어린이의 협력활동의 예

: 오늘 하루 어떻게 수업을 전개할 것인지 논의하기(수업 계획 전반에 대한 어린이들의 의견 개진-기상 조건이나 수업 장소, 어린이들의 상황, 교과 시간의 배치 등)

일반적인 수업(교수학습)에서의 교사와 어린이의 협력활동의 예

: 어린이들의 의견과 교사의 교과 내용에 따른 판단이 협력적으로 작용되어 다양한 형태로 전개된다. 즉 활동 유형(개별, 모둠, 전체 활동)을 시기별로 적절하게 선택하며 이때 교사는 교과의 내용, 아동 발달 상황, 교육환경 등을 고려해야 한다.

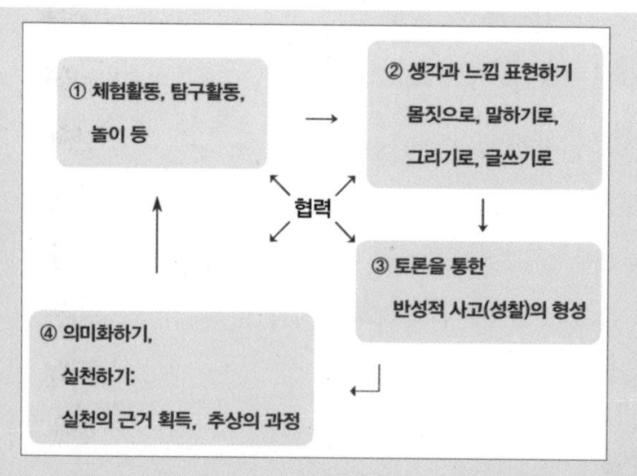

- 수업 주제 : 민요와 전래동요, 창작 국악곡을 활용한 음악극 만들기

★수업1 : 주제를 정하고 다양한 곡을 활용하여 음악극 만들기. 생각과 느낌이 각 교과마다 글, 그림, 소리 등으로 표현되는 형태가 달라진다.

① 탐구하고 표현하기 : 주제 정하기/ 공부, 꿈, 친구, 이성, 가족, 사회, 환경, 역사 등 어린이들이 토론을 통해 정한다. 주제를 선정할 때 경험을 공유하고 느낌을 나누는 시간을 갖는다. 체험과 반성적 사고가 함께 진행된다.

② 대본(줄거리, 장면 설정) 구상하기
내용이 진행되기 전의 사전 조사와 논의가 충분히 될 수 있도록 한다.
- 몇 개의 장면으로 설정할 것인가?(8장면 이상 넘지 않도록)
- 음악극을 할 장소가 교실(음악실)인가 강당(무대)인가?
- 참여 인원(모둠 구성원의 수)은 몇 명인가?
  : 한 반 총체극 구성 또는 모둠 구성(4~8명) 결정하기
  : 연출과 진행, 대본, 음악, 무대와 의상, 홍보의 역할을 어떻게 나눌 것인가?

- 4차시 수업으로 진행할 것인가?
  아니면 과제(연습과 무대 준비)를 내주고 3차시로 진행할 것인가?
- 팀 티칭(예: 미술교과 담임과 국어수업과의 통합)을 할 수 있는가?

③ 주제별 교과 재구성하기
* 음악 : 주제에 맞는 곡 선정하기
- 여러 장르의 활용 곡 안내와 감상하기
- 음악극의 종류와 형식 공부하기(마당극, 창극, 1인극 등)
- 장단 공부하기(기본 장단: 굿거리, 자진모리, 중중모리, 중모리)
* 국어 : 대본 완성하기
- 아니리 등 지문 완성하기
- 노랫말 바꾸기
- 등장인물의 동선 정하기
* 체육 : 춤과 연기 배우기
- 우리 춤의 기본 동작 배우기 : 걷기, 뛰기, 사위
- 집단무의 기본 동선과 춤 배우기
  : 원형, 놀이형, 마주 보기형, 주고받기형, 일하기(노동)형
- 아니리, 너름새(몸짓과 발림), 놀이, 추임새 배우기
* 국어, 재량 : 대본 완성하고 연습하기
- 춤과 동작 적용하고 다듬기
- 반주음악, 효과 음악과 음향, 조명
* 미술 : 의상, 무대 만들기
- 의상을 제작할 것인가?
- 조명은 어느 정도로?
- 걸개 그림 또는 무대 막 또는 빔 프로젝터, 피켓 등

④ 의미화, 실천하기
- 평가와 연계된 공연
- 가능한 무대(마당이나 무대)는 제대로 된 곳에서
- 추임새 넣기, 관람 태도 등 사전 지도
- 기록 남기기(동영상과 사진)

★수업2 : 민요나 창작 국악곡의 주제를 그대로 살려서 1곡으로 음악극 만들기

① 주제별 교과 재구성하기
- 노래와 관련된 구전 설화나 옛이야기(역사적 배경) 알기(사회수업과 통합)
- 주제 정하기(교사는 여러 개의 주제 제시, 어린이들이 결정하기)

② 수업 흐름
노래 배우기-주제 정하기-노래 가사 바꾸기-아니리 등 대본 구성하기
- 춤과 발림 배우고 노래에 적용하기-의상, 음향, 무대 만들기-공연하기(관람하기)

③ 추천곡
- 민요 : 그 어떤 곡이든 적용 가능
- 창작 국악곡 : 꽃그네, 이불 놀이터, 방구 자랑, 다리 뽑기 노래들, 산도깨비, 비무장 지대로 가자, 가시버시 사랑, 쥐생원 등 그 외 많음

추상적 개념을 학습하는 경우 교사와 어린이의 협력활동의 예

① 교사는 먼저 문화 전달자의 입장에서, 개념 또는 낱말이 무엇을 의미하는지 설명.

② 추상적인 그 개념에 해당하는 구체적인 내용을 예를 들어 설명하기.

③ 어린이들과 이야기(발표 또는 표현하기)하며 구체적인 내용과 다양한 상황을 모아가기. 즉, 한 낱말이 지닌 일반화에 적합한 구체적인 것들을 협력활동으로 채워가기.

④ 교수학습(수업)의 마무리 활동에서의 교사와 어린이의 협력활동의 예

"재미있었나요?", "무엇이 새로웠나요?", "다음에도 이런 걸 또 할까요?" 등 간단하게 협력적으로 수업에 대해 정서적·인지적 태도에 대한 평가하기.

숙제를 정하기-이런저런 목적으로 숙제를 내고자 한다고 이야기하고, 아이들의 의견을 수렴하여 숙제를 결정하기.

⑤ 어린이가 과제 학습을 할 때의 협력활동의 예

하교 후 어린이들이 집에서 숙제를 할 때 어린이는 혼자 문제를 풀면서 어려운 경우, 교수학습 동안 있었던 상황을 떠올리며, 그 문제를 해결. 이런 혼자 하는 활동도 심리적 측면에서 보면 교사와 어린이의 협력활동임.

2) 어린이와 어린이의 협력활동 들여다보기

① 초등학교 2학년 수학시간 어린이들의 협력 학습 모습

: 두 자릿수의 덧셈과 뺄셈 계산하기 학습을 끝낸 후 친구들끼리 서로 모르는 부분 묻고 답하기.

-"난 이 부분이 이해가 안 돼. 가르쳐줘." "그래."

교실 공간을 다 활용하여 서로 도움을 주며 자유롭게 자신이 이해한 내용을 친구들과 나누며 협력적인 활동을 통해 자신의 개념 이해를 확실히 하고 친구들과 정서적으로 소통하고 신뢰를 다지는 시간이 되며 교사는 어린이들의 학습활동을 관찰하면서 어린이 개개인의 학습의 정도를 평가하기.

① 수학시간 모습 사진 자료

② 생태 체험학습 과정에서 모르는 생물에 대해 서로 알고 있는 내용 나누기

: 모둠별로 서로 알고 있는 내용을 교환하며 결과를 공유하기.

③ 모래놀이로 모둠별 조형물 만들기 계획 세우고 만든 후 설명하고 서로 평가해보기

② 생태 체험학습의 모둠별 모습 ③ 운동장 모래놀이(조형물 만들기)

3) 교사와 교사의 협력활동

교사가 주체적으로 교육과정을 재구성하고 동학년, 교과와 비교과 교사가 함께 논의하고 나누는 모든 과정을 의미한다. 새로운 것이 아니라 지금까지 동학년 중심으로 운영해온 교육활동을 좀 더 폭을 넓혀 학교 구성원 모두가 적극적으로 교육활동을 하는 것이다. 혁신학교는 그 무엇보다도 교사가 교수학습에 집중할 수 있는 운영을 전제로 하기에 교사들과 넓게는 교육활동을 도와주는 보조원들과 함께 협력하여 교육활동을 수행하는 것이다. 혁신학교는 서로에 대한 믿음과 존중이 바탕이 된 교사들의 협력 정도에 따라 활동의 내용이나 질이 매우 달라질 수 있다.

반성활동 중심 교수학습

교수학습과 발달은 일치하지 않으며 매우 복잡한 상호 관련성을 가진 두 가지 다른 과정이다. 명확한 것은 교수학습이 발달을 선도하며 우리가 교육을 한다는 것 자체가 발달을 위한 교수학습 활동인 것이다. 교사는 어린이의 발달 특징을 고려하여 구체적인 체험과 실천을 진행하고 지속적인 교수학습 활동을 전개하는 과정에서, 교수학습의 흐름 중 '표현하기'와 '함께 나누는 활동' 중에 반성적 사고를 추구한다. 반성적 사고란 자신의 이해 방식을 깊이 새겨보는 것이다.

교사는 어제의 어린이에 수업의 축을 맞추지 말고 내일의 어린이 발달에 맞추어서 교수학습을 해야만 어린이가 현재 습득한 내용들을 한 발 더 발달시킬 수 있다.

이를 위해 교사는 교육활동 전반을 반성하고 올바른 교수학습 방법 정립을 위해 동료 교사와 수업의 계획, 과정, 결과를 협의하고 숙달의 과정을 거쳐 추상으로 나아가는 과정을 지속해야 한다.

1) 동료 교사와의 협력적 교수학습 전개와 반성활동

협의록
(위의 참고 자료 체험학습 중심의 교육과정 재구성 연구 운영 총 평가회)

1. 자료집, 앨범 검토
1) "자료집 보니 뿌듯해요/"
2) 내년에도 또 했으면 좋겠다. 학년별로 한 명씩 구성하여 횡적인 구성으로 연구를 진행하는 것도 좋을 듯하다.
3) 아이들 작품은 사진이 아닌 스캔으로 하는 것이 인쇄 품질이 좋음.
4) 원고 정리를 하는 데 시간이 촉박한 면이 있었던 것 같음. 내년에는 좀 더 좋은 자료집을 발간해봅시다.

2. 연구과정에 대한 평가
1) 수업 계획과 수업 후 정리를 보다 체계적으로 진행하게 되었음.
2) 수업과 연계시킬 수 있는 지역 기관과 단체를 다양하게 알게 되어 활용도가 높아짐.
3) 내년에 중임을 통해 올해 수업을 재적용하여 일반화와 체계화를 도모하는 것도 좋을 것임.
4) 모두 협력해서 수업을 준비, 공개, 수업 후 협의회를 진행하지만 모임장은 힘들어!

3. 동학년 간의 협력
1) 동학년 간 교과 내용에 대하여 사전 연수 및 내용 점검을 하면서 체계적으로 교육과정을 수행함.
2) 혁신팀에 참여하지 않았던 타 학급도 시간이 지남에 따라 참여와 호응도가 높아졌음.
3) 동학년 간 화기애애한 분위기 조성, 자연스러운 대화의 장 마련을 통한 친목 도모.
4) 교사 상호 간 새로운 수업 방법, 자료를 공유하게 됨

4. 앞으로의 연구 방향
1) 주제중심 통합교육과정 운영을 확대 적용해보자.
2) 전문 교과 영역의 심도 있는 연구도 필요하다.
3) 수업 적용에 있어서 동학년 간 교환 수업 효율성에 대해 연구할 필요가 있다.
4) 하나의 교과를 여러 학년에 걸쳐 위계성을 세워 연구하는 것도 좋을 것 같다.

2) 1학년 주제 통합 학습을 통한 반성활동 들여다보기

1학년 2단원에서 봄을 주제로 통합 단원이 제시 되었다. 즐거운 생활과 슬기로운 생활이 통합되고 바른 생활은 별도로 운영하도록 되어 있다. 그러나 바른 생활에서 스스로 할 일을 실외 놀이, 실내 놀이에서

규칙의 필요성을 알고 실천하는 것도 통합하여 운영하였다. 다음은 교과에 제시되어 있는 수업 목표이다. 각 교과별 수업 목표를 알아보고 실제 수업은 교과를 통합하여 운영하였다. 수업을 전체 운영할 때 어린이들과 함께 계획하여 수업을 이끌고 항상 수업에서 어린이들이 자기가 수업에 참여하는 모습을 되돌아보는 시간을 갖도록 한다. 수업은 수 놀이와 활동이 많으므로 어린이들이 참여하는 모습을 볼 수 있다. 놀이는 혼자 할 수 없는 것이므로 항상 친구와 대화하면서 수업에 참여하게 된다. 수업에서 참여한 자기 모습과 친구 모습을 이야기하는 시간을 통해 다음 학습에서 수업에 참여하는 태도를 좀 더 긍정적으로 변화해가도록 교사가 끊임없이 반응해준다. 또 수업을 가능한 어린이들이 좋아하는 노래, 놀이로 구성하되 반드시 학습해야 할 목표는 도달할 수 있도록 하는 것도 잊어선 안 된다. 놀이가 끝나면 반드시 소감과 반성의 시간을 갖는다. 또 놀이시간을 한 번 더 확보하여 처음 놀이보다 발전적인 모습으로 놀이에 참여한 어린이를 칭찬하도록 한다. 전체 수업을 마무리하면서 그동안 봄을 주제로 활동한 것을 되돌아보고 재미있었던 점, 잘한 점, 아쉬운 점을 발표한다. 이 시간에 진지하게 참여할 수 있도록 한다.

주제: 봄

관련 교과: 즐거운 생활 2.봄이 왔어요

슬기로운 생활 2. 봄이 왔어요.

바른 생활 2. 스스로 잘해요

① 각 교과별 교육과정 목표와 주제

차시	주제	목표	교과
1	봄	–봄을 주제로 학습 계획을 세운다.	슬기로운 생활
2	학교 주위의 꽃과 나무 살펴보기 계획	–학교 주위의 꽃과 나무를 살펴보기 위한 계획을 세운다.	
3–4	학교 주위의 꽃과 나무 살펴보기	–여러 가지 꽃의 생김새를 살펴본다. –봄에 나무나 풀이 어떻게 변하는지 말할 수 있다.	
5	꽃, 풀, 돌 등 자연물을 이용한 놀이	–꽃, 풀, 돌 등 자연물을 이용하여 놀이를 한다.	
6	봄의 모습 전시	–꽃, 나무, 풀을 살펴보고 표현한 것들을 전시한다.	

차시	주제	목표	교과
1	스스로 할 일	–학교에서 스스로 할 일을 안다.	바른 생활
2	학교에서 스스로 할 일	–학교에서 할 일을 스스로 한다.	
3	집에서 스스로 할 일	–집에서 할 일을 스스로 한다.	
4	스스로 하는 생활 되돌아보기	–학교와 집에서 할 일을 스스로 하는지 되돌아본다.	

차시	주제	목표	교과
1	봄의 산과 들의 모습 알아보기	–봄의 산과 들의 모습에 대한 느낌을 이야기로 나눈다.	즐거운 생활
2–3	봄노래 부르기	–봄 느낌을 살려 노래 부른다.	
4–5	봄맞이 놀이하기	–봄의 여러 가지 모습을 몸으로 표현하고 규칙을 지키며 봄맞이 놀이를 한다.	
6–7	음악을 듣고 느낌 나타내기	–음악을 듣고 느낌을 여러 가지 방법으로 나타낸다.	
8–9	실외 놀이하기	–봄나들이 가서 즐겁게 실외 놀이를 한다.	
10–11	산과 들의 봄 풍경 나타내기	–봄 풍경과 봄의 산과 들에서 경험한 일을 여러 가지 방법으로 표현한다.	
12	친구들의 작품 감상하기	–자신의 작품을 발표하고 친구들의 작품을 감상한다.	

② 위의 교과들을 통합 재구성하여 실제 운영한 재구성 내용

차시	주제	실제 수업	관련교과
1	봄	–봄을 주제로 하여 수업 계획하기 –봄놀이, 노래, 하고 싶은 것을 어린이들이 불러주고 교사는 칠판에 의미 있는 단위로 묶어 마인드맵으로 정리하기	바, 슬, 즐, 국

2	봄의 모습	–봄의 산과 들, 나무와 꽃의 모습 알아보기 –입학하고 지금까지 학교 오는 길, 학교 화단, 주변 경치의 변화를 중점으로 이야기하기 –발표할 때 지켜야 할 규칙 지키기	바, 슬, 즐, 국
3	학교 화단 관찰	–봄의 모습 발표한 것과 실제로 어떤지 학교 화단 산책하면서 화단 관찰하기 –관찰하며 다닐 때 규칙 지키기	바, 슬, 즐
4–5	봄노래 부르기	–봄맞이 노래 부르기 –노랫말에 주의하면서 노래 부르기 –노랫말에 어울리게 몸으로 표현하기 –모둠별, 개별 발표하기 –친구들이 발표하는 것 보기	바, 슬, 즐
6–7	음악을 듣고 나타내기	–노래의 분위기에 맞게 몸으로 나타내기 –한삼, 리본 등을 이용하여 음악의 분위기에 맞게 몸으로 표현하고 선으로 표현하기	바, 슬, 즐
8–9	실외 놀이하기	–친구들과 함께 밖에서 놀이하기 –놀이터, 운동장, 주변 공원에서 놀이하기 –주변 자연물을 이용하여 놀이하기 –놀이할 때 규칙 지키기	바, 즐
10	실외 놀이 소감 이야기하기	–실외 놀이하고 소감 이야기하기 –놀이할 때 잘한 점과 고쳐야 할 점 이야기하기(반성적 사고)	즐, 바
11–12	자연물을 이용한 놀이	–꽃, 나무, 풀을 이용한 놀이하기 –소꿉놀이 용품 만들고 자연물을 이용해서 음식 만들기 –모둠 친구들과 소꿉놀이하기	바, 슬, 즐
13	자연물을 이용한 놀잇감 전시	–소꿉놀이한 것 모둠별로 전시하기 –소꿉놀이에서 만든 것과 놀이한 것 이야기하기 –친구들이 놀이한 것 중 재미있었던 것 찾기 –놀이한 것을 한 문장으로 글쓰기	바, 슬, 즐, 국
14–15	진달래꽃 전 만들기	–삼짇날의 의미 교사가 설명하기 –진달래꽃의 모양 관찰하기 –진달래꽃을 이용하여 꽃전 만들어 먹기	바, 슬, 즐

16-17	봄 동산 꾸미기	-봄의 모습 다시 한 번 발표하기 -봄을 표현하는 나무, 풀, 꽃을 그려서 전체 협동 작품 꾸미기 -각자 만든 것을 학습판에 어울리게 붙여 협동 작품 만들기 -작품 만들어 붙일 때 다른 사람 배려하기	바, 슬, 즐
18-19	실외 놀이하기	-친구들과 함께 밖에서 놀이하기 -놀이터, 운동장, 주변 공원에서 놀이하기 -주변 자연물을 이용하여 놀이하기 -놀이할 때 규칙 지키기 -지난번 놀이와 이번 놀이시간의 차이점 이야기하기	바, 슬, 즐
20	작품 감상하기	-봄 동산 협동 작품 감상하기 -협동 작품에서 잘된 점 발표하기 -힘들었던 점 함께 이야기하기	
21	스스로 하는 어린이	-봄에 피는 꽃과 나무처럼 어린이들도 스스로 할 일을 찾아 일하기의 필요성 이야기하기 -학교에서 스스로 할 일과 가정에서 스스로 할 일 찾아보기 -그동안 놀이하면서 스스로 잘했던 점 이야기하기	바
22	봄 수업 마무리	-봄에 대한 전체적인 분위기와 함께했던 놀이를 생각해보고 좋았던 점 이야기하기 -봄맞이 놀이하면서 자기 모습 되돌아보기 -봄놀이한 것 한 문장으로 말하고 정리하기	바, 슬, 즐, 국

③ 재구성에 따른 교수학습 활동 사진

학교 주위의 꽃과 나무 살펴보기	봄철 나무나 꽃 그리기

자연물을 이용한 놀이하기	자연물을 이용한 놀이하기

자연물을 이용한 놀이하기	봄의 모습 전시하기

3) 반성활동 중심의 교수학습 들여다보기–5학년 사회과

사회과 수업은 많은 초등학교 어린이들이 싫어하는 교과이다. 수업을 체험으로 할 수 있는 것을 찾아 재구성하면 어린이들의 교과에 대한 흥미도가 높아진다. 아래 수업은 5학년에서 절기에 따른 음식을 알아보는 재구성한 사례이다.

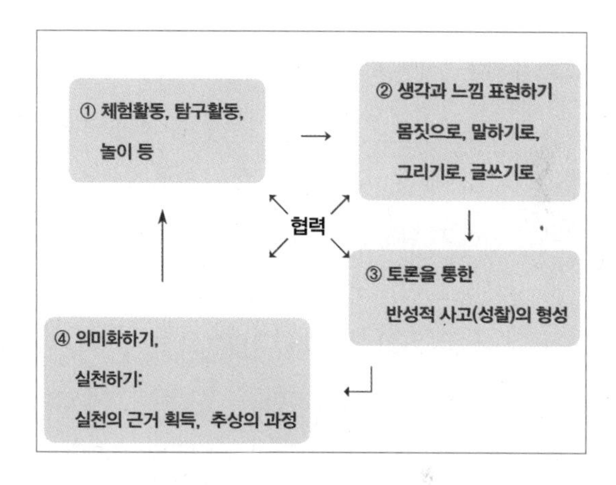

실제 단오절에 사회교과 수업으로 수리취떡을 해 먹으며 절기를 익혔다. 전 차시에 단오절의 특징과 단오에 하는 일, 먹는 음식을 퍼즐 조각 맞추기로 수업을 하였다. 그리고 본 차시에서 수리취떡을 만들어본다. 수리취떡을 만들 때 사용하는 떡살은 2학기 수업할 때 나오게 되어 다음 학습에 도움이 되었다. 이 수업은 실제 교과에서 한 시간으로 제시되어 있는데 창의적 체험활동과 통합하여 운영하면 효과적이다.

① 체험활동 : '4박자 게임'으로 박자에 맞춰 단오와 관련된 낱말을 말한다. 시간이 아주 짧게 주어지기 때문에 어린이들이 긴장하면서 집중력이 발휘된다. 4박자 게임을 반복하되 순서를 바꾸거나 중복된 경우에 탈락이 된다는 등의 규칙으로 진행한다.

이후에 실제 수리취떡을 만들어보는 활동이다. 모둠별로 진행 후 경단-떡살로 찍기 등의 활동을 하며 내가 만든 떡살도 미술시간에 진행하기로 계획을 세워보기도 한다. 떡살을 바꾸어 체험하자고 제안하거나 먹어보며 다른 방식으로 떡을 만들자고 제안하기도 한다. 이 과정이 모두 협력과정이다.

② 생각과 느낌 표현하기 : 다양한 활동 이후에 실제로 개인의 경험이 적은 경우에는 글쓰기 활동을 한다.

③ 반성적 사고(성찰) : 가장 중요한 내재화의 과정이다. 한 줄 명언 쓰기를 한다. "단오는 축제다. 왜냐하면~.", "단오는 어울림이다. 왜냐하면~.", "단오는 잔치다. 왜냐하면~." 등으로 내가 생각하지 못한 부분을 같이 공감하는 시간을 갖는다.

④ 의미화하기 : 수업을 마무리하면서 정리활동으로 한 줄 명언 쓰기를 자주 한다. 한 줄 명언 쓰기를 통해 어린이들이 수업을 어떻게 내재화하는지 알 수 있어 교사로서는 이 시간이 제일 기다려진다. 어린이들도 자기가 쓴 명언과 다른 친구들이 쓴 명언을 비교해보면서 명언을 한 번 더 쓰겠다고 하는 경우를 종종 본다. 어린이들이 수업에 참여

하면서 수업 내용을 정리하고 다음 수업을 기대하는 것을 좋아한다. 다른 교과에서 응용할 수 있으며 임자말을 잘 정하면 수업 정리가 잘 된다. 이런 정리 시간은 어린이들에게 반성적 사고를 자극하게 된다.

제6장

전면적 발달을 돕는 평가

(평가 혁신)

들어가며

2005년 유로위원회가 펴낸 『핵심역량(Key Competencies)』을 한번 읽어보기를 강권한다. 세계는 비고츠키가 이야기한 문화적 도구, 의사소통 능력, 이질 집단과의 협력 능력을 평가의 핵심 대상으로 설정하고 있으며 이를 활용하여 고등정신기능을 숙달하여 자기 주도적으로 미래사회에 대처하도록 하기 위해서 반성적 사고를 강조하고 있다. 핀란드는 국가 핵심 교육과정에 이러한 결과를 체계적으로 관리하기 위한 항목을 설정하고 학업성취도 평가 영역에 포함하고 있다.

전국단위 일제고사 후폭풍으로 초등학교까지 문제풀이 수업, 0교시 수업을 도입하게 되었으며 심지어 야간 자율학습까지 하는 등 어린이 들을 객관식·단답형 문제풀이 기계로 만들고 있다.

이에 많은 교육 관련자가 지나치게 많은 평가와 전국단위 일제고사 때문에 우리나라 학생들의 학업에 대한 흥미도가 떨어지고 있음을 경고하고 있다.

진보교육감 당선 이후에 6개 시·도 교육청을 중심으로 교육에 새로운 바람이 불기 시작하였다. 학교교육이 어린이의 전면적 발달을 지향하는 교수학습과 평가로 전환되고 있다. 어린이의 전면적 발달을 지향하는 평가를 꿈꾸며, 여기서 평가를 바라보는 관점, 평가의 주체와 주체의 역할, 평가 방법과 통지 방법은 어떠해야 하는지 알아보고자 한다.

본론에 들어가기 전에, 다시 한 번 더 강조하고 싶은 것이 있다. 하나는 수업(교수학습)과 평가를 이분법적으로 접근해서는 안 된다는 것이고, 다른 하나는 교과 지식의 암기가 아닌 학습자의 변화(고등정신기능, 핵심역량)를 평가해야 한다는 것이다.

평가 관점

1) 발달중심 평가

바람직한 평가는 어린이 자신의 발달을 돕는 것이어야 한다. 그리고 수치화된 높은 기준점보다 잠재력과 품성에 더 관심을 가져야 한다. 개별 학습자만이 아니라 공동체가 협력하는 상호작용의 과정을 평가하는 것이다. 이를 전제로 보면 동일한 평가의 기준과 방법으로 모든 어린이들을 평가하여 측정한 점수나 등위로 매기는 것은 옳지 않다. 평가는 학습의 일부여야 하고 질적으로 수업 개선을 위한 목적 중심의 평가여야 하며, 지속적으로 꾸준히 이루어져야 하고 변화의 상황에 따라 역동적으로 파악되어야 한다.

이제껏 진행된 수행평가에서는 수업을 계획하여 개인이 표준화된 교수학습 프로그램을 훌륭하게 진행하여 평가하는 것으로 활동 속에서 다양한 성장의 흐름이 있는 어린이 개개의 인격성을 소멸시키는 방향으로 진전되어 왔다. 개인의 발달을 지원하는 평가는 인격성이 소멸된 상태에서 어떻게 가능할까? 평가를 할 때 어린이의 인격성을 고려하여 한 명도 소외되지 않고 자신감을 갖도록 안내할 수 있도록 해야 한다. 기존의 일제식 평가를 통해 서열화된 평가로 소수의 어린이들만 만족하고 많은 어린이들이 평가를 통해 실패감을 맛보았다. 또한 한 학급당 10~20%의 특수학급 어린이를 포함한 배려받아야 하는 어린이들에 대해서 발달을 지원하는 평가에 대한 새로운 접근이 필요한 상황이다. 즉, 발달중심 평가는 한 명도 소외되지 않는 평가가 되어야 한다는 것이다. 개인의 발달 수준을 고려한 평가는 '매우 잘함', '잘함', '보통', '노력 요함'으로 등급을 매길 수 없다. 어린이의 다양한 발달 경로를 인정하고 고려한 평가를 통해 어린이 한 명 한 명의 발달을 중심에 둔 평가가 되어야 한다.

▶발달중심 평가관으로 본 받아쓰기 시험

초등학교에 입학한 어린이들은 기대감에 부풀기도 하지만 그에 못지않게 학교 생활을 두려워한다. 그런 어린이를 대상으로 4월, 5월에 심하게는 3월부터 받아쓰기 시험을 시작하여 1학년 끝날 때까지 시험을 본다. 받아쓰기 시험을 보기 위해 인터넷에서 누군가가 만들어놓은 문서를 다운받거나 혹은 읽기 교과서에 밑줄을 긋게 하고 받아쓰기 문제를 불러줄 뿐이다. 교사가 받아쓰기를 위해 대체로 하는 일은 여기까지다. 학부모들은 받아쓰기 시험을 학부모와 어린이가 준비하는 것으로 알고 있다. 맞벌이 부모인 경우 늦게 퇴근하고 받아쓰기 시험 준비를 하다 보면 화도 나고 짜증도 나는데 그냥 받아들인다. 부모들도 어렸을 때 받아쓰기 시험이 있었으니 으레 그러려니 한다. 과연 받아쓰기 시험은 꼭 봐야 하나?

결론부터 말하자면 그렇지 않다. 받아쓰기 시험을 보면 100점을 받은 어린이들도 일기 쓰기나 글쓰기를 할 때 맞춤법이 많이 틀린다. 맞춤법이 틀리는 것도 어린이 발달을 고려하면 너무나 당연한 것이다. 맞춤법에 대한 이해는 한글 자모 구조의 논리적 설명을 이해할 수 있는 3학년 이후에 가능하다. 1학년에서는 낱말을 알아가는 과정을 다양하게 접하고, 자기 생각을 말로 표현하고 초보적인 글쓰기 정도만 할 수 있으면 된다. 한글을 읽는 즐거움, 자기 생각을 글로 표현하는 즐거움을 갖도록 하는 것이 받아쓰기 시험보다 교육적인 면에서 더 의미가 있다.

그럼에도 불구하고 학교 현장에서 받아쓰기 시험을 보는 이유는 무엇일까? 많은 교사와 학부모들이 받아쓰기를 기계적으로 연습해야 한글을 익힐 수 있다고 착각하기 때문이다. 그러나 한글을 익히는 과정이 받아쓰기 시험만으로 가능할까? 글에는 그 소리말과 의미말이 있다. 소리말이 의미말로 체화되기 위해서는 다양한 경험적 접근만이 어린이의 용어로 정리될 수 있다.

어린이의 전면적 발달을 고려한다면 맞춤법의 원리를 이해하고 낱말의 의미나 글의 독해가 되지 않는 시기에 진행되는 받아쓰기 시험은 폐지되어야 한다. 단, 학습과정에서 필요한 낱말이나 의미 있는 문장을 보고 쓰는 정도의 과정은 필요하다. 어린이들이 일상생활에서 자주 말하는 것을 글로 옮기는 과정을 단계적으로 경험하는 활동을 통해 한글 익히기의 즐거움을 느낄 수 있도록 하자.

2) 협력중심 평가

혁신학교에서 수업은 참여하는 수업, 협력하는 수업, 반성하는 수업으로 진행되어야 한다. 수업은 교사와 학생이 1 : 1 지도도 있지만 교사와 어린이, 어린이와 어린이 간의 소통과 협력으로 이루어진다. 교사는 어린이들 상호 간의 협력과 교사와 어린이 사이의 협력이 수시로 이루어질 수 있도록 학습 분위기를 조성해야 한다.

교사와 교사의 협력은 교육과정이나 영역별 목표에 대한 타당도나 객관화를 위한 개괄적인 합의과정이 필요하다. 어린이와 교사의 협력 수업의 과정 중에 평가를 통한 목표 달성 시점, 방식, 내용 등에 대한 의논과 안내의 과정으로 진행이 된다.

또래집단의 설명

어린이와 어린이의 협력은 공동체 안에서 서로 소통하고 협력하는 속에서 어린이가 발달하고 있는 것을 평가해야 한다.

그리고 시험 점수로 평가하기보다 친구들에게 문제를 설명하고 놀이에 함께 참여하는 속에서 상호 의사소통 능력을 키울 수 있도록 한다. 지금까지의 평가는 협력과 소통을 무시하고 개별 성과인 시험 결과만을 중요시하는 어린이를 길러왔다고 볼 수 있다. 어린이가 성장해서 살아갈 세상은 혼자서 살아가는 세상이 아니라 끊임없이 많은 사람과 소통하고 협력하며 살아가야 한다. 다른 사람과 소통하고 협력하는 사람을 길러내기 위해 교수학습과 평가에서 일관되게 협력을 중요시해야 한다.

3) 과정중심 평가

과정중심 평가는 한 차시 수업의 흐름 속에서 이루어지는 평가와 한 단원이나 한 학기 또는 일 년의 과정 속에서 이루어지는 평가 모두를 포함한다.

과정중심 평가란 수업의 장면에서 수업의 흐름 속에서 이루어진다. 수업의 흐름 속에서 어린이들의 반응, 수업 분위기, 눈빛 등과 같은 것을 교사가 세심하게 살펴 수정하는 과정이 필요하다. 이 모든 것이 평가다. 교사는 매 순간마다 적절한 평가를 통해 좋은 수업으로 이끌 수 있다. 이후의 수업은 평가를 통해 피드백하는 과정을 통해 다음 수업을 계획하게 한다.

또한 어린이들은 발달한다. 어린이들이 발달하는 모습은 한 차시

수업에서 나타나기 어려우므로 긴 과정을 통해 평가되어야 한다. 순간의 모습을 평가하여 단정 짓는 것이 아니라 어린이들이 발달해가는 과정을 평가해야 하는 것이다.

예를 들어 학급회의에 협력적으로 참여하는 것을 평가 목표로 설정했다고 하자. 그러면 학급회의를 하는 장면이 수업과정이며 평가인 것이다. 어린이들이 수업시간에 회의하는 방법을 익히고, 실제로 학급회의에 참여하여 의견을 제시하고 문제 해결하는 과정에 참여할 수 있도록 한다. 그러나 학급회의 절차를 익히고 의견을 말하는 것은 한 시간 안에 이루어질 수 없는 과정이다. 처음에는 교사가 주도하여 회의를 이끌어 가다가 나중에는 어린이들 스스로 회의 진행 형식과 내용에 대해서도 새롭게 시도할 수 있어야 한다. 이 과정이 모두 평가의 내용이 되어야 한다. 그리고 교사는 이 과정에서 어린이들의 작은 변화까지도 읽을 수 있어야 한다.

지금껏 관례적으로 실시하고 있는 대회나 행사를 생각해보자. 예를 들어 과학의 달 행사로 과학 상상화 그리기 대회, 과학 독후감 쓰기 대회, 과학상자 조립 대회 등이 있다. 또 교육청 대회로 한민족 공동체 글쓰기, 포스터 그리기, 나의 주장 발표 대회와 각종 경시 대회도 학교교육과정 운영과정을 통해 도달하고자 하는 목표와 일치하지 않는다.

교육과정 목표에서 대부분의 어린이들이 수업과정 중에 도달해야 할 목표로 평가되어야 한다. 평가 목표 수준은 최소 성취 수준이다. 최소 성취 수준은 단위 수업시간에 현재 교육 여건을 고려한 상태에서 학생과 교사의 협력 수업을 통해 보통의 어린이라면 누구나 도달할 수 있는 정도의 목표이다.

여러 가지 대회나 행사 중 교육과정과 관련이 없는 것은 과감히 폐지하고 교육과정 운영상 꼭 필요한 것에 한해 행사와 대회를 계획하여 실시하도록 한다. 즉, 과정중심 평가가 되기 위해서는 (학년의) 교육과정을 세밀하게 계획하여 꼭 필요한 대회와 행사만 진행하며 그 진행과정의 흐름 속에서 평가를 해야 한다는 것이다.

평가 주체

1) 가르친 교사가 평가

어린이들의 온전한 발달을 평가하기 위해서는 실제로 가르친 교사가 평가를 해야 한다. 교사는 학기 초 교과 학습에 대한 전체적인 계획을 세운다. 연간 학습 계획과 평가 계획은 학교교육과정협의회와 학년협의를 거쳐 작성된다. 교사는 교육과정을 계획하고 실행할 때 어린이들의 발달 정도와 지역사회의 여건을 고려하고 학급 구성원의 특성을 꼭 반영한다. 특별한 지원이 필요한 어린이가 있을 경우 학급 안에서 어린이들과 협력과정 중에 일어나는 변화를 평가할 수 있도록 한다. 특히 특수학급 어린이에 대한 평가는 특수학급 교사와 협력하여 목표 수준을 정하고 발달의 정도를 관찰 기록할 수 있도록 해야 한다.

평가할 때 학습과정 중에 도달할 수 있는 최소 성취 수준을 정하고 평가되도록 한다. 최소 성취 수준이란 단위 학습시간에 다인수 학급에서 도달할 수 있는 수준이다. 사교육을 통해 단련되거나 도달될 수 있는 수준의 평가가 아니다.

그러므로 평가에서 학급 구성원의 특성과 평가 목표 정도를 조절할 수 있는 것은 그 반 어린이를 가르친 교사만이 할 수 있다. 즉, 평가는 가르친 교사가 수시로 평가하여 어린이들의 전면적 발달을 돕고 좋은 수업을 이끌어야 한다.

▶ 교사들이 평가에서 할 일

① 교육과정 운영의 실제와 일치한 수행평가 계획 세우기.
② 수행평가는 수업과정 평가이며 최소 성취 수준을 평가하기.
③ 학기 초 평가 계획을 어린이에게 안내하고 교과별, 단원 학습 계획을 할 때 평가 계획을 다시 안내하기.
④ 어린이 개인의 발달의 정도와 특성을 고려하여 평가하기.
⑤ 특수학급 학생의 특수성을 고려하여 평가하기.
⑥ 수행평가 시 이질 집단 간의 상호작용을 통해 어린이들의 과제 수행 능력과 협력적 태도에 관심을 기울여 평가하기.
⑦ 교과의 특성을 반영한 실험, 실습, 체험, 참여도, 글쓰기, 토론 등 다양한 평가 방법 활용하기.
⑧ 학급에서 어린이를 관찰할 때 학습 준비성, 상호 협력, 수업 참여도, 자발성, 과제 해결력, 이해력, 표현력, 종합력 등을 고루 관찰하여 평가하기.
⑨ 학업 성취 수준이 낮거나 발달에 지장이 있는 어린이에게 개별지도와 협력의 과정을 통해 도움주기.
⑩ 평가 결과는 교사의 수업을 질을 개선하고 어린이의 전면적 발달을 위해 의미 있는 것으로 평가하기.
⑪ 가르치지 않은 것은 평가하지 않기.
⑫ 가르치지 않은 것을 대회로 실시하지 않기(수학 경시, 영어 경시, 한자 경시, 글짓기 대회, 포스터 그리기 대회 등 지양).

2) 어린이 스스로 평가

어린이는 평가의 대상이면서 주체이다. 교사는 학기 초에 어린이들에게 각 교과의 특성과 교육과정 안내를 한다. 그리고 각 교과별 평가 계획(영역, 평가 시기, 평가 방법, 결과 처리 방법 등)이 세워지는 대로 어린이들에게 안내한다. 그리고 각 단원 학습을 시작하면서도 평가에 대한 재안내가 필요하다. 평가에 대한 안내를 하는 것은 평가에서 어린이를 평가 대상으로 취급하기보다 평가의 주체로 세우기 위함이다. 교사와 어린이가 교수학습 계획과 평가 계획을 의논하는 과정에서 평가의 내용이나 방식이 달라질 수도 있다. 교사와 어린이는 수업과 평가가 일련의 과정으로 이루어짐을 알게 되어 수업과 평가에 진지하게 참여하게 될 것이다.

자기의 모습을 스스로 평가해보는 것을 자기 평가라 한다. 또 함께 협력했던 친구를 평가하는 것을 상호 평가라 한다. 수업에 진지하게 참여하는 어린이들은 자신의 모습을 되돌아볼 수 있다. 자기가 학습에 참여하고 협력하는 모습을 스스로 평가할 수 있게 된다. 자기 평가와 상호 평가는 교사가 놓치거나 관찰하지 못한 부분을 서술하기 때문에 더 섬세하게 평가될 수 있다. 자기 평가와 상호 평가는 간단한 체크리스트나 필요한 항목에 서술하는 것이다. 자기 평가와 상호 평가의 목적은 수업에 적극적으로 참여하고 자기 모습의 반성을 통해 다음 학습에 도움을 주기 위한 것이다. 그러므로 자기 평가와 상호 평가는 단계형이나 점수로 환산해서는 안 된다.

다음은 자기 평가 예시 안이다. 저학년은 자기 평가서로 작성하기보다는 수업시간에 발표하고 수업태도를 확인하는 정도로 하자. 중학년부터 자기 평가를 작성하는 것으로 하고 모든 교과에 할 필요는 없다. 교사가 판단해서 필요할 때 자기 평가서를 작성하게 한다. 자기 평가서에는 평가 영역, 시기를 교육적 판단에 근거하여 작성한다.

〈고학년 자기 평가서 예시 안〉

평가 항목	어린이 의견	선생님 의견
토론을 위한 역사적 사실을 조사하였나?		
모둠 토론에서 의견을 제시하고 근거 이유를 들어 참여하였나?		
전체 토론에서 자신의 의견을 정리하여 발표하였나?		
다른 사람의 의견을 듣고 생각이 변한 것이 있는가?		
토론이 나에게 어떤 의미가 있었는가?		

〈중학년 자기 평가서〉

학습 내용	예	아니오	어린이 의견	선생님 의견
우리 고장을 조사할 때 친구들과 협력하였습니까?				
우리 고장에서 가장 많은 직업은 무엇인지 알아볼 수 있습니까?				
혼자 학교 주변을 그림 지도로 나타낼 수 있습니까?				

▶ 평가에 어린이가 참여하고 교사가 적극 수용하기

① 교사는 어린이들의 자기 평가와 상호 평가를 수행평가에 반영하기.
② 어린이는 자신의 강점과 약점을 진단하여 자신의 발달 목표 설정을 하는 데 주체적으로 참여하기.
③ 교사는 어린이들이 서로의 강점이나 약점을 찾아주고 협력할 수 있도록 분위기 조성하기.

3) 학부모는 평가의 협력자

교사, 어린이, 학부모는 교육의 주체이다. 학교는 어린이의 전면적 발달을 목표로 하기 때문에 학부모의 도움과 관심이 필요하다. 학부모는 어린이들의 학습과정이나 모습에 관심을 갖고 있다. 그러나 학부모들이 수업시간마다 어린이들의 모습을 보러 학교로 오는 것은 불가능하기 때문에 교사가 어린이들의 학교생활을 학부모에게 알려주면 좋다.

학부모에게 어린이들의 학교생활 모습을 알려주는 방법은 다양하다. 가장 많이 활용하는 방법으로 알림장이 있다. 학부모들은 알림장을 통해 그날그날의 학습 내용과 학급 모습을 알 수 있다. 또, 학급 신문, 학급 누리집 등을 통해 학습 장면, 학습활동 결과물, 학교생활을 알 수 있다. 이러한 방법들은 학급 어린이 전체에게 똑같이 안내되는 것들이다.

어린이의 특성을 고려한 개별 안내 방법도 있다. 알림장, 유선 소통, 메일 소통 등의 방법이 있다.

교사가 학급 어린이 전원에게 안내하는 방법과 개별 상담을 하는 방법을 넘어서 어린이의 발달을 이끌어 갈 수 있는 소통의 문화를 만들어가야 한다. 교사는 학습 목표 도달 과정, 학교생활 모습을 안내해야 한다. 그리고 학부모는 어린이의 발달을 돕는 협력자로서의 역할을 담당할 필요가 있다. 그러기 위해서는 일상적 소통의 방법이 중요하며 어린이의 전면적 발달을 돕기 위한 협의 시간이 필요하다. 학기 초 학부모 총회에서 그해 어린이의 성장의 목표를 무엇으로 할 것인지 교사와 학부모가 진지하게 논의하는 과정이 필요하다. 또한 학습을 진행하는 과정에서 어린이들이 겪는 고비를 학부모와 교사가 협력하여 잘 넘길 수 있도록 한다. 이러한 협력과정을 통해 교사는 어린이의 전면적 발달을 돕는 교수학습을 계획, 진행하고 교수학습 과정을 평가한다.

교사가 평가한 의도를 학부모가 제대로 이해하기 위해서는 교사와 학부모의 소통이 중요하다. 교사의 교육철학이 잘 전달되지 않으면 어린이들의 전면적 발달을 목표로 한 학급 운영이 자리 잡을 수 없게 되기 때문이다.

▶ 학부모 총회 이렇게 바꿉시다

학부모와 소통의 고리를 맺기 위한 방법으로 학부모 총회를 교육과정설명회로 진행한다.
학부모 총회에서 학교 현황 및 안내, 학교교육과정 운영 방안, 학사 일정 ,학교 특색, 어린이 자치 문화 운영계획, 학부모 연수계획, 학부모 동호회 조직 등에 대한 학교 전반에 대한 안내와 함께, 학급 담임은 일 년 동안 학급 운영을 어떻게 할 것인지 안내하는 시간으로 운영해야 한다. 학급 운영 중에 가장 중요한 것이 학습에 대한 안내이다. 그동안 학부모 총회가 학교의 학부모 단체를 조직하기 위한 회의였다면 이제는 학부모 총회가 어린이의 전면적 발달을 중심으로 한 협의 시간으로 운영되어야 한다.

학기 초 교사는 어린이의 현재 발달의 지점을 관찰한 것을 바탕으로 교수학습을 통해 도달해야 할 발달 목표 설정에 대한 계획을 세워야 한다.
핀란드처럼 어린이 한 명 한 명의 발달 정도를 고려하여 교사와 학부모, 어린이가 함께 발달대화[24]를 통해 발달의 목표를 정하는 방향으로 가야 할 것이다.
그러나 현재 한국의 교육 여건을 고려하여 학년의 목표 설정을 위해 학부모와 진지한 논의부터 시작하면 좋겠다. 학부모도 교육의 주체이며 평가의 협력자로 설 수 있도록 협력을 유도해야 한다. 현재 학교에서 강제로 진행하는 학부모 상담주간을 두기보다는 전체 해당 학년의 목표를 설정하고 어린들의 특성을 고려한 목표 설정을 하는 정도로 운영한다. 필요에 따라 개별 학생에 대한 목표 설정을 위한 상담을 운영한다.
학부모들은 학부모 총회나 공개수업 참관, 상담 등과 같은 어린이의 전면적 발달을 돕는 학교 교육활동에 적극적으로 참여할 수 있도록 제도의 개선을 요구해야 한다. 학부모가 교육활동 참여를 위해 학교를 방문할 때 연가나 유급휴가를 사용할 권리를 보장하는 제도가 마련되기 위해서는 사회적 인식의 전환이 먼저 되어야 한다.

▶ 학부모와 발달대화하기

① 학교는 학기 초 학부모와 어린이의 전면적 발달을 위한 학년 목표 설정을 위한 학부모 총회 개최.
② 교사는 어린이의 특성에 따라 희망하는 학부모와 개별 상담하기.
③ 학기 말에 담임은 어린이들의 학업 성취 수준이나 발달 정도를 확인하여 다음 학년에 도움이 되도록 생활 통지표로 통지하고 필요에 따라 학기 말 학부모 총회 개최.
⑤ 교사는 학급의 학습활동과 학급의 문화를 학부모와 다양한 형태로 소통하기(알림장, 학급 누리집, 학급 신문, 담임 쪽지 편지, 공개수업, 알림장에 학습활동 안내 등).
⑥ 학기 초 해당 학년 교육과정 전반에 관한 학부모 연수를 학급단위 혹은 학년단위로 개최.
⑦ 교사는 학습 평가나 결과를 필요에 따라 수시로 가정에 안내하기.

24) 발달대화란 학기 초에 교사가 학부모와 어린이, 전문가 간 면담을 통해 1년의 학습 계획을 같이 세우는 것이다. 어린이의 인지적·정의적·사회적 특성을 고려해 장단점을 공유하고 노력할 점을 공유하는 것이다. 어린이들이 계획에 따라 학습을 해나가고 학습과정 결과는 학부모에게 계속 알려준다. 스웨덴에서는 2005년 개인별 발달계획을 법제화했다.

평가 방법과 통지

1) 일제고사 폐지

평가의 직접적 주체는 교사와 어린이다. 가르친 교사가 평가하면 어린이들의 학업 성취 수준을 바로 파악할 수 있다. 평가 결과로 어린이 개개인에게 필요한 지도가 무엇인지 가르친 교사는 바로 판단할 수 있고, 어린이에게 필요한 지도를 바로 해줄 수 있다. 어린이는 교사의 지도를 통해 다음 학습에 참여하는 데 즉각적 도움을 받게 되어 수업에 좀 더 적극적으로 참여할 수 있다. 이처럼 평가는 교사와 어린이들이 수업하는 과정에서 역동적으로 이루어지므로 중요한 의미를 갖게 된다.

그러나 전국단위 일제고사[25]와 학교단위 일제고사는 이런 역동성을 전혀 발휘하지 못한다. 학교단위 일제고사는 학교에서 같은 날, 같은 시간, 같은 학년에서 똑같은 시험지로 평가하는 것을 말한다. 학교단위 일제고사를 보기 위해서는 일반적으로 동학년에서 교사들이 출제할 교과를 맡아 문제 출제를 한다. 각 반마다 교육과정에 따라 수업을 하면서 풀어내는 방법은 다양하다. 어린이들과 교사가 협력한 수업을 평가할 공통된 문제를 출제하는 것은 매우 어려운 일이다. 그러나 편의상 학년에서 공통된 문제로 출제를 하게 된다. 교사들은 교육과정에 의거한 교육과정의 목표를 평가하는 문제를 출제하려고 노력

25) 일제고사 폐지 내용 중 시험문제 출제와 관련된 부분은 『일제고사를 넘어서』(살림터, 한국교육연구네트워크 엮음)에 수록된 내용임.

한다. 그래서 평가에서 어린이들의 교육 목표 도달을 가장 중요하게 다뤄야 하나 좀 더 중요하게 생각하는 것은 평가의 객관성과 공정성이다. 그러다 보면 서술형으로 자기 생각을 정리해서 답안을 작성하는 문제는 출제하기 어렵다. 그리고 문제 출제를 하고 학년에서 검토할 때 문항에 대한 논의를 하거나 답안을 채점할 때 곤란한 경우가 종종 발생하게 된다. 이렇게 교사는 힘들게 문제를 출제하고 어린이들은 그 시험지로 시험을 본다. 채점을 해서 점수로 어린이들에게 통보되는 순간 어린이들은 시험문제 내용에 전혀 관심이 없다. 단지 각 교과 시험 점수를 더하고 나눠 총점과 평균이 중요할 뿐이다. 어린이들 사이에선 누가 몇 등인지가 중요하다. 심지어 어떤 교사는 교실 칠판에 어린이들의 시험 성적(총점, 평균, 등수)을 붙여놓거나, 각 가정에 각 과목 등수, 반 전체 등수를 친절하게 알림장에 붙여서 안내하기도 한다. 이렇게 통보된 결과를 보는 학부모들은 학창시절에 익숙한 서열화된 결과로 자녀를 판단한다. 이러한 평가를 통해 소수의 어린이와 학부모는 희열을 느끼지만 많은 어린이와 학부모는 좌절을 느끼게 된다.

가르치는 교사가 수업 중에 필요에 따라 수시로 평가하고 다시 수업에 반영하여 수업의 질을 높이고, 어린이에게 필요한 지도를 즉각적으로 하려면 학년단위 일제고사는 폐지되어야 한다. 다행인 것은 2011년부터 서울시교육청에서는 학교단위 일제고사를 폐지하고 수시평가와 수행평가를 내실 있게 운영하도록 하였다.

▶ 평가에서 이것은 꼭 지켜요

① 학교·학년 단위 일제고사 폐지.
② 평가 결과를 100점 단위로 환산하는 것을 지양.
③ 서열화된 어떠한 자료(등수, 총점, 평균)도 학급에서 게시하지 않기.
④ 초등학교에서 학부모와 어린이에게 등수 및 서열화를 드러낸 어떠한 자료도 제공하지 않기.
⑤ 일제고사 점수로 학생의 능력을 단정 짓거나 부진아로 판단하지 않기.

2) 수행평가의 내실화

수행평가(遂行評價)란 학생이 지식이나 배움을 직접 행하는 것을 측정하는 평가 방법을 뜻한다. 대한민국에서는 1999년부터 초등학교와 중학교, 고등학교에 도입되었으며 창의력과 실제 문제 해결 능력 배양을 목표로 한다. 리포트 작성, 발표, 포트폴리오 구성 등 다양한 형태로 수행평가를 할 수 있다.[26]

학교에서 수행평가를 하기 위해 학기 초에 동학년 회의를 통해 교수학습 계획을 기초로 평가 계획을 수립한다. 평가는 개개인의 활동을 중심으로 하되 평가 영역, 평가 시기, 평가 방법, 결과 처리 방법 등의 내용을 포함하여 다른 학습자들과 함께하는 학습과정에서의 능력과 태도를 평가하도록 되어 있다. 학년 협의를 통해 발달 특성에 맞는 고등정신기능을 설정하고 인지적·정서적·실천적 측면을 바라보면서 그러한 기능들이 협력을 통한 상호작용 과정에서 어떻게 실현되어가는지를 관찰하고 평가해야 한다.

26) 다음 백과사전.

학습과정은 이질적인 집단으로 구성하여 어린이끼리 협력이 일상적으로 이루어지고 있다. 수업시간에 교사와 어린이 간의 질문과 대답을 통해 학습 목표를 찾아가고 어린이끼리 서로 협력하는 것이 수업시간 모습이다. 또, 수업은 협력을 기반으로 한 실험과 실습, 체험, 토론, 토의, 글쓰기 등과 같은 형태일 것이다. 과제를 해결하고 수업에 참여하면서 처음엔 혼자서 할 수 없었던 것을 교사 또는 또래의 협력과 소통으로 문제를 해결할 수 있게 된다. 이러한 일련의 과정을 평가해야 한다.

수행평가라고 하면 교사들이 관찰을 통한 단순 체크리스트, 과제 제출, 학습지 해결 등으로 평가하는 경우가 있다. 학기 말이 되면 수행평가라고 해서 학기 중에 배웠던 것을 시험지로 풀이해서 수행평가 결과로 반영하는 경우가 대부분이었다. 또 조사 과제를 제시하고 과제를 내면 '보통', 제출하지 않으면 '노력 요함', 과제를 열심히 해온 것 중 단계를 나눠 '매우 잘함', '잘함'으로 하는 경우가 대부분이었다.

그러나 과제를 제출한 정도를 평가하는 것이 아니라 과제를 내기 위한 학습 계획부터 어린이와 함께해야 한다. 그리고 과제 해결 방법도 수업시간에 함께 지도하여 과제를 해결할 수 있도록 한다. 수행평가를 좀 더 내실 있게 운영하기 위해서는 개별 과제를 수업시간에 모둠 구성원과 다양한 방법으로 공유하면서 보완하는 과정이 필요하다. 또, 전체 어린이에게 과제를 다양하게 공유하게 하고 어린이 스스로 수업을 마무리하면서 의미 있게 정리하는 시간도 필요하다. 이런 일련의 과정을 통해 수행평가가 이루어질 때 어린이의 발달 정도를 파악할 수 있을 것이다.

수행평가를 할 때 교사는 어린이가 과제 해결 방법을 이해했는지

정보를 찾으며 과제 해결 함께하기

모둠 친구와 서로 정보를 나누면서 부족한 점을 보충할 수 있는지, 수업에 집중하여 참여했는지, 수업을 의미 있게 정리했는지를 관찰한다. 교사는 어린이를 관찰하면서 문제를 해결하는 데 어린이에게 필요한 도움이 무엇인지 발견할 수 있을 것이다. 이럴 때 학습 목표를 도달할 수 있도록 어린이에게 필요한 도움을 준다.

그리고 수행평가 과정과 결과는 교사의 수업의 질을 개선하기 위한 자료로 활용하도록 한다. 수행평가를 하다 보면 많은 어린이들이 학습 목표에 도달하지 못하는 경우가 있을 수 있다. 그렇다면 교사는 평가를 끝내는 것이 아니라 어린이가 수업 목표에 도달하지 못하는 원인을 분석하고 수업을 재구성하여 어린이들이 성취 수준에 도달할 수 있도록 한다. 결국 평가는 어린이의 발달을 돕고 교사의 수업 방법을 개선하여 좋은 수업으로 이끌게 될 것이다.

▶ 수행평가를 내실 있게 운영하려면

① 교육과정 운영의 실제와 일치한 수행평가 계획 세우기.
② 수행평가는 교육 목표를 성공적으로 달성하기 위한 교육의 과정을 평가하기.
③ 교과의 특성을 반영한 실험, 실습, 체험, 참여도, 글쓰기, 토론, 토의 등 다양한 평가하기.
④ 수행평가 결과를 학생에게 통지하여 학생에게 수업 참여도와 학습법 개선 자료로 활용하기.
⑤ 수행평가 시 이질 집단 간의 상호작용을 통해 학생들의 과제 수행 능력과 협력 태도에 관심을 기울여 평가하기.

3) 평가 통지문

현재 '교무업무 시스템'을 활용한 통지방법에 대한 고민이 필요하다. 교과 학업 성취 수준은 지금까지 4단계 혹은 3단계로 표시하였다. 그러나 이제 어린이들의 전면적 발달과 성장에 관심을 둔 평가에 대한 진지한 고민을 시작할 때이다.

종합 의견은 어린이들에 대해 무조건 길게 기술한 것이 아니라 학습 준비성, 상호 협력성, 참여도, 자발성, 과제 해결력, 이해력, 표현력과 같은 여러가지 기준을 정해 두고 한 학기 동안 관찰한 것 중 의미 있는 것으로 기술해야 한다.

평가에서 놓쳐서는 안 될 것은 어린이들의 전면적 발달의 관점에서 기술되어야 함을 원칙으로 하여 다양한 방식을 연구해야 한다는 것이다. 새로운 평가 양식에서 평가 통지 횟수를 늘리고 평가한 문장이 길다고 해서 도움이 되는 것은 아니다. 일상적인 학부모와 학교의 소통

문화가 자리 잡게 되면 평가 안내문과 횟수는 크게 중요하지 않다. 어린이들의 학교생활을 학부모와 계속 소통하면 평가 양식은 점점 간결하고 비주기적 형태로 변하게 될 것이다.

평가 통지문은 어린이들의 전면적 발달을 담아내기 위하여 끊임없이 변화할 것이다.

▶ 평가 통지문

① 평가 통지문에 어린이가 도달한 성취 수준과 발달 정도를 기술하여 안내하기.
② 평가 결과는 단정적인 것보다 잠재력에 중점을 두어 안내하기.
③ 어린이의 행동을 지나치게 꼼꼼히 서술하기보다는 학생 성장과 발달의 관점에서 서술하기.
④ 학습 준비성, 상호 협력성, 수업 참여도, 자발성, 과제 해결력, 이해력, 표현력과 같은 여러 가지 기준을 정해두고 관찰한 것 중 의미 있는 점을 기술하기.
⑤ 학년별, 급별 특성에 맞는 성적 통지 양식을 학교 자체에서 개발하여 학부모에게 안내하기.
⑥ 새로 개발된 학생 평가 통지 양식은 학생의 발달과 성장을 위한 자료이며 지나치게 교사에게 업무 부담이 되는 문서는 지양.

제7장

함께 성장하는 **학교 문화** 만들기 (연구와 연수 혁신)

들어가며

혁신학교의 다양한 시도는 교육 현장의 형식과 내용의 타당도를 점검하는 장이다. 혁신학교 운영은 교육과정 운영과 교수학습, 발달을 지원하는 평가가 유기적으로 결합될 수 있도록 체계적인 지원체계를 형성해가야 한다. 이는 개개인의 노력, 즉 교사, 교장의 개별적인 판단과 추진력은 곧 한계에 부딪치게 되며 보다 구체적인 구성원들 사이의 관계 구축이 요구됨을 의미한다. 즉 학교 구성원들이 교육공동체를 만들어가야 하는 것이다.

혁신학교 교육공동체는 우선 교원이 협력하여 학교교육과정 운영과 관련된 제반 문제를 도출하고 해결을 위해 학습하고 연수하고 토론을 통해 해결 방안을 구안하며 실천하는 자율적이고 협력적인 관계를 만들어가야 한다.

지금까지 협력적 학교 문화를 만들기 위한 지도자의 자질에 대한 접근이 교육 본연으로 접근하기보다 상하복종과 타율을 바탕에 둔 관료제의 정당성에 그 가치를 두었기에 능동적이고 비판적이고 원칙적으로 검토하여 교육활동의 목적에 맞도록 철저한 실험 정신으로 검증해내야 한다.

혁신학교 교육과정은 혁신학교가 지향하는 정신의 총화이다. 교육과정이 갖는 이런 의미를 생각한다면 어린이의 특색, 지역 특성을 고려한 교육과정을 재구성하고 실천하고 반성하여 장기적인 관점에서 학교교육과정을 차분히 만들어간다는 자세를 견지해야 한다. 또한 교사들의 역량과 취향 그리고 학부모와 지역사회의 지원 등을 고루 고려해야 하기 때문에 학교교육과정 재구성은 실질적으로 학교혁신에서 가장 어려운 영역임을 잊지 말아야 한다. 매년 교육과정을 운영하면서 수시로 반성하는 과정을 통해 조금씩 다듬어나가는 것이 바람직하다.

우리는 앞에서 미래를 지향하는 대한민국 공교육의 거점 학교 중의 거점 학교인 혁신학교에 적합한 교수학습으로 협력 수업(교수학습)을 제시했다. 기존에 방법론으로 제시되었던 수많은 교수학습 접근법은 협력 수업의 본질을 찾아가는 경로가 되어야 하며 혁신학교 교사들의 수업 연구과정에서 주된 과제가 되어야 한다. 이러한 문제의식에서 출발한다고 해도 학습자의 다양함, 교사의 전문성의 정도와 성향의 차이로 쉽게 결과가 도출될 수는 없다.

올바른 교수학습은 다양한 학습자가 겪어야 할 개별적인 발달 노선에 가장 적합한 것이어야 한다. 즉 정답이 하나가 아니라 학습자 수만큼 여러 개일 수밖에 없다.

그렇다면 위의 여러 과제들 중 가장 중요한 것은 혁신학교 교육철학의 정립이며 특히 인간관과 학습자관이다.

현재 우리 앞에는 교원들이 겪어온 일상적 개념 수준의 학습자관과 인간관이 있을 뿐이며, 그저 대학생 수준의 짜깁기 정도로 제시된 인간관과 학습자관에 대한 자료들이 놓여 있을 뿐이다. 교원의 전문적인 연구공동체를 지향해야만 하는 혁신학교 교원은 장기적으로 보면 바로 이 부분을 어떻게 협력적으로 연구해내느냐 하는 것이 가장 중요하다. 이 부분은 불요불급한 당면 과제이다. 학습자관은 교육활동 전체의 방향을 가르는 중심 고리이다. 때문에 이 부분에 대해 일상적인 논의의 틀을 갖춘 혁신학교는 별다른 어려움 없이 조율을 통해 새로운 시도들이 가능하다. 여기서 교육과정 구성의 원칙이 나오고, 교수학습의 일반 원칙이 나오고, 학교 운영의 일반 원칙이 도출되기 때문이다. 교육의 시작과 끝은 인간관과 학습자관이라는 사실을 이제 회피하지 말아야 한다.

따라서 혁신학교 교원의 연구와 연수는 올바른 인간관과 학습자관을 정립해가는 교육철학, 혁신학교 운영 일반, 교육과정과 수업(교수학습), 평가로 나누어 살펴보고자 한다.

교육철학

교육철학에 대한 연구와 연수

혁신학교의 철학은 일반적인 의미에서 학문의 기준이 되는 존재론이나 인식론이 아니다. 또한 교육철학이라고 지칭할 때 사용하는 일반적 방법론도 아니다. 우리가 여기서 말하는 철학의 뜻은 구체적인 교육활동의 길잡이가 되는 기준이자 일반 원칙, 핵심 개념에 가깝다. 바꿔 말하면 이론적인 측면이라기보다는 실천적인 측면과 관련되어 있다.

결국 혁신학교 철학이란 혁신학교를 운영하면서 마주하게 되는 문제들을 해결하는 데 도움이 될 일반 원칙이다. 이 일반 원칙을 가장 추상적으로 제시한다면, 협력을 통한 전면적 발달, 소통을 통한 교육공공성 확립과 민주주의 구현, 이렇게 두 가지로 압축할 수 있다. 개

교육철학은 필수!

별 학교의 다양한 상황을 고려하여 선택의 폭을 넓히고자 다음과 같이 다섯 가지로 제시하는 것을 병행한다.

첫째, 어린이와 학부모와 교사가 모두 다 행복한 학교를 만들어간다.
둘째, 배움과 돌봄의 책임교육을 구현한다.
셋째, 학생, 학부모, 교원, 지역사회의 교육적 요구가 서로 소통하는 참여와 협력의 새로운 교육문화공동체를 만들어간다.
넷째, 전인교육이라는 공교육의 목표를 추구한다.
다섯째, 민주주의와 공교육을 정상화한다.

교육철학과 어린이 발달에 대한 이해가 학교 및 학급 운영에 적극 반영되어야 하는데, 어린이의 삶과 연동된 교육이 이루어지는 것을 혁신학교에서는 연구해야 할 것이다. 학급 담임교사는 동학년 선생님들과의 협력관계 속에서 어린이 발달 특성에 알맞은 생활지도와 학급 운영 방안을 모색해야 한다.

[연구1] 현대 교육철학과 어린이의 발달에 대한 연구와 연수

–비고츠키 등 현대 교육철학에 대한 연수와 적용 방안 연구
–어린이, 또는 인간의 발달과 성장에 관한 연구와 연수
–아동의 발달 수준에 따른 학습 내용 적정화에 대한 연구와 연수
–어린이의 발달과 놀이에 관한 연구
–핀란드 등 유럽 교육과 서구 교육의 철학에 대한 연구와 연수

[연구2] 책임교육 실현을 위한 인간관에 대한 연수와 연구

–민주주의 학교 운영과 어린이 자치 구현을 위한 연수와 연구

–담임 연임제와 학년 전임제에 대한 연구

–장애학생을 비롯한 특별한 배려가 필요한 어린이들을 위한 다양한 접근과 통합교육의 실제에 대한 연구

–관료제를 극복할 수 있는 학년별 업무별 재구조화 연구

[연구3] 문화 · 예술 · 생태에 대한 안목을 높이는 연구와 연수

–어린이의 성장과 문화예술교육

–감각체험 활동의 의미

–생태 교육론

혁신학교 학교 운영에 대한 연구와 연수

1) 혁신학교 운영 일반 연수

첫째, 인간적인 학교를 만들기 위해서는 인간관계에 대한 연구와 연수가 있어야 한다. 교사와 교사 또는 교사와 학생의 갈등을 해결하기 위한 방법, 비폭력 대화법, 배려와 경청을 바탕에 둔 소통의 방법 등을 연구해야 한다.

둘째, 민주적인 학교를 만들기 위한 연구와 연수가 필요하다. 아직도 관료적인 문화에 젖어 있는 학교로서는 권위적 교직 문화에 대한

자기 성찰이 없다면 민주주의로 나아가기 힘들 것이다. 관료제의 문제점을 파악하고 민주적 절차에 대한 이해, 민주성의 실제 적용 부분에 대한 구체적인 방식을 연구해야 한다. 나아가 민주성의 실현이 권한 재설정의 설정과 책임에 대한 연구를 함으로써 그 실체를 확인하는 과정이 될 것이다.

셋째, 협력하는 학교를 만들기 위해서 교원들이 학교교육과정 편성에 적극적으로 참여할 수 있도록 교육과정에 대한 이해와 교육과정 재구성 방법에 대한 연수가 필요하다. 사실 국가교육과정이 7차까지 개정되고, 수시로 개편되고 있음에도 불구하고 현장에서는 교육과정에 대한 이해가 많이 부족하다. 국가교육과정에 대한 이해가 없다면 학교의 실정에 맞는 학교교육과정으로 재구성하는 것은 불가능할 것이다. 교육과정 전문가로서 자신 있게 학교교육과정을 만들어 운영함으로써 교육 전문가로서 성장할 수 있는 것이다.

넷째, 투명한 학교를 위해서 학교회계 제도에 대한 연수가 필요하다. 학교에서 교사들이 관리자를 불신하고, 학부모가 학교를 잘 신뢰하지 못한 것은 학교 예산이 올바르게 쓰이고 있는지에 대한 신뢰, 다시 말해 예산 운영의 투명성이 부족하기 때문이다. 비록 에듀파인을 통해 예결산을 공개한다고는 하지만, 회계에 대한 이해, 그리고 적절성에 대한 연구가 없다면 투명성을 확보하기 힘들다. 따라서 해마다 조금씩 바뀌는 회계제도에 대해서 연수를 받아야 하며, 교육과정 운영과 예산을 조화롭게 결합시키는 연구가 필요하다. 교육과정 연수를 할 때 적어도 교육과정 운영에 따른 회계 연수를 같이하기를 제안한다.

[연구1] 인간적인 학교

–인간 발달에 대한 이해, 참여와 소통에 대한 연수

[연구2] 민주적인 학교–함께 결정하고 나누어서 실천하기

–민주적 절차와 합리적 의사 결정, 권한 재설정에 대한 연구

–우리 학교에서 불필요한 일 걸러내기

[연구3] 협력하는 학교–함께 짜고 함께 실천하는 교육과정

–혁신학교 교육과정과 우리 학교에 알맞은 교육과정 연구

–학부모와 소통하는 교육과정 연수

[연구4] 투명한 학교–교육과정과 관련된 예산 세우기

–변화된 학교회계 제도의 연수, 연구

–예산의 합리적 투명성 재고, 교육과정과 연계한 학교 예산 운용

2) 혁신학교의 협력적 리더십에 대한 연구와 연수

혁신적인 조직은 비관료적인 아이디어를 즉각적으로 받아들이고 개인적이며 동시에 집단적인 지지와 참여를 필요로 한다. 많은 혁신학교에서 권한 재설정을 이야기하고 있지만 보다 진전된 혁신학교의 리더십은 동의와 위임으로서가 아니라 서로 공유하고, 참여하고 협상을 거치는 것이다. 리더십이 공식적인 권위를 가지는 위치의 사람들에게서 나오기는 하지만 서로 다른 역할 내의 각기 다른 사람들에게서 수

행될 수 있는 일련의 기능들도 포괄한다. 혁신학교의 리더십은 학교장 1인에 국한된 것이 아니고, 교사에게도 적용되는 리더십이다. 혁신학교의 학교 자치가 제대로 실현된다면 학교 구성원들 모두가 책임을 공유하기 때문이다. 각 개인이나 팀의 자발적인 동기, 기발한 생각들이 학교 자치 안에서 기획력을 발휘하는 모습도 나타날 수 있기도 하다. 리더십은 문제와 해결책을 공유하려는 의지, 상호 간의 학습, 모든 어린이들의 가능한 성장을 지원하는 상호 협력에 의해 특성화되는 것이 필수적이다.

협력적 지원체계에서도 협력적 문화의 필요성에 대한 새로운 접근이 필요하고 지원체계의 조직적 역할은(지원 청이나 시·도 교육청) 특수한 맥락 속에서 학교들이 처한 다양한 어려움을 인식하는 것이다. 상호 보완적이고 협력적인 학교들의 수행을 감독하는 것보다는 역량 개발에 기반을 둔 시스템을 만들고 지원, 육성해야 한다.

교육청에서 지원해줘야 할 연수의 종류에는 다음과 같은 내용이 있다.

–교장 · 교감 연수: 학교혁신과 교사 조직 개선 방안
–행정실장 연수: 학교혁신의 성공을 위한 지원 방안
–교사 연수: 혁신학교에 대한 이해, 혁신학교 참여 방안, 협력적 교수 학습 과정
–혁신학교에서 요구하는 각종 맞춤형 연수 지원

결국 혁신학교의 리더십은 로이Roy[27]가 제시한 것처럼 양질의 리더

27) 전국교직원노동조합(2006), 「21세기 학교혁신의 국제 동향과 과제」, 『21세기를 위한 교육 리더십과

십을 추구하는 것이고, 양질의 리더십의 핵심은 민주적이고, 잘 배분된, 그리고 공동의 목표인 배움과 나눔의 행복한 학교를 만들기 위해 협력하는 관계이다. 공식적 리더십은 세 가지 중요한 기본을 충족시켜야 하는 책임을 가진다. 세 가지 기본이란 방향을 설정하고, 사람들을 계발시키고, 조직을 재설계하는 것을 말한다.

[연구1] 민주적 학교 운영 연구

–새로운 협력 문화(리더십)에 대한 이해와 적용

–교사의 업무 분장과 어린이 자치활동의 연계에 대한 연구

–공공의 책임성을 실현하는 새로운 리더십의 실제

–업무의 재구조화와 새로운 협력 문화 확립

–민주성과 공공성의 실현의 장: 어린이 자치와 동아리

3) 협력 공동체 구성원의 역할과 업무에 따른 연구와 연수

혁신학교 교장

학교 운영의 책임자로서 학교교육 운영 및 활동에 대한 기획가 및 의사 결정자, 학교 운영에 대한 통제자 및 평가자, 교사의 전문성을 제고시켜 주는 교내 장학 담당자, 그리고 학부모 및 지역사회에 대한 조정자 등의 기능을 수행해야 한다. 또한 학교장이 학교 운영의 리더로서 역할과 자질을 갖추어 학생중심의 학교 운영을 보다 효과적으로 수행하기 위해서는 필연적으로 민주적이고 변혁 지향적인 리더십을 발

교수 : 바람직한 시나리오(Roy Martin)』(제5회 참교육 실천대회), pp. 137~139.

휘해야 한다. 이를 위해 학교장은 독단적인 학교 운영보다는 학교 조직 구성원들의 광범위한 의견 수렴을 위해 교무회의와 각종 자문위원회 활성화에 주목해야 한다.[28]

따라서 학교장은 시대의 흐름과 교육철학에 대하여 누구보다 잘 알고 있어야 한다. 교장 스스로 21세기의 교육의 지향점이 무엇인지, 어떤 철학을 바탕으로 교육을 하고 학교를 운영해야 할지 연구해야 하며, 교장 연수 시 이를 반영해야 한다.

그리고 교장은 학교 행정의 최고 책임자로서의 책무와 역할에 대한 연구도 해야 한다. 다른 나라와 교장의 책무성을 비교 검토 연구함으로써 민주적 리더의 역할을 수행해야 할 것이다.

학생을 위해 학교가 존재한다고 볼 때, 어린이 자치, 상담, 진로 지도, 갈등 해소를 위한 연구는 꼭 필요하다. 학생들이 스스로 규정을 제정할 때까지 참고 기다려준 어떤 고등학교의 사례는 교장의 마음자세가 얼마나 중요한지 알려주는 좋은 사례이다. 급격한 시대의 변화에 따라 적응하지 못하는 청소년기의 학생들을 적절하게 상담해주기 위해서 정서적 안정과 자긍심을 심어줄 수 있는 상담 방법 등에 대한 연구를 해야 하며 필요하다면 교장 연수 시 주요 과목으로 넣어야 한다.

또, 학교장은 학부모와 지역사회와 원만한 관계를 유지하고, 적극적으로 소통할 필요가 있다. 이를 위해서 지역의 경제 사회학적인 환경을 연구해야 한다. 학부모의 요구가 무엇인지 끊임없이 청취하고, 이를 학교 운영에 반영해야 하며, 지역 시민단체의 현황과 성격, 그리고 학교교육과의 협조 가능성에 대한 이해를 하고 있어야 한다.

---

28) 김이경(2006), 『OECD 학교장 리더십 국제 비교연구(Ⅰ)』, 한국교육개발원(한국교육개발원 pdf 자료).

나아가 혁신학교의 교장이라면 끊임없이 자기 혁신의 방안이 무엇인지, 교장이 학생과 교사를 어떻게 지원할 것인지 연구해야 한다. 이를 위해 수업의 혁신, 교육과정의 혁신이 일어날 수 있도록 수업방법, 교육과정에 대한 폭넓은 연구가 선행되어야 한다.

이러한 교장에 대한 연구와 연수는 현직 교장에 대해서도 할 수 있고, 장차 교장이 되어야 할 교사들에게 혁신적 마인드를 갖게 하기 위해서도 필요하다. 덧붙여 제안한다면 교육청은 15년 이상의 교육 경력자를 대상으로 학교장으로서 갖추어야 할 리더십 연수를 개설하여 이 연수를 이수한 교사에게 교장이 될 자격을 부여한다면, 현행 관료적인 교장 자격증을 폐지하고도 얼마든지 역량을 갖춘 교장군을 확보할 수 있을 것이다.

혁신학교의 부장, 팀장

우리나라 학교의 교원 구조는 이원 구조인데 교수직렬과 관리직렬로 나눌 수 있다.[29] 교수직렬은 아이들을 가르치는 평교사와 부장교사이며, 관리직렬은 수업이 거의 없고 학교 관리를 책임지는 교장 교감이다. 평교사 중에서 보직을 맡는 부장교사는 교수직렬로 분류하지만 일정 부분 관리직렬의 성격을 갖는다. 이는 부장의 역할이 일정 부분 부서 관리 및 학년 관리 업무를 위임받기 때문이다.

많은 부장교사들은 업무 때문에 수업 및 학생 생활 교육 등 교수직렬로서 교사의 본연의 업무를 잘 수행할 수 없다고 하소연한다. 혁신

29) 김이경, 앞의 자료.

학교에서는 학교 전체의 업무를 줄이면서 부장의 업무를 다시 설계할 필요가 있다. 행정업무 보조원 채용과 업무지원 담당 교사팀 운영 등을 제안할 수 있겠다. 그럼 혁신학교 부장들은 어떻게 해야 할까? 팀별 운영의 적극적 참여자로서 학교 운영 전반에 대한 조절과 추진의 주체가 되어야 한다. 단, 이것은 혁신학교 초기의 역할로 한정지어야 한다. 그리고 혁신학교가 일정 정도 안정이 되면 공동체 모두의 몫으로 넘겨야 한다.

혁신학교 교사

교사는 학급 운영의 책임자이자 교수학습의 전문가이며, 동시에 학년교육과정 운영의 동반자이다. 혁신학교의 교사들은 아이들의 발달상황을 살펴야 하고, 아이들과 함께하는 학급 운영, 협력적 교수학습

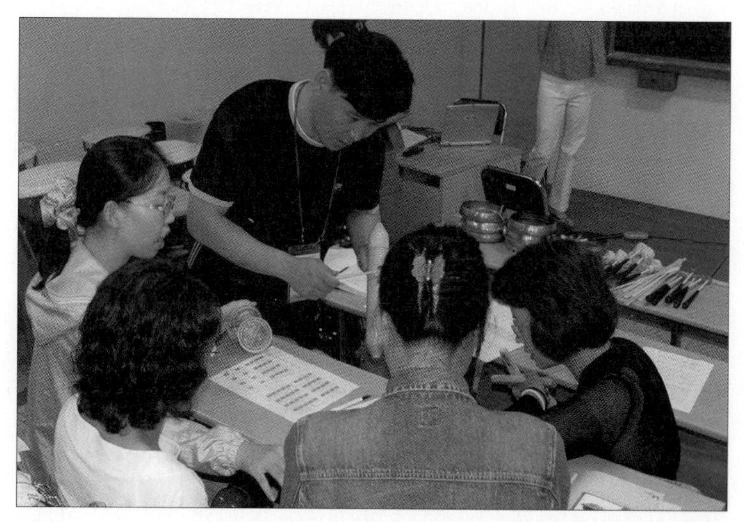

동료 교사의 연수

활동 등을 연구하거나 연수에 참여해야 한다.

[연구1] 혁신학교 교장과 부장(팀장)의 역할

–혁신학교 철학에 대한 이해

–어린이의 성장과 발달에 대한 이해

–학교 안의 자치에 대한 이론과 실천

–혁신학교 운영을 위한 연구: 혁신 부장, 또는 담당 부장

–학교 행정의 관료성 극복을 위한 팀 체제 수행에 대한 연수

–교육과정에 대한 이해와 학년 아동의 발달에 대한 연구

–학년교육과정 운영 시 협력적 업무 수행에 대한 연구

[연구2] 동학년 사이의 협력활동에 관한 연구 및 연수

–동료성: 협력 교수학습 과정에 대한 연수, 갈등 해소법 연수

–혁신학교의 철학과 민주적 학급 운영: 어린이 자치를 중심으로 한 학급 운영, 어린이와 소통하는 법, 비폭력 대화법 등 연구와 연수

–학년팀제로 운영되는 학교 예산의 실제 연수

–온전한 성장을 지원하기 위한 아동의 발달과정 이해

–품앗이 교사 연수: 동료 교사 내의 연수

–생태, 인권, 평화, 노동 등의 주제와 교육과정

학부모의 참여와 협력을 위한 연수와 강좌

지금까지 많은 학교에서 학부모는 봉사, 또는 동원의 대상에 머물렀다. 물론 일부 학부모는 학교운영위원회를 통해 학교의 의사 결정에

참여하는 기회를 얻기도 하였다. 21세기는 학부모가 교육공동체의 일원으로서 당당히 학교교육에 참여해야 하며, 아이와 교사, 그리고 학부모가 참여와 소통을 통해 협력적으로 동반 성장해야 한다. 따라서 학부모를 위한 연수도 단순히 학교교육 내용을 홍보하는 수준을 넘어 성장하는 학부모가 될 수 있도록 하는 내용으로 전환되어야 한다. 학교의 철학에 대한 공감은 가정의 양육관, 평생의 가치관에도 큰 영향을 미칠 수 있기 때문이다. 더 나아가 자생적인 학부모 모임 등의 활동이 활성화되어 어린이의 성장과 학부모의 성장을 도모하는 혁신학교의 목표를 구현할 수 있을 것이다.

[연수1] 함께 성장하는 학부모와 자녀에 대한 이해

–어린이의 성장에 대한 이해 연수, 혁신학교 교육철학에 대한 연수

–학교교육과정 이해 연수

–자녀교육을 위한 학부모 강좌: 학습 지원자로서 부모의 역할, 자존감을 높이는 대화법, 성장과 소통 등

–학교교육의 동반자로서의 역할에 대한 연수: 학부모 동아리 조직, 체험학습에 함께 참여하는 방법 등

[연수 사례] 혁신학교 리더십 연수 예시[30)]

<table>
<tr><th colspan="2" rowspan="2">영역 및 강의 과목</th><th rowspan="2">내 용</th><th rowspan="2">시수</th><th colspan="3">수업방법</th></tr>
<tr><th>강의</th><th>참여</th><th>실습</th></tr>
<tr><td rowspan="7">혁신학교의 철학과 비전</td><td>학교개혁</td><td>전면적인 인간 발달을 위한 학교개혁</td><td>2</td><td>○</td><td></td><td></td></tr>
<tr><td>인간의 성장과 교육</td><td>민주시민으로 성장하기 위한 혁신학교의 상</td><td>2</td><td>○</td><td></td><td></td></tr>
<tr><td rowspan="2">학교 운영 원리 세우기</td><td rowspan="2">혁신적 학교교육을 위한 일반적 교육 원리 만들기</td><td>1</td><td></td><td></td><td>○</td></tr>
<tr><td>1</td><td></td><td></td><td>○</td></tr>
<tr><td>학교 경영 구상도 작성하기</td><td>학교 비전을 제시하고 이를 실천하기 위한 구상도 작성</td><td>1</td><td></td><td></td><td>○</td></tr>
<tr><td>학교혁신과 협력관계</td><td>학교 구성원들의 바람직한 관계를 위해 요구되는 협력 문화</td><td>1</td><td>○</td><td></td><td></td></tr>
<tr><td>학교 분석과 대안 마련하기</td><td>학교혁신을 시도하고 있는 단위 학교의 문제 유형 진단 및 대안 마련하기</td><td>2</td><td></td><td>○</td><td></td></tr>
<tr><td rowspan="3">협력의 학교 문화 만들기</td><td>우리 학교 문화의 문제점과 대안</td><td>학교에 만연한 권위적이고 폐쇄적인 문화의 문제점과 대안 마련의 필요성에 대해 알아보기</td><td>2</td><td>○</td><td></td><td></td></tr>
<tr><td>공동체로서 학교생활 규범 만들기 및 신뢰받는 학교 실천 윤리 만들기</td><td>공동체 구성원이 지켜야 할 생활규범 및 교사의 실천 윤리 만들기</td><td>2</td><td></td><td></td><td>○</td></tr>
<tr><td>협력 수업 협의하기</td><td>학습자의 성장을 위한 협력 수업 관찰 방법과 바람직한 수업 협의 방식에 대해 토의하기</td><td>2</td><td></td><td>○</td><td></td></tr>
</table>

30) 경기도 혁신학교 리더십 연수(2011. 1. 17~1. 26).

협력의 학교 문화 만들기	소외에서 참여의 교실	모두를 위한 교실 만들기와 학습을 통해 기쁨을 나누는 교실, 학교 철학과 학급 운영에서의 조화 찾기	2		○	
	참여와 소통이 있는 창조적 학교 문화 만들기	관료적 폐쇄성을 극복하고 분업적 획일성을 넘어서 새로운 학교 문화를 만들 수 있는 방안 토의	2		○	
교수학습 과정의 혁신	우리나라 교실의 수업 풍토와 문제점	클릭 수업과 다운 수업, 교실 왕국, 교과주의, 교사중심 수업방법의 문제점과 해결 방안 모색	1	○		
	개인의 발달을 지원하는 수업의 이해	교사중심이 아닌 학생중심의 수업의 필요성 및 이를 위한 교사에게 요구되는 것	1	○		
	협력적 교수학습 과정의 이해와 실제	협력 교수학습 방법의 의미와 학습을 통한 즐거움이 일어나는 사례	3	○	○	○
교육과정 재구성과 공교육 정상화	교육과정 편성과 운영	공교육의 파행적 운영에 대한 문제점 인식 및 해결 방안 모색	2	○		
	학교교육과정 재구성 사례	학교교육과정을 재구성하여 운영한 학교의 사례 듣기	2	○		○
	평가의 혁신 방안	상대적 평가 방식이 아닌 개인의 발달을 지원하는 평가 방법 모색	2	○		
교수학습 중심의 운영 시스템 구축	교수학습 중심의 학교 운영 시스템	행정업무 중심의 학교 운영 시스템에서 교수학습 중심의 학교 운영 시스템으로의 전환	1	○		
	우리 학교의 불필요한 일 버리기	교사의 업무 중 잡무와 고유 업무 구분하고 잡무 없애기	1			○
	교사 조직을 학습 조직으로 만들기	관리와 통제 위주의 교사 조직에서, 바람직한 교사 조직을 위한 토의	2		○	

교수학습 중심의 운영 시스템 구축	참여자 중심의 학교 디자인	근대적인 학교 모습에서 학습자의 동선과 정서를 고려한 학교 디자인	3	○		○
대외 협력과 학부모 참여 확대 방안	학교공동체 만들기	공공성을 바탕으로 한 학교공동체의 필요성 알기	2	○		
	학부모와의 파트너십 구축 방안	학부모와의 올바른 관계 정립을 위한 방안 모색	2		○	
	지역사회와 네트워크 구축 방안	지역사회와 함께하는 학교를 만들기 위해 학교가 해야 할 일	1	○		
합계	교과 과정별 총 이수 시간		46			

혁신학교 교육과정과 수업(교수학습)에 대한 연구와 연수

교수학습 과정은 교육과정을 어떻게 구성하느냐에 따라서 크게 달라질 것이다. 혁신학교가 교육과정을 50%가량 자율적으로 편성 운영한다고 했을때 필연적으로 교육과정의 총론 및 각 교과 교육과정에 대한 이해가 요구된다. 더군다나 수시로 개편되는 교육과정을 제대로 바라봐야 학교교육과정을 충실하게 재구성할 수 있다. 교육과정을 재구성함에 따라 교수학습 과정의 형태와 내용에 대한 접근도 어떻게 함께 진행할 것인지 결정된다. 주제를 중심으로 교과 통합적으로 교육과정을 재구성했다면 팀 티칭이 진행될 수도 있다. 이러한 과정은 학년 또는 교과 조직에 의해서 공동으로 진행해야 하며, 그 교수학습(수업)의 진행이나 결과는 연구팀이 공유하고, 네트워크를 통해 외부 교사에게도 공개할 수 있어야 한다. 여기서 간과해서는 안 되는 내용이 바로 혁신학교의 성과를 국가 수준의 학업성취도 결과와 동일시하는 점이다. 이는 혁신학교에 대한 표피적인 성과 결과를 도식화하고 기존의 결과 중심 평가관을 극복하지 못하는 비혁신적인 발상이다. 교수학습 과정의 협력성과 동료들 간의 소통과 합의는 발달을 지원하는 평가로 그 힘을 발휘할 수 있을 것이라 본다.

[연수1] 교육과정과 관련한 연구과 연수

–어린이 발달 특성과 교육과정의 적정성

–현행 교육과정의 분석과 교과별 재구성 방안

–개편된 교육과정에 대한 비판과 활용 방안

–혁신학교 교육철학에 대한 이해와 교과 교육과정 적용 방안

–교과를 뛰어넘는 주제 통합 방안

[연수2] 교수학습 방법에 관련한 연구와 연수

–교수학습 방법론에 대한 전반적인 이해

–협력 학습을 구체화하기 위한 방안: 모둠활동, 토론 학습, 협동 학습, 프로젝트 학습, 배움의 공동체 등

–감각적 체험활동을 활용한 교수학습 방안: 생태 학습, 관찰 학습, 노작 학습, 문화예술 학습, 체육활동 등

–진로 교육: 직업 탐색활동, 노동교육, 삶의 가치 등

–한사람도 소외되지 않는 교수학습 방안: 3자대화를 통한 자기 학습

점검, 치유나 치료가 필요한 어린이(ADHD, 학습장애, 특수아)와 함께하는 수업 방안

–근접발달영역과 어린이의 발달을 돕는 교수학습 방법

–미디어를 사용한 올바른 교수학습 방법

–교수학습 활동과 평가: 계량적 평가에서 질 관리 평가로의 전환, 어린이의 발달을 지원하는 평가

[연수3] 한 사람도 소외되지 않는 교수학습 과정

–경쟁을 유발하지 않고 협력적 관계를 유지하는 학급 운영

–3자(어린이–학부모–교사) 대화를 효과적으로 활용하는 방안

–교수학습과 평가 방안: 초등학교에서 평가의 방향 삶과 연계된 평가, 가르친 교사에 의한 평가, 교수학습 과정으로서의 평가 원칙 구현 방법

[연수4] 발달과 성장을 지원하는 평가

–발달대화를 통해 협력적으로 도달 목표 정하기

–혁신학교의 평가관

[연수5] 협력 교수학습을 지원하는 학교

–권한 재설정에 따른 역할과 책임에 대한 연수, 업무분담과 업무협조 방안에 대한 연구 및 연수, 교수학습을 침해하지 않는 학교 행사 운영 방안 연구

[연수6] 어린이의 삶이 담긴 학급 운영 방안

–모두가 행복한 학교 만들기 : 교사와 어린이가 협력하여 학급 운영 원칙 정하기

–서로의 이야기를 나누는 아침 시간

–관계 맺기를 통해 소통하며 협력하는 공부 시간

–가꾸기(텃밭, 화분 등)와 기르기(새, 닭, 토끼 등)를 통한 생명과의 교감

[연수7] 수업 공개와 수업연구회 활동

–교사의 동료성과 협력을 바탕으로 하는 수업

–교사의 수업 진행 중심에서 어린이 활동과 배움 중심의 수업 참관 또는 참가

–비평보다는 배려와 나눔을 위한 수업 연구회: 학생의 배움이 어떻게 일어났는가? 학생과 학생, 교사와 학생의 관계가 어떻게 진행되었는가?

혁신학교의 꽃, 교사 연구 공동체 구성

1) 교사의 전문성

'교사는 전문가인가'라는 물음에 우리는 선뜻 그렇다고 대답하기 힘들다. 전문가는 취급하는 내용이 비교적 확실하며(확실성) 결과가 비교적 뚜렷하게 나타나며(경계성), 같은 직에 속한 다른 이가 행하더라도

비교적 결과가 비슷하게 나온다(재귀성). 또한 전문가들은 대체로 자격증을 취득하거나 논문을 통해 학술적으로 인정받고 있으며 자신들의 협회를 구성하여 상당한 권한을 행사하고 있다.

그러나 교사가 하는 일을 보면 아이들을 어디까지 가르쳐야 하고 생활지도를 얼마만큼 해야 적당한지 그 내용을 특정 짓기 어렵기 때문에 교육 내용이 불확실하고(불확실성), 학습의 결과는 바로 측정할 수 있는 경우도 있지만 전반적인 교육활동의 결과는 언제 나타날지 모른다(무경계성). 그리고 같은 내용을 가르치더라도 교수-방법이 교사에 따라 다양하기 때문에 동일한 교육 프로그램을 모든 교사에게 적용할 수 없다(재귀 불가능). 그래서 교사는 통상적인 개념의 전문가라고 말할 수 없다.[31] 그렇다고 교사가 전문가가 아니라고 선뜻 규정할 수도 없다. 교직이라는 특수 목적을 위해 4년 이상 공부하였고, 자격증 제도를 두고 있기 때문에 적어도 임용에 관해서는 의사나 변호사처럼 경계가 분명하다.

그래서 교사란 전문가인가라는 문제는 아포리아(난제)[32]이고, 이 아포리아를 해결할 사람은 바로 교사이다. 교사가 만일 교과서나 지도서에 나온 대로 가르치거나 생활 규정대로 어린이들을 지도하면 전문성이 있다고 아무도 말하지 않는다. 사실 의사나 변호사도 비교적 확립된 의료 방법이나 법률 해석을 적용하긴 하지만, 새로운 의료기술을 개발하거나 배우고 익혀야 하며, 새로운 판례나 국내외의 법률 해석을 끊임없이 연구하여 적용하지 않으면 자기 분야에서 인정받기 힘들다.

31) 사토 마나부, 『교사의 아포리아』, 미간행.

32) '교사 전문성'에 대한 아포리아 설정에 있어서 일본의 경우는 국가교육과정에 대한 문제인식이 없기 때문에 우리나라의 실정과는 다르다는 점에 유념할 필요가 있다.

하물며 변화무쌍하고 개인차가 큰 어린이들을 가르치는 교사는 결코 정해진 틀대로 지도할 수 없다. 성장하고 변화하는 어린이들의 눈높이에 맞춰 교육을 해야 한다. 다만 이때 잊지 말아야 할 것은 어린이들의 성장을 위해 어린이들의 눈높이보다 좀 더 수준 높은 교수학습을 설계해야 한다.

그러므로 교사의 전문성은 다른 어느 직종보다도 성장 가능성이 무한대이며 전문성을 성장기키기 위한 부단한 자기 연구 및 동료와의 협력이 요구된다.

2) 교내외 연수를 통한 연구 형식의 구조화

혁신학교 교사의 전문성을 신장하기 위한 연수는 일정한 주제를 정해 집중적으로 이루어지는 사례가 많았다. 예컨대 수업연구회에서는 한 주제를 집중적으로 연수하고, 연수한 내용을 수업에 적용한 후, 차기 연수에서 다시 환류하여 수업 전문성을 높여왔다. 공간적으로는 교내와 지역 연수, 전국 연수 등 다양한 형태가 존재한다.

교내 연수는 자율연수와 직무연수로 개설할 수 있다. 주로 자율연수는 혁신학교 운영에 필요하지만 강좌 사이의 연관성이 적은 내용을 위주로 한다. 혁신학교 운영 초기에는 자주 하고, 그 뒤에는 한 달에 한 번 정도 진행할 수 있다. 교내 직무연수는 하나의 주제를 15시간 단위로 집중적으로 연수할 수 있으며, 연수 학점에 반영할 수 있다는 장점이 있다. 비록 연수의 절차와 과정이 복잡하지만 해당학교 교사뿐 아니라 다른 학교의 교사도 함께 참여할 수 있어 혁신학교를 함께 논의하고 확산할 수 있는 장점이 있다. 최근에는 지역 교육청 등의 연수로 신청하면 운영비 및 연수비를 지원받으므로 수강료 없이 연수를 진행하는 행정적인 절차가 그만큼 줄어든 연수도 등장하게 되었다.

또한 교사는 연수원이나 다른 학교 및 교원단체에서 진행하는 연수에도 참여할 수 있다. 전국적인 연수 기관에서 진행하는 연수를 통해 전국적인 혁신학교 사례를 공유하면서 시너지 효과를 얻을 수 있다. 교육청이나 연수원 정보원 등에서도 사전 연수를 통해 혁신학교의 철학을 공유할 수 있도록 지원을 해야 한다.

[연수 사례] 맞춤형 연수의 내용(00초)[33]

순	교과목	교수 요목	시간 수			강사		비고
			계	강의	참여	강사명	소속 및 직위	
1	서울형 혁신학교의 개념과 운영 방향	–서울형 혁신학교란? –초등 혁신학교 운영 방향	2	2	0			
2	혁신학교의 이해	–혁신학교의 개념 –혁신학교의 운영 모델	3	2	1			
3	혁신학교와 교육과정(1)	–우리가 만드는 혁신학교 교육과정(분임 토의, 전체 토의)	2	0	2			
4	혁신학교와 교육과정(2)	–혁신학교 교육과정 매뉴얼 –함께하는 동학년 운영 사례	3	2	1			
5	배움과 소통의 수업혁신 방법	–교육과정 특성화를 통한 학교혁신 방안	3	2	1			
6	참여와 협력의 학교 문화 형성	–학교혁신 운동에 대하여	2	2	0			

33) 「2010 초등 공모형 맞춤식 직무연수」(원당초: 서울형 혁신학교와 혁신학교 교육과정에 대한 이해).

3) 연수의 방법과 내용

혁신학교 교사들이 먼저 합의하고 진행해야 할 것은 전교사가 해당 학교의 교육철학에 대한 합의를 하는 것이다. 서울의 모 혁신학교의 교사는 철학에 대한 합의를 한 후에는 "판단해야 할 다양한 상황, 학교 시설 등에도 철학에 대한 합의 이후, 실무적 논의가 진행되어 생각보다 회의시간도 길어지지 않고 있다"라는 말을 한다. 그 이후는 연수가 필요한 내용을 정리하여 2~3년 이상의 장기 계획에서 필요한 내용-학교교육과정, 전반적인 학교 운영 틀, 예산 사용 방법 따위, 전 교사가 공통으로 점검하고 지켜가야 할 내용들을 중심으로 진행한다. 그 내용은 해당 학교 교사들의 전문성을 공유하는 것과 자생적인 연구 성장 동력을 형성해가는 방향으로 채워질 것이다. 강의한 교사는 자기 분야에 대해서 책임을 지고 계속적으로 연구를 하게 되며 더욱 전문성을 갖게 된다. 더 좋은 것은 연수가 일회성으로 그치지 않고 그와 관련한 연구 모임으로 이어져 가서 교사 간의 협력관계를 형성하여 교실 내의 다양한 어려움을 이론과 접목시키고 시도하는 다양한 접근이 가능해진다.

학교 운영에 꼭 필요하나 내부 교원들에서 강사를 구하지 못할 경우에 외부 강사를 초청해야 할 것이다. 말솜씨가 부족하고 내용이 좀 소박해도 옆에서 함께하는 사람들의 얘기를 듣는 것이 훨씬 더 소중할 수 있다. 특히 성공 사례보다 실패 사례를 듣는 연수가 꼭 필요한데 그래야 서로 할 얘기가 많아지고 성공보다 실패할 때가 가장 많이 배우고 성장할 때이기 때문이다.

혁신학교를 운영하는 학교 교사들은 후발 학교나 연구회에서 끊임없는 연수 요청을 받기 때문에 모든 교사는 어느 한 분야의 전문가이면서 혁신학교 운영 전반 연수를 파악하는 등 연수 강사를 할 준비도 해야 한다. 학교 내의 모임은 학습 모임, 동호인 모임, 동학년 모임, 교과 모임 등 여러 가지가 존재한다. 특히 학년(군) 중심으로 운영되는 초등학교에서는 동학년 모임이 학년교육과정을 운영하는 단위가 되기 때문에 매우 중요하다. 따라서 학습 모임의 경우 동학년 모임에서 진행하는 것이 좋을 것이다.

[연구1] 동학년(군)과 함께 여는 전문적 학습공동체 진행 방안

–학년교육과정에 대한 이해와 적용, 어린이의 성장과 연계된 협력 교수학습 방법 연구

–교실 개방을 통한 학년별 자율적인 수업 열기와 수업 연구 모임

–동료성을 바탕으로 한 교사 간 협력 수업: 교환 수업, 팀 티칭

▷교환 수업, 팀 티칭 : 공동 수업안 작성과 동일 학급에 여러 교사가 참여하는 공동 수업

–외부 지원 인사들과의 관계와 협력 방안

▷교사들의 연수활동에 대한 협력과 지원 확대

교사 전문성 연수의 새 길

지금까지 정리한 내용을 통해 알 수 있듯이 교사 전문성의 핵심 알

갱이로 인간관과 학습자관이 정면으로 배치된 자료를 찾기가 어려웠다. 진정한 교사 전문성을 확보하기 위해 새로운 길을 가고자 한다면, 확실한 건 교사가 어린이를 대상으로 한 관점이 정리되지 않으면 전체적인 중심을 갖고 가기에는 어려움이 많은 것이 사실이다. 아래에서는 교사의 관점과 다양한 주제에 대한 연수 내용의 예를 볼 수 있다.

[연수 사례] 새 학년 연수[34]

대주제	소주제				
교육과정과 교과교육	교육철학	교육과정 관점 세우기	교육과정 재구성 방안	발달 이해하기	교과 교육과정의 이해
	○○○	○○○	○○○	○○○	○○○
주제	통합 교과 적용하기	생태 놀이 (생태 통합)	감각 통합 주제의 실제	몸으로 표현하기 (놀이와 유희)	우리 주변의 공간 체험활동
	○○○	○○○	○○○	○○○	○○○
학급운영	세시풍속으로 엮는 학급 행사	어린이와 학급문집 만들기	학습 준비물 교구 관찰	학급에서 갈등 해결하기	평화로운 학급 운영
	○○○	○○○	○○○	○○○	○○○

34) 전교조 서울지부, 새학년연수 자료.

제8장

소통과 참여의 민주적 학교 운영
(학교 운영 혁신)

들어가며

다음은 현재 대부분의 학교에서 월요일마다 이루어지는 모습이다. 교무부장이 참석한 교사 수를 센 뒤에 다음과 같이 직원종례를 시작한다.

"지금부터 직원종례를 시작하겠습니다. 각 계에서 전달사항 있으시면 말씀해주십시오." 하면 부장이나 각 업무를 맡은 교사들이 차례로 일어나서 발표한다.

"생활부에서 말씀드리겠습니다. ……협조를 부탁드립니다."
"과학정보부에서 말씀드리겠습니다. ……협조를 부탁드립니다."
"도서관 담당부서에서 말씀드리겠습니다. ……협조를 부탁드립니다."

각 업무부서의 전달사항이 끝나면, '교감 선생님 말씀'이 있고 그 다음 마지막 차례로 '교장 선생님 말씀'이 이어진다. 말부터 '직원종례'인 것처럼 처음부터 '지시사항 전달'로 시작해서 '지시사항 전달'로 끝난다. 다른 의견을 얘기할 틈도 없거니와 손을 들고 얘기하는 교사도 없다. 30여 년 넘게 교사 노릇을 해도 업무 내용을 발표할 때 빼고 직원종례 시간에 손들고 일어나서 자신의 의견을 당당하게 발표한 적이 없는 교사가 대부분이다.

이 시간에 일어나서 다른 의견을 말하면, 학교 일에 딴지 거는 '부정적인 교사'라는 말을 듣는다. 심지어 관리자한테 '왜 직원회의 시간에 개인적인 얘기를 하느냐? 그런 얘기는 교장실에 와서 따로 해라'는 말을 듣기도 한다. 이때 승진을 앞두고 근무평정을 잘 받아야 하는 일부 부장들은 제기된 교사의 의견이 맞고 틀리고를 떠나 무조건 관리자의 의견을 받아 모시기에만 바빠서, 관리자의 부조리하고 원칙 없는 일처리에 대해 다른 의견을 제기하면 먼저 나서서 '교장 선생님을 왜 힘들게 하느냐?'고 관리자를 두둔하고 의견을 제시한 교사를 나무라기도 한다.

승진 점수가 걸려 있는 연구시범학교 운영을 앞두고 교사들의 의견을 묻는 과정에서는 더욱 편법이 심하다. 교사의 의견 수렴을 거쳐서 다수가 찬성해야 신청할 수 있기 때문에 실적이 필요한 관리자와 승진 점수가 필요한 일부 부장들이 다수의 찬성표를 얻으려고 온갖 편법을 다 동원한다. 편법으로 일이 진행이 되어도 대다수 교사들은 관리자에게 저항하지 못하고 굴복한다. 이것이 현재 우리나라 대다수 학교 모습이다. 우리나라 학교에 민주주의가 있느냐고 묻는다면, '없다!'고 자신 있게 말할 수 있다.

혁신학교를 준비한다니까 주변의 교사들이 너나 할 것 없이 현재 학교에서 바꿔야 할 것들을 이것저것 주문하기 시작했다. 그동안 학교 안에서 불만이 있어도 할 말을 못하고, 자신의 주장조차 맘껏 펴지 못하고 말없이 있던 교사들이 대부분인데, 혁신학교 이야기가 나오자마자 말문이 트이기 시작해서 자신이 하고 싶은 말을 하기 시작한 것이다. 그동안 말없이 잠자코 있던 교사들이 마음속에 있는 말을 드러내놓고 하기 시작했다는 것이 혁신학교의 시작점이면서 혁신학교에서 눈여겨볼 중요한 지점이라고 생각한다.

'혁신학교의 민주적 학교 운영'에서 크게 '민주적인 학교 문화를 위한 제도 개선', '교육활동을 지원하는 학교 운영', '합리적인 예산 편성과 집행'의 세 가지 방향으로 살펴보고자 한다.

민주적인 학교 문화를 위한 제도 개선

1) 민주적인 학교 문화를 위한 운영 원칙

민주적인 학교

그동안의 학교 운영이 업적과 실적 중심으로 이루어지다 보니 사람보다는 업무와 결과를 우선하는 경향이 있어온 것을 부인할 수 없다. 이런 학교는 사람이 보이지 않는다. 당연히 인간에 대한 배려가 무시될 수밖에 없다. 업무와 실적을 높이려다 보면 어쩔 수 없이 관리자와 교사, 교사와 교사, 교사와 학생, 교사와 학부모가 지시 전달하고 수행하는 역할을 하는 상하 수직 관계나 주종적인 분위기가 형성될 수밖에 없다. 이런 상하 수직적인 관계는 구성원들의 인간적인 배려는 물론, 소통을 막고 민주적인 학교 운영을 어렵게 한다. 따라서 학교 구성원인 관리자와 교사, 교사와 교사, 교사와 학생, 교사와 학부모가 수평적인 관계 속에서 서로를 인간적으로 배려하는 마음으로 함께 성장하는 기회를 갖는 학교를 이루어야 할 필요가 있다.

학교에서 일어나는 모든 일을 결정할 때는 다른 생각을 서로 존중하며 충분한 토론과 합의를 하고, 민주주의의 원칙과 절차에 따라 학교 운영을 해야 한다. 우리나라는 관리자들이 직위를 이용해서 자신의 생각대로 학교를 운영하고 있는 일이 많은데, 이는 관리자가 되는 것을 '승진한다', '출세한다'고 표현하는 말에도 나타나듯이 '교장'과 '교감'이라는 직위를 '높은 곳'에 있는 자리, 또는 특권이라고 생각하는 데서 비롯된다고 볼 수 있다. 하지만 관리자는 말 그대로 학교를 '관리'하는 자리로서 아이들을 위한 교육을 최대한 잘할 수 있도록 도와주는 자리임을 잊지 말아야 한다. 관리자의 의지대로 학교를 움직이려고 하지 말고, 관리자도 다른 학교 구성원들과 마찬가지로 함께 학교의 모든 행사에 참여하고, 의사결정을 할 때도 N분의 1의 위치를 차지할 뿐이라는 것을 잊어서는 안 된다.

민주적인 학교를 운영하는 데는 그 누구보다도 '관리자'의 민주적인 학교 운영 태도가 중요한 위치를 차지하지만, '교사'들의 민주적인 태도 역시 필요하다. 그동안 대다수의 교사들이 관리자의 권위에 굴복해서 자신의 목소리를 제대로 내지 못하는 경우가 많았다는 것을 부인할 수 없다. 또한 침묵하는 다수에 숨어서 '벌떡 교사' 한두 사람이 해결해주길 바라고, 누군가가 알아서 해주겠지 하는 태도를 보였음은 물론, 심지어 시끄러워지는 것을 싫어해서 무조건 '좋은 게 좋다'라는 식으로 관리자 쪽 의견에 무게를 실어주는 모습을 보이기도 하였다. 그러나 이제는 교사들이 먼저 학교 운영에서의 비민주적인 상황을 해결하는 데 적극 참여해야 하고, 스스로 민주적인 생활태도를 갖출 수 있도록 노력해야겠다.

또한 '학부모'들도 혹여 아이들에게 불이익이 갈까 봐 무조건 학교 쪽이 바라는 쪽에 손을 들어주는 거수기 역할에서 벗어나, 교육 주체로서 학교 운영에 대한 적극적 의견 개진을 해야 한다. 학교는 학부모들을 '동원'의 대상이 아닌 학교 운영에 교육 주체로서 올바르게 '참여'할 수 있는 실제적 기회와 제도적 장치를 마련해야 하고, 학부모 의견을 적극적으로 반영할 수 있는 시스템을 만들어야 한다.

신뢰하는 학교

언제부터 어디서부터 시작되었는지 모르지만, 학교를 운영하는 모습을 보면 관리자는 교사를 믿지 못하고 교사는 관리자를 믿지 못해서 생기는 일이 많다. 특히 오늘의 학교는 두 부류로 생각이 나뉘는 일이 많은데, 두 부류란 관리자와 승진을 목표로 하는 일부 부장교사들 한 부류와 승진과 상관없는 일반교사들이다. 이상하게도 일반교사가 승진을 목표로 하게 되면 근무평점을 잘 받기 위해 부장직을 차지하기 위해 애쓰게 되고, 이렇게 부장교사가 되면 일반교사들의 의견은 무시하고 오로지 관리자 편을 들게 된다. 관리자와 '한통속'이 된 부장교사들은 일반교사들의 의견이 무엇인지 왜 그런 의견이 나오게 되었는지에 대해서는 관심을 가지지 않으려 한다. 대부분 학교에서 '관리자와 부장들'과 '일반교사들'이 서로 신뢰하지 못하는 상황은 여기에서 발생하게 된다고 본다. 이것이 바로 현행 승진제도에서 나타날 수밖에 없는 구조적인 문제 중의 하나다. 아무리 승진을 목표로 하더라도, 점수가 필요하더라도 학교는 일부 교사의 사익이 아닌 전체 구성원의 이익을 위해 존재해야 하는 것임을 잊지 말아야 하는데 그렇지 않은 일이 비일비재하게 일어나고 있다.

교사와 학부모 사이에도 신뢰가 높다고 말하기 어렵다. 관리자와 교사, 교사와 교사, 교사와 학부모 사이에 신뢰를 구축하는 것이야말로 교육의 성패를 좌우할 수 있는 만큼 학교 운영에서 구성원들 사이의 신뢰 구축 방법을 고려해야 할 것이다.

또 하나, 학교교육이 바르게 가는 데는 어린이들의 신뢰를 얻는 것을 빠뜨릴 수가 없다. 이를 위해 학교교육을 몇몇 어른들의 업적을 위한 행사 위주의 교육보다는 어린이들의 요구에 귀를 기울여 어린이를 위한 교육을 진행하고, 어린이들과 약속한 것은 반드시 지키는 태도가 필요하다.

공개하는 학교

학교가 신뢰를 얻을 수 없는 가장 큰 이유는 학교 운영 전반을 투명하게 공개하지 않는다는 데 있다. 물론 '학교알리미'가 있어서 이미 학교에 대한 정보들이 공개되고 있긴 하지만, 그 밖에 학교 운영을 할 때 생기는 일에 대해서는 공개하지 않는 일이 많은 것이 사실이다. 인사에 관련된 사항이나 행·재정의 운영을 정해진 원칙과 절차에 의해 계획하고 집행하며, 결과 또한 반드시 공개해야 한다. 또한 학교 구성원 누구나 학교 운영 전반에 대해 궁금한 사항이 있을 때에는 언제든지 묻고 답할 수 있는 풍토를 조성해야 하며, 그러한 시스템을 반드시 갖추는 것이 필요하다.

2) 혁신학교 구성원의 역할

관리자의 역할

관리자는 가장 먼저 민주적인 태도를 지녀야 한다. 민주적인 소통을 이룰 수 있게 앞장서야 하며, 제도 마련에 힘써야 한다.

우리나라 학교는 학교 운영에 있어서 관리자가 차지하는 비중이 높아서 학교 전체 분위기를 좌지우지하고 있기 때문에, 관리자의 태도가 매우 중요하다. 관리자가 누구냐에 따라 학교교육이 망가질 수도 있고, 좋아질 수도 있다는 것은 이미 누구나 경험한 사실이다. 혁신학교에서 관리자가 먼저 혁신에 앞장서서 실천하지 않으면 결코 학교혁신은 이루어지지 않는다. 현재의 학교는 학교 구성원들이 관리자를 '모시는' 구조로 되어 있음을 부인할 수 없는데, 혁신학교에서는 이를 반대로 돌려놓아 관리자가 학교 구성원을 '모시는' 자리로 되돌아와야 한다. 높은 자리에서 낮은 자리로 되돌아와야 한다.

관리자는 학교 구성원들에게 신뢰를 주도록 노력해야 한다. 학교 운영에 필요한 사안이 있을 때마다 반드시 학교 구성원들의 의견을 물어서 진행하고, 학교 구성원들이 적극 협력하고 소통하도록 하는 데 앞장서야 하며, 민주적이고 투명하게 학교를 운영해야 한다. 또한 학교 안에서 교수학습 활동이 원활하게 이뤄질 수 있는 교육환경을 구성하고 지원하는 역할을 다해야 한다.

교직원들에게는 경험 많은 선배로서 올바른 교육을 위한 길을 안내하고 도와주는 멘토 역할을 해야 하고, 아이들에게는 어려운 일이 있을 때 마음을 털어놓을 수 있는 인생 상담자의 역할을 해야 하며, 학부모와는 학교교육에 대한 소통을 통해 협력을 구하고, 지역사회와는 학교교육이 함께 연대해서 폭넓은 교육이 이뤄질 수 있도록 해야 한다.

교사의 역할

민주적 학급 운영과 어린이의 성장을 돕는 교수학습을 위해 학생들과 적극적으로 소통하고, 어린이들의 의견을 학급 운영에 적극 반영할 수 있도록 노력해야 한다. 교사는 동료들과 협력하여 협력적 학교 문화를 만들어나가야 한다. 교사는 전문가로서 교수·학습의 혁신을 위해 노력하고, 나아가 학생의 성장을 돕기 위해 학부모와 소통해야 한다.

학교 운영에도 적극적으로 참여하며, 옳지 않은 일을 봤을 때는 방관하지 말고 개선하려고 노력해야 한다. 무엇보다 교사로서 학생들 앞에서 지행일치의 모범을 보여야 한다.

학부모의 역할

학부모가 일방적으로 학교를 위해 봉사하고 '동원되는' 구조가 아닌, 학교와 상호 협력하는 관계를 구축하기 위해 노력한다. 학교가 개인과 소수의 이익을 대변하거나 추구하는 곳이 아닌 민주적·전면적 발전을 위한 장으로 학교가 기능하도록 최선을 다한다. 그리고 지역사회의 문화공간으로 학교가 제 역할을 다할 수 있도록 지역 주민의 의사를 수렴하여 그 의견을 적극적으로 학교에 개진한다. 오직 내 아이만을 생각하지 말고, 모든 아이를 '우리' 아이로 함께 키운다는 생각을 지녀야 한다.

3) 민주적인 학교 운영을 위한 제도 마련

교사회의 마련과 활성화

학교 구성원은 민주적인 절차에 따라 모든 사안에 대해 구성원 모두가 개방적인 자세로 참여하고 충분한 토론 과정을 거쳐서 결정해야 한다. 이를 위해서는 학교 관리자와 교사가 모두 모여서 협의하는 모임을 정례화해야 한다. 그동안 일방적인 지시사항 전달로 끝나는 '직원종례'를 없애고, 교사들이 학교 운영 전반에 대해 허심탄회하게 의견을 나눌 수 있는 '교사회'를 마련하여 운영해야 한다. '교사회'를 학교 운영 전반에 대한 협의·의결 기구화하도록 해야 한다.

교사회의 때 사회를 반드시 한 부장만이 볼 것이 아니라, 사안에 따라 사회자를 정해서 운영한다. 교장과 교감, 또는 일반 교사 누구도 사회를 볼 수 있다. 교사들의 적극적인 참여를 위해 돌아가면서 사회를 보는 방식도 있을 수 있다.

'친목회'를 별도로 운영하면 또 다른 업무가 생기므로 별도의 '친목회'보다는 '교사회'에 통합하여 교직원 애경사 관련 사항은 교사회 규약 안에 넣는 방법도 있다. 교직원의 애경사 참여도 과거 '친목회장'이 형식적으로 전담하는 방식을 버리고, 해당 교직원 학년이나 가장 가까운 사람이 중심이 되어 참여하면 실질적인 친목을 이룰 수 있다.

학교 안에 구성되는 학교교육과정위원회, 인사위원회, 교구 및 학습자료 선정위원회, 도서선정위원회, 예결산소위원회, 급식소위원회 같은 협의체를 별도로 운영하는 방식과 전체 교사회의로 집중하는 방식을 사안에 따라 선택적으로 운영한다. 학교 안에 형식적으로 운영되고 실질적인 도움이 되지 않는 불필요한 기구와 모임을 과감히 폐지하거나 통합한다.

어린이 자치기구 활성화

현재 이루어지고 있는 어린이회 모습을 보면, 말만 '어린이회'지 진정 어린이를 위한 것도 아니면서, 실제 운영 모습 또한 어린이가 하지 않고 교사가 주도하면서 형식적으로 이루어지고 있다. 어린이회의가 이루어지는 모습 하나만 보더라도 현재 우리나라 학교에서 어린이 자치는 '없다'고 볼 수 있다. 현재 누구나 알고 있듯이 시간 낭비일 뿐인 형식적인 어린이회가 어린이들에게 실질적인 자치가 될 수 있는 제도 마련이 시급하다.

먼저 학급 임원과 전교어린이회 임원을 반드시 뽑아야 하는 문제도 이쯤에서 다시 생각해봐야 한다. 학급과 전교어린이회 임원을 뽑아서 과연 전체 아이들에게 돌아가는 교육적인 효과가 무엇일까? 임원을 따로 뽑지 않고 어린이 자치를 운영할 수는 없는 것일까? 어쩌면 현재 시스템으로 보아 학급과 전교어린이회 임원을 뽑는 것이 외려 어린이 자치를 막고 있다는 생각이 든다. 그 이유를 학급 임원과 전교어린이회 임원 선거부터 살펴보면, 선거 때 후보로 나온 아이들이 내세우고 있는 공약이나 선거 모습이 어른들의 선거와 크게 다를 바 없다. 특히 어른들의 부정적인 것만 흉내 내는 경우를 많이 볼 수 있다.

문제는 선거 다음이다. 선거 뒤에 과연 뽑힌 임원들이 하는 일이 무엇인가를 살펴보자. 어린이들에게 아무 의미도 재미도 없는 형식적인 학급회의와 전교어린이회의에 참여하는 것이 고작이다. 그것도 교사가 시켜서 억지로 한다.

그래서 제안해보는 것이 늘 버릇처럼 해오던 학급 임원과 전교어린이회 임원을 뽑지 않는 것이다. 어린이 자치를 더욱 확실하고 실질적으로 운영할 수 있고, 모든 어린이들이 회의에 적극적으로 참여할 수 있는 방안도 될 것이기 때문이다.

회의 때 사회는 늘 한 사람이 진행하게 하지 말고 돌아가면서 할 수도 있다. 이런 방식 또한 아이들이 스스로 정하게 하면 된다. 학교 대표가 필요할 때는 그때마다 아이들이 정할 수 있게 하면 된다. 그러면 회의가 매끄럽게 진행이 되지 않을 거라고 미리 우려하는 분들이 많을 텐데, 이는 어른들이 먼저 회의가 처음부터 매끄럽게 진행되어야 한다는 생각을 버리면 된다. 왜냐하면 회의는 서로 생각이 다른 사람들이 모여서 의견을 나누는 것이기 때문에 매끄럽게 진행될 수가 없다. 단, 회의하는 법, 사회 보는 법을 공부시간에 배우고, 작은 단위인 학급회의 때 익히면 된다. 또 전교어린이회의 때 회의하는 것이 곧 회의하는 것을 공부하는 시간이라고 보면 된다. 이때 어른들 눈에는 엉망으로 보일지라도 아이들이 수많은 실패와 실수를 통해 스스로 길을 찾아갈 수 있게 기다리고 참아주는 태도가 필요하다.

어린이 자치에서 회의 안건 역시 아이들 스스로 선정하도록 하자. 어린이회의를 하기 전에 어린이들의 의견이 반영될 수 있게 온-오프(on-off) 라인을 통한 대자보, 신문고 같은 것을 상시 운영하여 실제적

우리의 의견은 이렇습니다!

인 그들의 의견이 어린이회의 안건으로 오를 수 있는 제도를 구축해야 한다.

전교어린이회의는 전체 학년이 모두 참여하는 것이 좋으나 학교 규모에 따라 사안에 따라 학년별 급별로 나누어서 진행할 수 있고, 또 학급, 학년, 급별 대표가 참여할 수 있는 방안을 탄력적으로 운영할 수 있다. 또 어린이회의가 실질적인 책임단위가 되기 위해서는 예산을 편성할 때 독자적으로 쓸 수 있는 예산을 편성하는 것이 필요하다.

지역사회와의 협력관계 모색

지역사회의 환경이 학교교육에 미치는 영향이 매우 크므로 학교와 지역사회가 어린이 교육을 위해 협력할 수 있는 방안을 적극 모색해야 한다. 학교 시설을 지역사회와 효율적으로 사용할 수 있는 방안을 생각할 때에는 학교교육에서 어린이들에게 가져올 영향을 먼저 고려한다.

또한 지역사회 단체와 협력해서 지역사회의 환경을 학교교육 자료로 적극 활용하는 방안을 마련해가야 한다. 지역의 역사 문화적 자료 활용, 자치단체 기구와 연계하여 다양한 시설과 기관을 교육과정 운영에 적극 활용한다. 모든 교육을 학교가 도맡아하려고 하지 말고, 청소년 단체, 스포츠클럽, 방과 후 프로그램 같은 것은 지역사회에 적극 이관하고 이양하는 것이 필요하다. 이와 관련해서 교육지원청은 지역사회단체와 협약을 추진하여 자치단체와 청소년 단체와 스포츠클럽, 문화예술 관련 프로그램을 연계해서 운영할 수 있게 한다.

교육활동을 지원하는 학교 운영

1) 교수 · 학습을 지원하는 학교 행정체제 개편

학교에서 교사들이 가장 많이 하는 말 중에, "수업하는 틈틈이 일하는 것이 아니라, 일하는 틈틈이 수업한다"는 말이 있다. 그만큼 교사 본래 역할이 업무처리인지 수업인지 헷갈릴 때가 많다는 말이다. 실제로 이와 관련해서 그동안 교사들이 관리자들한테 많이 들어온 말 가운데 하나가 "수업은 안 해도 표시 나지 않지만, 공문 처리를 안 하면 바로 표시 난다"는 것일 정도로 교사 역할에서 업무가 차지하는 비중이 매우 높은 것이 사실이다. 또한 관리자들이 우수 교사로 꼽는 것을 보면 수업을 잘하는 교사보다 업무 능력이 뛰어난 교사 위주다. 사정이 이렇다 보니 학교에서 처리하는 행정업무들이 본래 어린이 교육을 위해서 하는 것인데, 반대로 행정업무를 처리하느라 수업을 소홀히 할 수밖에 없는 주객이 전도된 상황이 되고 있다. 그리고 교사들이 처리하는 행정업무라는 것도 실제로 어린이 교육에 도움이 되는 것보다 도움이 되지 않는 것이 더 많다. 그래서 이런 업무를 왜 교사가 처리해야 하는지 모를 때가 더 많다.

그동안 오랫동안 관리자가 수직적으로 하달하기 쉽게 구성된 업무처리 중심의 교사 조직을 교수·학습을 지원하는 교수·학습 중심의 수평적 팀장 체제로 개편할 필요가 있다. 교사는 담당한 업무에 대한 필요한 자료만 제공한다. 행정업무 처리는 교감이 총괄해서 처리해서 교사들이 수업에 전념할 수 있는 분위기 마련이 필요하다. 교사가 공문을 보내려면 여러 단계를 거쳐야 하기 때문에 공문 보낼 것이 있는 날은 수업에 집중하기가 힘들다. 교감을 중심으로 행정업무 처리를 전담하게 되면 결재 단계도 줄어들게 되어 일처리가 원활하게 이뤄질 수 있고, 교사는 수업에만 집중할 수 있게 될 것이다. 또 예산이 허락하면 행정업무 처리 전담 요원을 채용해서 활용하는 것도 바람직하다.

업무처리 중심의 교사 조직을 수업 중심으로 바꿀 필요가 있다. 다음에 예로 든 교사 조직도는 그동안에 위에서 아래로 지시되는 구조를 아래에서 위로 받드는 구조를 나타낸 것이고, 업무 역시 기존의 업무부장을 중심으로 처리하던 것을 업무부장을 없애고, 수업을 중심에 두고 교육과정을 운영하는 데 필요한 교육지원부장(교무부장)과 혁신부장(교육과정부장), 수업연구부장(연구부장)을 두고 나머지 부장은 학년이나 급별 교육과정부장으로 진행하는 구조를 가지고 있다. 부장 배치는 학교 사정과 특색에 따라 달리 할 수 있다.

이때 기존 업무처리는 부장을 거치지 않고, 교감이 전체 업무에 대한 책무성을 가지고 담당자와 직접 연결해서 진행한다. 교감과 교장은 과거 행정업무 진행을 부장에게 '떠넘겨서' 지시하고 확인하는 역할에서 벗어나 사안에 따라 교사의 수업권을 확보하기 위해 교사들의 업무를 직접 해결해주는 일도 해야 한다. 필요에 따라 교장이 수업에 집중해야 하는 교육지원부장(교무부장) 대신에 각종 행사를 주관하는 일도 해야 한다.

〈혁신학교 조직도 예시 1〉

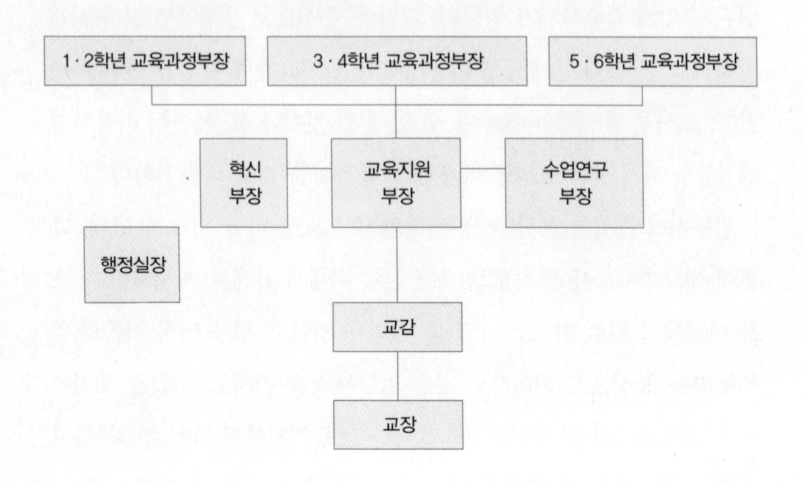

〈혁신학교 조직도 예시 2〉

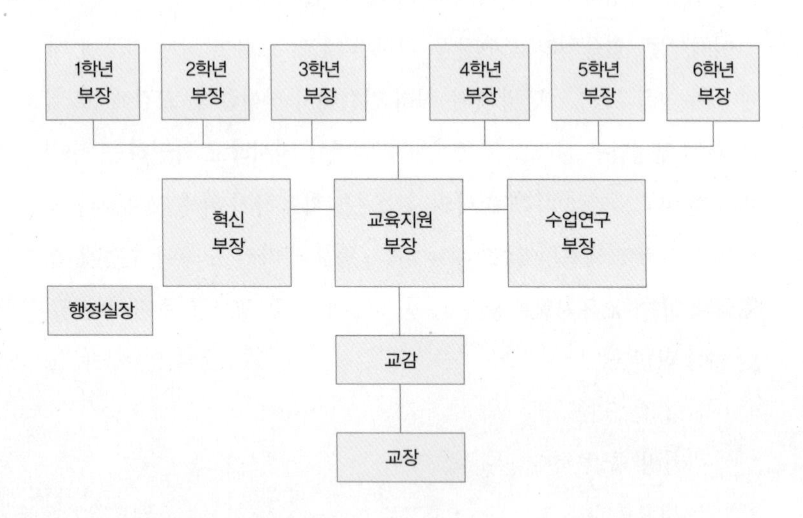

학급에서 부적응 아동에 대한 지도가 한계가 있으므로 상담사를 배치해서 부적응 아동에 대해 도움을 줄 수 있게 하는 것이 필요하다. '성찰실'이나 '상담실'을 별도로 운영하는 것도 바람직하나 공간 마련이 어려우면 현재의 교장실을 '성찰실'과 '상담실'로 운영하는 것도 좋은 방법이다. 하지만, 현재의 폐쇄적이고 권위적인 모습을 하고 있는 교장실에서는 상담이 이루어지기 어렵다. 교사들도 현재 모습의 교장실에 들어서면 주눅이 드는데 아이들은 더욱 그럴 것이다. 따라서 권위적인 교장실의 모습에서 누구나 편히 드나들 수 있는 분위기로 먼저 바꾸어야 한다.

마지막으로 혁신학교에서의 '교수·학습을 지원하는 학교 행정체제 개편'에서 오랫동안 업무 중심으로 써오던 '부장', '교무실', '교무부장', '교장실', '상담실', '운동회' 같은 명칭을 구성원들과 협의해서 새롭게 바꾸어보는 것도 생각해볼 일이다.

2) 교육적이고 안전한 학교 환경 조성

먼저 학교의 모든 시설을 효율적인 교육과정 운영을 위해 구성하고 배치하는 일이 필요하다. 시설을 배치할 때는 어린이들이 중심이 되고, 그들의 안전과 성장을 돕는 것을 최우선으로 두어야 한다. 특히 배려가 필요한 어린이들을 위한 특수반과 돌봄실, 저학년 교실을 1층 햇빛이 가장 잘 드는 곳에 배치할 필요가 있다. 또 도서실은 아이들의 접근성이 가장 좋은 학교 중앙에 배치하는 것도 생각해봐야 한다. 교육과정을 원활하게 운영하는 데 필요한 특별실, 자연학습장, 자료실을 어린이들 학습활동에 적당한 구조로 배치해야 한다.

학교 안팎에 있는 모든 시설과 환경은 모두 교육의 소재와 기회가 될 수 있도록 구성하고, 특히 발달 특성에 알맞은 놀이시설을 설치한다. 자연놀이터와 흙더미, 모래더미, 자갈밭, 통나무 같은 시설을 마련할 필요가 있다. 학교 안의 모든 시설들은 환경오염 물질이 없는 친환경 물품을 사용하고, 농약, 제초제, 시너, 락카를 사용하지 않아야 한다.

아이들이 편히 쉴 수 있는 공간을 곳곳에 마련하는 것이 필요하다. 학교 꽃밭이나 숲을 조성하고 복도마다 아이들이 쉴 수 있는 편안한 휴식 공간을 마련해두어야 한다. 이 밖에도 교육과정을 운영하는 데 필요한 텃밭이나 상자밭, 수생식물원, 사육장을 운영할 수 있는 장소

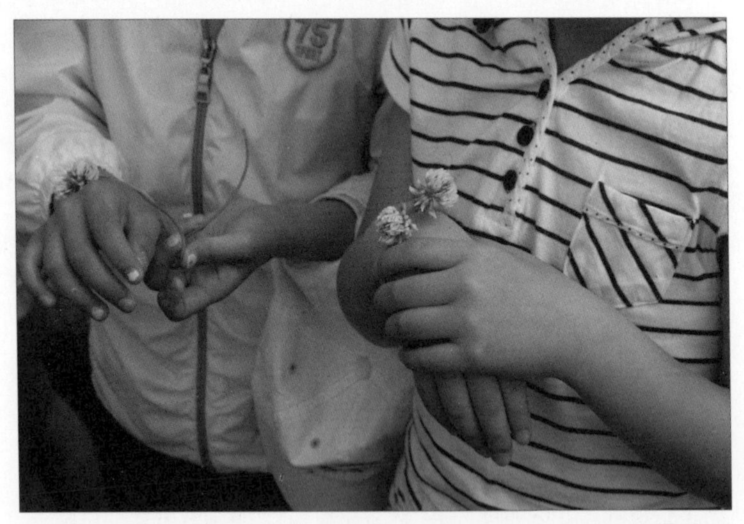

시계꽃 예쁘죠

를 꼭 마련해두어야 한다.

그리고 학교 안팎에 설치되어 있는 어른 중심의 계몽주의가 심하게 배어 있는 불필요한 조형물과 글씨를 없애고(예를 들어, 계단마다 사자성어, 영어 문장, 속담 등을 써놓는 것)학교를 어린이를 위한 공간으로 조성해야 한다. 청소는 교육적으로 실시하되 아이들 힘으로 할 수 없는 장소와 어려운 작업은 청소용역 업체를 활용하여 청결 유지를 할 수 있게 한다. 학교 건물의 색을 입힐 때도 전문가의 도움을 받아서 어린이의 정서 발달에 맞게 한다.

3) 전시행정과 형식적인 행사 지양

학교에서 교육과정 운영의 파행을 초래하고 정상적인 수업을 방해하는 주범이 어린이를 위한다는 각종 행사다. 일 년 교육과정을 들여다보면 해마다 연례행사로 형식적으로 진행되는 교육청 주관의 각종 행사가 참 많다. 교육청이 진행하는 행사라 관리자 쪽에서는 무시할 수도 없는 일이어서 모든 행사에 다 참여하다 보니 이 행사들은 아이들을 위한 교육적 의미가 퇴색된 지 오래고, 그저 아이들이 학교와 교육청 실적과 업적을 세우는 데 동원되는 느낌이 들 때가 많다. 해마다 똑같은 행사를 버릇처럼 하다 보니 교육적 효과도 없을뿐더러, 대부분의 아이들도 자신들이 이런저런 행사에 들러리로 참여하고 있다는 것을 다 알 정도다. 혁신학교가 최악으로 가는 길 중의 하나는 지원금으로 각종 행사를 벌이는 것이다. 지원금으로 보여주기 위한 행사를 하지 말고 기본 교육에 충실할 수 있게 운영해야 한다.

학교교육과정이 정상적으로 운영되려면, 가장 먼저 교육청에서 하달하는 교육청 주관 행사를 없애야 한다. 대신 학교에 위임해야 한다. 학교에서는 각종 기념일과 관련한 교육을 보여주기 위한, 업적 세우기 위한, 상 주기 위한 행사로 진행할 것이 아니라, 교육과정 속에 녹여서 진행해야 한다. 진행하는 시기와 방식도 학급별, 학년별, 급별로 교사들이 의논하여 진행할 수 있게 해야 한다.

학교 안팎에서 이루어지는 여러 가지 행사를 계획함에 있어, 모든 행사를 진행할 때나 다른 단체 행사에 참여할 때 교육과정이 파행으로 운영되지 않는 범위에서 교육과정과 연관되는지를 먼저 살펴야 할 것이다. 그리고 그동안에는 교사들을 포함한 어른들이 만들어놓은 행사에 어린이들은 소극적으로 참여해왔으나 계획 단계부터 어린이들의 참여를 이끌고, 스스로가 선택할 수 있는 권한을 주어야 한다.

합리적인 예산 편성과 집행

혁신학교는 모든 학교에 교부되는 학교 운영비 외에 1~2억 규모의 예산이 더 배정된다. 이는 혁신학교를 제대로 만들어가기 위해 필수적으로 필요한 여건 마련을 위한 지원이다. 이 예산은, 교육과정을 연구하고 재구성하여 교수학습 활동을 제대로 운영하는 데 집행 목적을 두어야 한다.

예산을 교육과정과 동떨어진 행사 위주의 체험활동으로 사용한다면 오히려 어린이들의 면학 분위기를 해치게 되고, 이런저런 행사에 '끌려 다니느라' 기본 학력이 떨어질 수도 있으므로 조심해야 한다.

위와 같은 상황으로 보면 혁신학교에서의 지원금은 '약'이 아니라, 외려 '독'이 될 가능성이 크다. 지원금을 받게 되면 일상적인 교육과정이 먼저가 아니라, 돈을 쓰기 위한 교육과정을 새로 짤 수밖에 없기 때문이다. 지원금을 받을 때 운영하는 교육과정은 돈이 지원되지 않는 일반학교에서는 적용이 불가능할 수밖에 없다. 따라서 다른 학교보다 1, 2억씩 주는 대신에, 기본 교육비를 잘 활용해서[35] 가장 교육적인 학교를 운영하는 혁신학교가 더 필요하다고 본다. 지원금을 받더라도 꼭 필요할 때 청구하는 방식이 어떨까 싶다.

1) 협력적 예산 편성의 기본 방향

가) 학교교육의 내실화를 도모하고, 단위 학교 운영의 자율성 및 효율성 제고를 위한 예산 편성이 되도록 한다.

나) 예산 편성 및 심의 과정에서 교사 등 학교 구성원의 참여 및 의견 수렴과 학교운영위원회의 실질적 심의가 보장되도록 한다.

다) 교육과정 운영에 필요한 직접 교육경비(교수학습에 필요한 예산)를 우선적으로 확보하고 업무추진비 등 간접 교육경비는 최대한 억제하여 편성한다.

라) 불요불급한 공사는 자제하고, 부수고 새로 세우기보다 부분적으로 고치고 닦아서 쓰도록 해야 한다.

---

35) 내가 보기에 제대로 잘 쓰기만 하면, 현재 학교 교육비로도 얼마든지 학교 운영을 알차게 할 수 있다. 학교 교육비가 모자란다는 것은 돈을 이상한(?) 곳에 쓰기 때문이다.

마) 교육의 공공성 확보 차원에서 학습준비물비, 실험실습비, 체험학습비(수련활동 포함) 등을 포함하여 교수학습 활동에 필요한 모든 비용은 학교가 부담하는 것을 원칙으로 해야 한다.

바) 학교 예산은 교직원과 학부모에게 공개하여 학교 경영과 예산의 투명성을 확보한다.

사) 예산 집행에 있어서 행정실과 교사의 협력을 통해 행정의 효율적 처리가 이루어지도록 한다. 행정실에서는 교사의 필요 목록 요구에 대한 2~3가지 견적서를 지원해주며 교사는 물품의 사양이나 요구 조건을 정확히 말하고 서로 소통한다. 또한 제품의 질, 판매처, 공동 구매 등 예산 절감을 위해 노력한다.

아) 교구 관리 및 유지 보수, 수업 지원에 대해 교사와 학습도움센터 보조원의 충분한 소통을 통한 협력적 관계를 유지하며 학년별 교과별 지원 체계 확립, 매 분기별 점검, 예산 편성에 유지 보수 및 추가 구입이 반영되도록 한다.

자) 교육청은 교육과정 개정에 맞추어 교구 및 설비 기준을 제시해주어야 하며 교수학습 활동을 위한 특별실과 시설에 대한 지원도 지속해야 한다.

차) 교육청은 학교 안에서 이뤄지는 모든 공사가 교육활동에 적합하게 이뤄질 수 있도록 계획과 공사 과정의 철저한 관리 감독을 해야 한다.

2) 교구와 학습준비물에 대한 교사의 관점

사실 교구와 학습준비물 구별은 서울시교육청의 교구 설비 기준을 보더라도 구분이 뚜렷하지 않다. 이 설비 기준에는 전 교과 공통, 수학, 과학, 체육, 음악, 미술, 실과 교과로 제시되어 있으며 학생용과 교사용 교구 구분이 뚜렷하지 않고 재질이나 규격 등도 제대로 명시되어 있지 않다. 7차 교육과정에 필요한 설비 기준으로 보기에는 미흡한 점이 많으며 2004년도 기준 제시 후 교육과정이 바뀌고 있는데도 이후 재공지가 이루어지 않고 있다.

수학, 과학, 체육, 음악, 미술, 실과 교과는 그나마 기준이라도 제시하고 있지만 국어나 사회 교과에 필요한 교구나 학습준비물은 제대로 제시되어 있지 않다. 모국어 교육의 소중함을 논하기 이전에 적어도 국어사전이나 문자 인식 지도에 필요한 글자판, 연극 놀이에 필요한 음향 효과용 악기들, 손 인형 등 교구 구입에 기준도 없이 마구 예산을 들이붓고 있는 상황이다.

이를 해결하기 위해서는 교육부와 시·도 교육청은 교육과정에 필요한 필수 교구 설비 기준을 반드시 제시해주어야 한다.

2007개정교육과정은 그나마 교육과정 안에(법령으로 명시된) 각 교과별로 교구와 시설에 관한 사항을 명시하고 있다(참고 자료 2). 이를 근거로 교육과정 해설서에 구체적으로 명시되어야 하는데 기대한 것만큼은 아니다.

따라서 교육과정을 제대로 해석하고 효율적으로 교수학습을 하기 위해서는 교육환경의 여건 기준과 이를 지켜야 한다는 강력한 법적 구속력이 있음을 모두 인식해야 한다.

3) 교수학습 자료와 학습준비물 지원 체계

교수학습 자료와 학습준비물은 학급단위로 준비되는 것이 원칙이다.

교수학습센터나 학년 자료실보다는 학급에 구비되어 언제든지 교사나 아이들이 필요할 때 편안하게 쓸 수 있도록 한다. 아무리 좋은 교구나 학습준비물이 있다 해도 사용하기에 불편한 곳(멀리)에 있거나 갖다 쓰기 불편한 상황(수납이 되지 않아서)이면 그만큼 활용도가 떨어진다.

학교마다 상황이 다 다르지만 대체로 학부모 자원봉사를 활용하거나 교사들이 관리하거나 과학, 전산보조원을 활용하는 예도 있다. 학부모가 봉사활동으로 관리하는 곳을 지정하고 매일 봉사활동을 해준다면 그나마 괜찮다. 지방의 경우는 특히 어려움이 따르므로 공간을 만들어 교사가 관리해야 하는 학교가 더 많을 것이다. 최대한 수납하기 좋게 선반, 종이 상자, 플라스틱 상자와 바구니 등을 활용하고 눈높이도 어린이들이 손이 닿을 수 있는 높이로 수납한다. 또한 생태적이고, 유해하지 않은 물품 위주로 구입해야 한다.

교구와 학습준비물계를 부서로 편성하고 학년교육과정 운영에 차질이 없도록 미리미리 구비하도록 해야 한다. 사실 업무보조사가 관리를 한다고 해도 필요한 물품 목록을 작성하거나 수리와 구입 요청 물품은 사용할 교사가 요청해야 한다. 예산의 집행 주체는 교사라는 인식을 명확하게 할 필요가 있다. 또 전체적인 관리도 분기별이나 학기별로 몸이 좀 고달프더라도 교사가 직접 나서지 않으면 매번 정리가 되지 않아서 소모전이 될 가능성이 높다. 1년만 차분히 정리하여 구비 목록을 만들고 연간 소요량을 예측하는 과정을 밟으면 그 다음 해에는 훨씬 수월해진다.

교구에 대한 인식의 변화는 학부모들에게도 필요하다. 학기 초 가정 통신을 보내어 학부모들에 학습준비물과 교구가 학교에 준비되어 있음을 정확히 알려야 한다. 아이들이 아침에 문방구에 들러 비싼 값을 치르면서 바쁘게 준비물을 구입해야 한다거나 혹여 준비물을 가지고 오지 않아 선생님의 눈치를 살피고 야단을 맞으면서 수업 결손을 일으키는 일이 없도록 한다는 학교의 철학이 고스란히 녹아 들어간 내용이다. 가장 기본적인 도화지, 색종이, 색도화지, 지점토와 찰흙, 수수깡, 투명 테이프(공통으로 쓸 수 있는 테이프 절단기 마련) 등과 각 교과 교육에 따르는 교구에 대한 안내를 해야 하는 것이다.

이것이 공교육의 위상을 세워나가고 아이들과 학부모가 학교를 신

학습준비물과 조리실

뢰하게 되는 기본의 과정일 것이다.

혁신학교에서는 적어도 학기가 시작되기 전에 각 과목별, 학년별로 필요한 것을 표를 작성하여 공유하고 우선순위를 따져 보아 학교 실정(어느 정도 있는지, 올해 예산 범위는 어디까지 구입이 가능한지, 연차적으로 마련할 것인지)에 맞는 계획표를 세워야 한다.

교구 구입 계획표(예시)

시기	2월	3월	3월 이후
할 일	① 3월 중순까지 쓸 수 있는 기초 학습준비물(소모품 중심)을 구비해놓기 ② 당해 연도 학습준비물 구입 목록 작성하기 ③ 재활용품 정비해놓기(수선과 재구입 수요 조사) ④ 예산 집행 원칙 합의하기: 실과, 과학 등의 실습 재료 구입 여부 등.	① 교구 및 학습 준비물 심의위원회 구성 학년별 1인, 연 2회 이상, 담당자는 반드시 학년 의견 수렴하여 회의에 참석하기 ② 개학과 동시에 학년회의를 통해 교육과정 운영에 필요한 학습준비물 정리하고 소모성 물품과 재활용 물품, 우선 구입 물품 등으로 분류 후 신청하기 ③ 교수학습 자료 및 학습준비물 심의위원회 규정 만들기 • 학교 전체 회의나 학년 부장회의를 통해 예산 집행 기준 세우기 • 물품 구입의 예산 배분 원칙 세우기 1학기 60~70%, 2학기 40~30% 배분 • 학교 공통, 학년, 학급, 교과 등의 세출 집행 기준 세우기 • 교구와 학습준비물의 집행 기준 분리 음악 장구 구입과 수리는 교구 구입비로 책정 ④ 전년도 집행 자료 공유와 학교 교육과정 재구성에 따른 추가 항목 확인 ⑤ 구입 방법과 구입처, 행정실 협조 사항, 관리 등 확인하기 • 전문 도매시장을 이용하면 유통비 절감의 효과, 물품의 질 확보가능	① 정기적 또는 비정기적으로 회의를 통해 불합리한 부분 개선해가기 ② 1학기 말 반드시 2학기 초 15일 정도 쓸 수 있는 소모성 물품 정비하기 ③ 예산 집행 후 목록 작성해놓기 구입 금액 등

| 후기

모두가 행복한 **혁신학교** 만들기

'벌떡 교사', '매사에 부정적인 교사'
'학교를 시끄럽게 하는 골치 아픈 교사' 들이 함께 쓴 책

이부영
| 서울형 혁신학교 서울 강명초 교사

우리나라 학교에 교육이 있느냐고 물으면 '없다'고 자신 있게 말할 수 있다. 그러면 학교에서 하는 것이 교육이 아니고 뭐냐고 물을 것 같은데 서른 해째 현장 교사 경험으로 볼 때 학교에서 하는 것은 '교육'이 아니라, 교육을 포장한 것이거나 교육을 가장한 쇼가 대부분이다. 고백하건대 학교에서 가장 많이 본 것은 거짓 교육이다. 대부분 교사들은 지금 학교에서 일어나는 교육이 '아닌' 것을 잘 알고 있다.

교사들은 이런 활동이 왜 필요한지 의심을 하면서도 각종 공문과 줄줄이 이어진 행사를 치르느라 도무지 정신을 차릴 수가 없다. 그래서 교사들은 "수업하는 틈틈이 일하는 것이 아니라, 일하는 틈틈이 수업한다"고 말한다. '아닌' 것을 알아도 뒤에서만 투덜거릴 뿐 관리자한테 따지는 일이 없다. 그러면 나만 관리자한테 찍히고 당하니 알면서

도 모른 체하거나 '학교가 원래 그렇지 뭐.' 하고 넘어간다. 그런데 더 심각한 일은 학교에서 점점 교육에 대한 판단을 안 하고 넘어가는 교사들이 늘어가고 있다는 것이다.

부장이라는 직책을 갖고 승진 대열에 들어서면 교사 모습이 백팔십도로 변신한다. 그때부터 아이들과 동료 교사가 보이지 않는 듯하다. 오직 관리자한테 충성할 일만 찾는다. 옳고 그름을 판단하지 않고 시키는 일을 충실히 한다. 이것을 교사들은 '영혼을 판다'고 말한다.

관리자의 평가에 따라 승진 여부가 판가름 나니 관리자가 함부로 대해도 고분고분 말을 잘 들어야 하고, 관리자가 저지르는 비리도 눈감아줘야 한다. 때론 도와줘야 한다. 관리자는 승진 생각이 있는 교사들을 함부로 부려먹는다. 승진을 위한 근평점수가 필요하니 불만을 얘기하거나 다른 생각을 얘기할 수 없다.

그러다가 맘에 안 들기라도 하면 근평점수가 꼭 필요한데도 점수를 주지 않는다. 학교 현장에 오래된 교사평가제도인 근무평정은 이미 교사 평가가 아닌 승진을 위한 몇 사람 '수' 주기로 전락한 지 오래다. 학년 말이 되면 수많은 학교에서 근무평정 점수와 관련한 엽기적인 일들이 많이 벌어지고 있다.

관리자는 '교장'이라는 직함이 무슨 대단한 권력이나 되는 것처럼 교장이 되면 자기 맘대로 학교를 휘저으려고 한다. '어떻게 된 교장인데…….' 하면서 가장 먼저 교장실을 돈 많이 들여서 근사하게 치장하고, 학교와 교사와 아이들, 그리고 예산을 교장 사유물인 것처럼 생각한다. 부장과 교사들에게 자신이 하고 싶은 일을 지시한다. 관리자가 학교에서 벌이는 일을 보면 아이들 교육에 진짜 필요한 것보다 학교

연혁에 한 줄 올라갈 눈에 확 띄는 공사가 많다.

수억을 들여 멀쩡한 건물 뜯어내고 공사는 하면서도 아이들이 미술 시간에 쓸 도화지와 휴지를 사주는 일에는 인색하다.

학교에 민주주의가 있느냐 하고 물으면 역시 '없다'고 자신 있게 말할 수 있다. 교사들은 수업시간에 민주주의를 열심히 가르치면서 민주적인 생활태도를 갖자고 목청 높이지만, 정작 교사 자신은 직원회의 자리에서 손들고 자신의 소신 있는 발언 한번 한 적 없는 사람이 대부분이다. 아니 발언할 기회를 갖지 못한다. 왜냐하면 학교에 교사회의라는 것이 애초에 없기 때문이다. 아직도 학교에는 '교사회의'가 아닌 '직원종례'가 존재한다. 직원종례는 말 그대로 회의시간이 아니라, 업무를 맡은 부장들이 일어나서 전달사항을 얘기하고 교장과 교감이 선생님들한테 지시전달 사항 얘기하면 그것으로 끝이다. 다른 의견을 얘기하려고 손을 들으면 먼저 퇴근시간 늦어진다고 교사들이 험한 표정을 짓는다. 관리자는 학교 일에 번번이 반대를 하느냐고 불쾌해한다. 그런 소리는 직원회의 시간에 하지 말고 교장실에 와서 하라고 한다. 직원종례 시간에 몇 번 일어나서 얘기하면 '벌떡 교사', '매사에 부정적인 교사', '학교를 시끄럽게 하는 골치 아픈 교사'라는 낙인이 찍힌다.

수업시간에는 서로 다른 것을 인정하고 더불어 살아야 한다고 목청껏 가르치고 평가하지만, 정작 학교 안에서 다른 생각, 다른 의견이 존재하지 않고 있어도 말하지 않는다. 그러면서 '학교는 원래 그런 곳이야.', '말해봤자 나만 피곤하지.' 하고 외면한다.

내가 경험한 학교는 이런 곳이다. 아니 이것보다 더 심한 곳이 참 많다. 교육과 민주주의를 도무지 찾아볼 수 없는 참담한 학교가 많다.

이 책은 더 이상 '아닌' 모습을 눈뜨고 볼 수 없었던, 그동안 관리자에게 '벌떡 교사', '매사에 부정적인 교사', '학교를 시끄럽게 하는 골치 아픈 교사'로 당당하게 '찍히면서도' 옳은 교육, 민주적인 학교를 위해 뜻을 굽히지 않은 교사들이 모여서, 이십여 년 넘게 학교 현장에서 연구하고 실천한 내용을 바탕으로 엮었다.

우리는 이 내용을 정리하면서 꿈을 꾸듯 행복했다.

그런데 그 뒤 영광스럽게도 나는 서울형 혁신학교의 한 곳에 지원을 해서 발령을 받아서 우리가 책을 엮으면서 꿈꾸던 '혁신학교'를 만드는 일에 직접 참여하게 되었다. 그래서 지금 현재 그동안 꿈만 꾸어왔던 꿈의 학교를 이 책에 나오는 대로 만들어가고 있다. 지금 우리가 꿈꾸던 모습은 현실이 되고 있다. 더 이상 혁신학교는 상상 속의 학교가 아니라는 것을 우리들이 보여주고 있다. 꿈을 꾸며 함께 책을 쓸 때도 행복했지만, 함께 협력하여 꿈의 학교 혁신학교를 만드는 일은 오만 배 더 행복하다.

"우리 다같이 '모두가 행복한 혁신학교' 만들어보지 않을래요?"

발달을 돕는 **교육과정과 협력 수업**

초등교육과정연구모임은 그동안 지나치게 수준이 높고 어려운 국가교육과정의 개편을 끊임없이 주장하였습니다. 현직에서 근무하는 교사들이 어린이들과 호흡을 같이하며 체감한 내용들이 어린이 발달 단계 이론과 더해져 연구 활동에 힘을 실을 수 있었습니다. 정리된 내용은 다양한 방식으로 확산의 경로를 밟고 있는데, 수준의 적정화 요구, 발달 단계에 맞는 교육과정 재구성 방안 연구, 각 교과별 발달 단계 관련 연구 등의 과정으로 진행이 되었습니다. 이 밖에도 교육과정 심의회 참여, 실험본교과서 오류 부분 수정 제시 등의 활동도 있었습니다.

2010년도에 비고츠키를 공부하면서는 연구 내용의 한계를 극복하는 것에 집중하게 되었습니다. 그것은 발달 단계를 잘못 적용했을 때 생길 수 있는 문제에 대한 접근이었습니다. 2년 여간 비고츠키 연구를 통해 경쟁주의 교육을 넘어서는 발달의 개념을 정립하고, 발달 단계와 발달과정의 관계 정리, 협력 개념을 정리하였습니다. 이 내용은 『행복한 혁신학교 만들기』에 정리되어 있습니다. 전통적 서당교육에서부터 이오덕의 삶의 교육, 외국의 각종 교육철학 등을 포괄하여 대한민국 어린이들의 발달을 돕는 과정에 대한 전반적인 논의를 진행하고 정리한 내용입니다. 이미 정리한 내용을 실천을 통해 검증하며 현재진행형 정리 글을 이곳에 옮깁니다. 아래의 내용들은 『행복한 혁신학교 만들기』 이후 1년여 학교혁신과 혁신학교 현장에서 실천한 내용, 우리 안에서 다시 정리하고 토론한 내용을 현장의 경험적 언어로 바꿔낸 것입니다. 이 내용을 토대로 앞으로 진일보된 내용으로 정리해나가겠습니다.

1. 발달

인간은 어떤 '사건'이나 상황을 생생하게 경험하고 난 뒤 기존의 경험을 전체적으로 반성하게 된다. 그 개인의 긴장감과 치열함에 따라 어떤 때는 고등정신기능 체계를 비약적으로 도약하게 한다. 즉, 질적으로 상이한 발달이 일어나는 것이다. 발달은 양적으로 누적되며 질적으로 다른 단계로 이행한다.

프레네가 강조했던 것처럼 발달은 '특이성'이 있다. 이것은 이오덕 사상에서 삶으로부터 출발하는 교육과 관련이 깊다. 그러므로 교사는 대상과의 끊임없는 '접속'이 일어날 수 있도록 긴장하고 있어야 하며 그에 따른 안목이 필요하다. 여기서 소통을 중시한다고 했을 때 글쓰기와 연극 활동 등을 선도 활동으로 제안할 수도 있겠다.

인간의 발달 가능성은 무한하므로 전면적 발달이라고 하는 것은 고른 발달만을 이야기하는 것을 넘어서 끝나지 않는 지속성, 범위를 알 수 없는 광범위성 등을 포괄적으로 말하고 있는 것이다.

이런 점에서 기존의 우리 활동(교육과정 투쟁에서 대안으로 제출했던 내용들)에 대한 점검도 필요해진다.

2. 발달 특성

우리는 '발달 단계'라는 표현을 빌려 과도한 학습 부담과 사교육에 대응하여 학습 내용 적정화라는 논리를 제시하기도 하였다. 그러나 이는 어린이 개개인의 발달 가능성을 오히려 저해하는 측면이 있어 한계는 명확하다. 즉 발달 단계로 표현하는 순간 부진아와 영재를 만들고 서열화 등으로 악용되는 문제가 나타나는 것이다. 이러한 계량적이고 수량적인 발달 단계 논의는 한계에 부딪혔으며 인간의 발달을 설명하는 새로운 것이 필요하다.

공교육 속의 다인수 학급이라는 상황 등을 고려한다면 저마다의 발달과정 중심으로만 사고했을 때의 한계도 분명 있다. 여기서 개인의 발달이 저마다 다르다는 특성에 집중하여 개별화나 수준별 수업으로 오해해서는 곤란하다.

한 개인은 태어나는 순간부터 이미 인류의 역사·사회·문화 속에서 성장하고 발달할 수밖에 없는 존재이다. 이는 개인이 독립된 개체로서의 개인이 아니라 공동체 속에서 함께 성장한 개인이라는 점을 강조한 것이다. 그러므로 공동체 속에서의 보편적 발달 특성과 개인의 독특한 발달 특성을 분리하지 않고 바라볼 수 있어야 한다.

3. 발달을 돕는 교육과정

그동안의 교육활동은 학문체계 도달도를 판별하는 것에 집중하였다. 거기서 성취 기준이 나오고 부진아가 나왔던 것이다. 분과학문체계에 기반한 전달과 전수 중심의 교육과정이므로 아이의 발달에는 관심이 없었다. 시기별 고등정신기능 발달의 중심 기능에 주목하며 교육과정이 체계적으로 재편되어야 한다. 그런 점에서 이제 성취 기준 자체에 대한 새로운 고민(능력중심의 기술로)과 교육과정에 대한 새로운 프레임(전면적인 능력중심 교육과정)이 필요한 상황이 왔다. 표현도 '발달 단계에 맞는 교육과정'이 아닌 '발달을 돕는 교육과정'으로 바뀌어야 한다. 그리고 무엇을 교육하려 하기보다는 치유하고 해방시키는 교육으로부터 출발해야 한다.

교육과정의 재구성은 다양한 수위가 있는데 국가수준의 교육과정 중심으로 주제 중심으로 통합, 재구성하는 방식이 아닌 아이들의 발달이나 삶 등을 먼저 고려하여 활동 내용을 중심으로 재구성하는 것으로 전환해야 한다.

4. 협력 수업(교수학습)

협력 수업이란 교수학습의 전 과정에서 상호작용이 일어나는 수업이다. 각 과목마다 혹은 주제마다 진행되는 기존의 수업 모형 중심의 단계적 인식에서부터 벗어야 한다. 이러한 내용은 '수업' 대신 '활동'이라고 명명했을 때 부담이 줄어든다.

교육청과 학교는 '수업을 돕는' 운영과 장학으로 시스템 전환이 필요하다.

협력 수업은 1) 교사와 학생의 위계적·수직적 관계가 민주적·수평적 관계로 변화하는 것을 지향하며 전개되는 수업이다. 2) 교사가 학생의 개별적인 고등정신기능 발달을 도모하는, 근접발달영역을 창출하는 수업이다. 3) 교과의 지식에 따라 다양한 형태로 전개되는 모든 수업을 포괄하는(우산과 같은) 수업이다. 4) 협력 수업의 진행과정은 크게 계획, 활동, 반성으로 이루어진다. 5) 협력 수업은 사회적 장에서 펼쳐진, 사람들이 함께 행한 심리과정이 적절한 계기를 통해 개인의 심리과정으로 전환된다는 비고츠키의 이론을, 근접발달영역이라는 개념을 근거로 한다.

전체 구성원 중 70%의 교사들이 혁신학교에서 '발달을 돕는 교육과정'의 실천적 모색을 하고 있습니다. 지금까지의 발달론을 기반으로 하여 생활 속 대주제나 활동을 찾아 교육과정을 재구성하고자 합니다. 이때 민주성과 공공성이라는 철학, 생태·인권·평화·노동 부분의 이론과 학년별이나 학년군별, 연령대별 자유로운 형식의 실천을 접목하여 교육과정을 재구성하는 것입니다. 기회가 되어 '발달을 돕는 교육과정안'이 세상에 나오길 기대하며 이 글을 마칩니다.

2012년 4월
초등교육과정연구모임

함께한 사람들, 그들의 교육에 대한 생각

김영미 | 서울 청구초
교육은 나와 맺어지는 소중한 인연을 사랑하는 통로다. 혁신교육의 실천은 내 사랑을 실천하는 토대가 될 것이다.

김해경 | 서울 언주초
나에게 교육이란 바람직한 것에 대한 도전과 혁신의 장이다. 그래서 오늘도 비교육적인 것들과 한판이다.

류경원 | 서울남부특수교육지원센터
특별한 교육적 지원이 필요한 학생들 에게 진정한 도움을 줄 수 있는 특수교사로 살려고 노력합니다. 아이들과 함께 성장 중입니다.

문태주 | 서울 상현초
알 수는 없으나 근접해가고 있는 것을 점점 깨달으며 교육의 이데아에 접근하기 위해 고민하고 노력하고 있는 교사입니다. 모두 함께 연구하고 노력한다면 교육의 이데아에 한발 더 다가설 수 있을 것입니다.

배성호 | 서울 수송초
나에게 교육이란 아이들과 더불어 함께 교실과 학교라는 공간을 가로지르며 드넓은 세상에서 '만남'과 '친구'의 인연을 맺으며 성장할 수 있게 도와주는 마중물이다.

배희철 | 강원도 홍천 남산초, 강원도 교육연구원 파견 교사
나에게 교육이란 삶과 앎이 창조되는, 실천과 이론이 통일되는, 의지의 적기와 반성의 백기가 휘날리는 시시포스의 고된 투쟁이다.

송재민 | 서울 영남중, 특수교사로 장애인권교육을 위해 노력하고 있어요.
교육은 아이들과 삶의 리듬을 만들어가는 것이다.

서명숙 | 서울 우솔초

내 안의 비교육적 요소를 혁신의 첫 과제로 삼고, 아이들과 더불어 행복한 학교를 꿈꾸는 교사입니다.

신은희 | 충북 옥동초

교육이란 아이와 교사가 같이 성장해가는 길, 내가 발 딛고 있는 땅에서 행복한 학교를 만들기 위해 작은 것부터 원칙을 지키려고 고민하고 초등교육과정연구모임과 큰 꿈을 그려갑니다.

오정희 | 서울 상현초

학교는 경쟁이 아닌 협력 속에서 행복한 삶을 꿈꾸고 살아가는 교육공동체라고 생각합니다. 참교육을 실천하기 위해 노력하다 보면 지치고 두려울 때도 있지만 초등교육과정 모임이 있기에 한걸음 더 내디딜 수 있는 용기를 가질 수 있답니다.

이부영 | 서울 강명초

서른 해째 아이들에게 배우고 있으며, 자연이 가르쳐준 이치대로 글과 말과 행동이 하나로 살고자 애쓰고 있습니다.

이준범 | 서울 월천초

혁신은 부조리한 관행을 떨쳐버리고 공감할 수 있는 사회로 가기 위한 준비이다. 새로운 학교를 위해 함께 노력하는 사람들이 있어 행복합니다.

정현주 | 서울 세명초

교육은 아이들과 밥상을 함께 차리고 함께 숟가락 놓고 먹는 일상이다. 인간답게 성장하고자 하는 아이들과 희망 찾아 떠나는 공감의 길이다.

조성실 | 서울 이문초

아이들이 자라야 교사도 자란다. 아이들이 웃어야 교사도 웃는다, 아이들과 함께 하는 삶, 그것이 교육.

진영효 | 서울 방원중
나는 내 아이를 키우는 마음으로 학생들을 만난다. 그래서 교육은 항상 설레고 두렵고 보람차다.

최애영 | 남양주 송촌초
교육은 내 삶을 있는 그대로 보여주는 것이라고 생각한다. 아이들이 두려움 없는 학교에서 행복한 공부를 할 수 있도록 작은 힘을 보태고 싶다.

최혜영 | 서울 강명초
어떻게 가르칠 것이냐는 내가 어떻게 살아갈 것이냐와 같은 물음이라 생각하며 올곧게 살아보려 애쓰는 교사입니다.

한희정 | 서울 유현초
나에게 '교육'이란 내가 사는 모습 그대로 가르칠 수 있도록, 정직한 노력을 경주하는 것, 그래서 늘 성찰하며 한 발 내딛는 치열한 '과정'이다.

현광일 | 객원연구원, 문화연구학회 교육문화분과 간사
교육은 한 사람의 생애에 역사의 전 과정이 담겨질 수 있도록 내재화하는 과정이다. 교육의 혁신이 지향하는 바는 누구에게도 예속되지 않는 지적 해방을 구현하는 것이다.

홍순희 | 서울 율현초
초등교육과정연구모임 선생님들과 함께 공부하면서 내 삶을 바로 살려 노력하는 교사입니다. 아는 것만큼 실천하려니 고통스럽고 힘들지만 함께하는 사람들이 많아져서 행복한 교사입니다.

성열관 | 경희대학교 교수. 교육과정 사회학, 질적 연구, 지구시민교육 등을 가르치며 배운다. 초등교육과정모임 객원연구원. 신자유주의 교육을 극복하고, 한국 교육의 새로운 경로를 창출하기 위한 연구에 매진하고 있다. 혁신학교와 관련해서는 서울형 혁신학교의 과제 및 전략 개발 연구, 경기 혁신학교 아카데미 운영 방안 연구 등을 수행하고 있다.

삶의 행복을 꿈꾸는 교육은 어디에서 오는가?

미래 100년을 향한 새로운 교육

혁신교육을 실천하는 교사들의 필독서

▶ 교육혁명을 앞당기는 배움책 이야기

혁신교육의 철학과 잉걸진 미래를 만나다!

핀란드 교육혁명
한국교육연구네트워크 총서 01 | 320쪽 | 값 15,000원

일제고사를 넘어서
한국교육연구네트워크 총서 02 | 284쪽 | 값 13,000원

새로운 사회를 여는 교육혁명
한국교육연구네트워크 총서 03 | 380쪽 | 값 17,000원

교장제도 혁명
한국교육연구네트워크 총서 04 | 268쪽 | 값 14,000원

새로운 사회를 여는 교육자치 혁명
한국교육연구네트워크 총서 05 | 312쪽 | 값 15,000원

혁신학교에 대한 교육학적 성찰
한국교육연구네트워크 총서 06 | 308쪽 | 값 15,000원

혁신학교
성열관·이순철 지음 | 224쪽 | 값 12,000원

행복한 혁신학교 만들기
초등교육과정연구모임 지음 | 272쪽 | 값 13,000원

서울형 혁신학교 이야기
이부영 지음 | 320쪽 | 값 15,000원

혁신교육, 철학을 만나다
브렌트 데이비스·데니스 수마라 지음
현인철·서용선 옮김 | 304쪽 | 값 15,000원

혁신교육 존 듀이에게 묻다
서용선 지음 | 292쪽 | 값 14,000원

다시 읽는 조선 교육사
이만규 지음 | 750쪽 | 값 33,000원

프레이리와 교육
한국교육연구네트워크 번역 총서 01
존 엘리아스 지음 | 한국교육연구네트워크 옮김
276쪽 | 값 14,000원

교육은 사회를 바꿀 수 있을까?
한국교육연구네트워크 번역 총서 02
마이클 애플 지음 | 강희룡·김선우·박원순·이형빈 옮김
352쪽 | 값 16,000원

비판적 페다고지는 세상을 변화시킬 수 있는가?
한국교육연구네트워크 번역 총서 03
Seewha Cho 지음 | 심성보·조시화 옮김 | 280쪽 | 값 14,000원

마이클 애플의 민주학교
한국교육연구네트워크 번역 총서 04
마이클 애플·제임스 빈 엮음 | 강희룡 옮김 | 276쪽 | 값 14,000원

미래교육의 열쇠, 창의적 문화교육
심광현·노명우·강정석 지음 | 368쪽 | 값 16,000원

대한민국 교사, 어떻게 가르칠 것인가?
윤성관 지음 | 320쪽 | 값 15,000원

아이들을 어떻게 가르칠 것인가
사토 마나부 지음 | 박찬영 옮김 | 232쪽 | 값 13,000원

아이들의 배움은 어떻게 깊어지는가
이시이 쥰지 지음 | 방지현·이창희 옮김 | 200쪽 | 값 11,000원

모두를 위한 국제이해교육
한국국제이해교육학회 지음 | 364쪽 | 값 16,000원
2015 세종도서 학술부문

경쟁을 넘어 발달 교육으로
현광일 지음 | 288쪽 | 값 14,000원

독일 교육, 왜 강한가?
박성희 지음 | 324쪽 | 값 15,000원

대한민국 교육혁명
교육혁명공동행동 연구위원회 지음 | 152쪽 | 값 5,000원

▶ 비고츠키 선집 시리즈
발달과 협력의 교육학 어떻게 읽을 것인가?

생각과 말
레프 세묘노비치 비고츠키 지음
배희철·김용호·D. 켈로그 옮김 | 690쪽 | 값 33,000원

도구와 기호
비고츠키·루리야 지음 | 비고츠키 연구회 옮김
336쪽 | 값 16,000원

어린이 자기행동숙달의 역사와 발달 I
L.S. 비고츠키 지음 | 비고츠키 연구회 옮김
564쪽 | 값 28,000원

어린이 자기행동숙달의 역사와 발달 II
L.S. 비고츠키 지음 | 비고츠키 연구회 옮김
552쪽 | 값 28,000원

어린이의 상상과 창조
L.S. 비고츠키 지음 | 비고츠키 연구회 옮김
280쪽 | 값 15,000원

연령과 위기
L.S. 비고츠키 지음 | 비고츠키연구회 옮김
336쪽 | 값 17,000원

성장과 분화
L.S. 비고츠키 지음 | 비고츠키 연구회 옮김
308쪽 | 값 15,000원

관계의 교육학, 비고츠키
진보교육연구소 비고츠키교육학실천연구모임 지음
300쪽 | 값 15,000원

비고츠키 생각과 말 쉽게 읽기
진보교육연구소 비고츠키교육학실천연구모임 지음
316쪽 | 값 15,000원

비고츠키와 인지 발달의 비밀
A.R. 루리야 지음 | 배희철 옮김 | 280쪽 | 값 15,000원

수업과 수업 사이
비고츠키 연구회 지음 | 196쪽 | 값 12,000원

▶ 평화샘 프로젝트 매뉴얼 시리즈
학교 폭력에 대한 근본적인 예방과 대책을 찾는다

학교 폭력 어떻게 만들어지는가
문재현 외 지음 | 300쪽 | 값 14,000원

학교 폭력, 멈춰!
문재현 외 지음 | 348쪽 | 값 15,000원

왕따, 이렇게 해결할 수 있다
문재현 외 지음 | 236쪽 | 값 12,000원

젊은 부모를 위한 백만 년의 육아 슬기
문재현 지음 | 248쪽 | 값 13,000원

아이들을 살리는 동네
문재현·신동명·김수동 지음 | 204쪽 | 값 10,000원

평화! 행복한 학교의 시작
문재현 외 지음 | 252쪽 | 값 12,000원

마을에 배움의 길이 있다
문재현 지음 | 208쪽 | 값 10,000원

▶ 교과서 밖에서 만나는 역사 교실
상식이 통하는 살아 있는 역사를 만나다

전봉준과 동학농민혁명
조광환 지음 | 336쪽 | 값 15,000원

남도의 기억을 걷다
노성태 지음 | 344쪽 | 값 14,000원

응답하라 한국사 1·2
김은석 지음 | 356쪽·368쪽 | 각권 값 15,000원

즐거운 국사수업 32강
김남선 지음 | 280쪽 | 값 11,000원

즐거운 세계사 수업
김은석 지음 | 328쪽 | 값 13,000원

강화도의 기억을 걷다
최보길 지음 | 276쪽 | 값 14,000원

광주의 기억을 걷다
노성태 지음 | 348쪽 | 값 15,000원

교과서 밖에서 배우는 역사 공부
정은교 지음 | 292쪽 | 값 14,000원

팔만대장경도 모르면 빨래판이다
전병철 지음 | 360쪽 | 값 16,000원

빨래판도 잘 보면 팔만대장경이다
전병철 지음 | 360쪽 | 값 16,000원

영화는 역사다
강성률 지음 | 288쪽 | 값 13,000원

친일 영화의 해부학
강성률 지음 | 264쪽 | 값 15,000원

한국 고대사의 비밀
김은석 지음 | 304쪽 | 값 13,000원

조선족 근현대 교육사
정미량 지음 | 320쪽 | 값 15,000원

▶ 창의적인 협력수업을 지향하는 삶이 있는 국어 교실
우리말 글을 배우며 세상을 배운다

중학교 국어 수업 어떻게 할 것인가?
김미경 지음 | 332쪽 | 값 15,000원

토론의 숲에서 나를 만나다
명혜정 엮음 | 312쪽 | 값 15,000원

토닥토닥 토론해요
명혜정·이명선·조선미 엮음 | 288쪽 | 값 15,000원

이야기 꽃 1
박용성 엮어 지음 | 276쪽 | 값 9,800원

이야기 꽃 2
박용성 엮어 지음 | 294쪽 | 값 13,000원

인문학의 숲을 거니는 토론 수업
순천국어교사모임 엮음 | 308쪽 | 값 15,000원

▶ 4·16, 질문이 있는 교실 마주이야기

통합수업으로 혁신교육과정을 재구성하다!

통하는 공부
김태호·김형우·이경석·심우근·허진만 지음
324쪽 | 값 15,000원

내일 수업 어떻게 하지?
아이함께 지음 | 300쪽 | 값 15,000원

인간 회복의 교육
성래운 지음 | 260쪽 | 값 13,000원

교과서 너머 교육과정 마주하기
이윤미 외 지음 | 368쪽 | 값 17,000원

수업 고수들 수업·교육과정·평가를 말하다
박현숙 외 지음 | 368쪽 | 값 17,000원

도덕 수업, 책으로 묻고 윤리로 답하다
울산도덕교사모임 지음 | 320쪽 | 값 15,000원

체육 교사, 수업을 말하다
전용진 지음 | 304쪽 | 값 15,000원

교실을 위한 프레이리
아이러 쇼어 엮음 | 사람대사람 옮김 | 412쪽 | 값 18,000원

걸림돌
키르스텐 세룹-빌펠트 지음 | 문봉애 옮김
248쪽 | 값 13,000원

마음의 힘을 기르는 감성수업
조선미 외 지음 | 300쪽 | 값 15,000원

주제통합수업, 아이들을 수업의 주인공으
이윤미 외 지음 | 392쪽 | 값 17,000원

수업과 교육의 지평을 확장하는 수업 비평
윤양수 지음 | 316쪽 | 값 15,000원
2014 문화체육관광부 우수교양도서

교사, 선생이 되다
김태은 외 지음 | 260쪽 | 값 13,000원

교사의 전문성, 어떻게 만들어지나
국제교원노조연맹 보고서 | 김석규 옮김
392쪽 | 값 17,000원

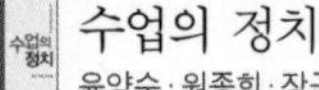

수업의 정치
윤양수·원종희·장군 지음 | 280쪽 | 값 14,000원

학교협동조합, 현장체험학습과 마을교육공동체를 잇다
주수원 외 지음 | 296쪽 | 값 15,000원

거꾸로교실, 잠자는 아이들을 깨우는 수업의 비밀
이민경 지음 | 280쪽 | 값 14,000원

교사는 무엇으로 사는가
정은균 지음 | 292쪽 | 값 15,000원

마을교육공동체란 무엇인가?
서용선 외 지음 | 360쪽 | 값 17,000원

21세기 교육과 민주주의
한국교육연구네트워크 번역 총서 05
넬 나딩스 지음 | 심성보 옮김 | 392쪽 | 값 18,000원

▶ 더불어 사는 정의로운 세상을 여는 인문사회과학

사람의 존엄과 평등의 가치를 배운다

밥상혁명
강양구 · 강이현 지음 | 298쪽 | 값 13,800원

좌우지간 인권이다
안경환 지음 | 288쪽 | 값 13,000원

도덕 교과서 무엇이 문제인가?
김대용 지음 | 272쪽 | 값 14,000원

민주 시민교육
심성보 지음 | 544쪽 | 값 25,000원

자율주의와 진보교육
조엘 스프링 지음 | 심성보 옮김 | 320쪽 | 값 15,000원

민주 시민을 위한 도덕교육
심성보 지음 | 500쪽 | 값 25,000원
2015 세종도서 학술부문

민주화 이후의 공동체 교육
심성보 지음 | 392쪽 | 값 15,000원
2009 문화체육관광부 우수학술도서

교과서 밖에서 배우는 인문학 공부
정은교 지음 | 280쪽 | 값 13,000원

갈등을 넘어 협력 사회로
이창언 · 오수길 · 유문종 · 신윤관 지음 | 280쪽 | 값 15,000원

오래된 미래교육
정재걸 지음 | 392쪽 | 값 18,000원

동양사상과 마음교육
정재걸 외 지음 | 356쪽 | 값 16,000원
2015 세종도서 학술부문

대한민국 의료혁명
전국보건의료산업노동조합 엮음 | 548쪽 | 값 25,000원

교과서 밖에서 배우는 철학 공부
정은교 지음 | 280쪽 | 값 14,000원

교과서 밖에서 배우는 고전 공부
정은교 지음 | 288쪽 | 값 14,000원

교과서 밖에서 배우는 사회 공부
정은교 지음 | 304쪽 | 값 15,000원

전체 안의 전체 사고 속의 사고
김우창의 인문학을 읽다
현광일 지음 | 320쪽 | 값 15,000원

▶ 살림터 참교육 문예 시리즈

영혼이 있는 삶을 가르치는 온 선생님을 만나다!

꽃보다 귀한 우리 아이는
조재도 지음 | 244쪽 | 값 12,000원

선생님이 먼저 때렸는데요
강병철 지음 | 248쪽 | 값 12,000원

성깔 있는 나무들
최은숙 지음 | 244쪽 | 값 12,000원

서울 여자, 시골 선생님 되다
조경선 지음 | 252쪽 | 값 12,000원

아이들에게 세상을 배웠네
명혜정 지음 | 240쪽 | 값 12,000원

행복한 창의 교육
최창의 지음 | 328쪽 | 값 15,000원

밥상에서 세상으로
김흥숙 지음 | 280쪽 | 값 13,000원

북유럽 교육 기행
정애경 외 14인 지음 | 288쪽 | 값 14,000원

▶ 남북이 하나 되는 두물머리 평화교육

분단 극복을 위한 치열한 배움과 실천을 만나다

10년 후 통일
정동영·지승호 지음 | 328쪽 | 값 15,000원

선생님, 통일이 뭐예요?
정경호 지음 | 252쪽 | 값 13,000원

분단시대의 통일교육
성래운 지음 | 428쪽 | 값 18,000원

김창환 교수의 DMZ 지리 이야기
김창환 지음 | 264쪽 | 값 15,000원

▶ 출간 예정

근간 **선생님이 궁금해하는 한국사의 비밀 20가지**
김은석 지음

근간 **조선근대교육의 사상과 운동**
윤건차 지음 | 이명실·심성보 옮김

근간 **핀란드 교육의 기적은 어떻게 만들어지나**
Hannele Niemi 외 지음 | 장수명 외 옮김

근간 **작은 학교 이야기**
지경준 지음

근간 **미국의 진보주의 교육 운동사**
윌리엄 헤이스 지음 | 심성보 외 옮김

근간 **교사, 학교를 바꾸다**
정진화 지음

근간 **존 듀이와 교육**
한국교육연구네트워크번역총서 06 | 짐 개리슨 외 지음

근간 **민주주의와 교육**
Pilar Ocadiz, Pia Wong, Carlos Torres 지음 | 유성상 옮

근간 **교사를 세우는 교육과정**
박승렬 지음

근간 **경기의 기억을 걷다**
경기남부역사교사모임 지음

근간 **민주시민을 위한 역사교육**
황현정 지음

근간 **함께 만들어가는 강명초 이야기**
이부영 외 지음

근간 **고쳐 쓴 갈래별 글쓰기 1**
(시·소설·수필·희곡 쓰기 문예 편)
박안수 지음(개정 증보판)

근간 **고쳐 쓴 갈래별 글쓰기 2**
(논술·논설문·자기소개서·자서전·독서비평·설명문·보고서 쓰기 등 실용 고교용)
박안수 지음(개정 증보판)

근간 **역사 교사로 산다는 것은**
신용균 지음

근간 **어린이와 시 읽기**
오인태 지음